河南省"十二五"普通高等教育规划教材

# 战略管理

第二版

朱伟民 李玉辉 牛树海 编著

东北财经大学出版社 大连
Dongbei University of Finance & Economics Press

**图书在版编目（CIP）数据**

战略管理／朱伟民，李玉辉，牛树海编著．—2版．—大连：东北财经大学出版社，2017.8

（21世纪高等院校工商管理精品教材）

ISBN 978-7-5654-2870-8

Ⅰ．战…　Ⅱ．①朱…　②李…　③牛…　Ⅲ．企业管理-战略管理-高等学校-教材　Ⅳ．F272

中国版本图书馆CIP数据核字（2017）第190146号

东北财经大学出版社出版

（大连市黑石礁尖山街217号　邮政编码　116025）

网　　址：http：//www.dufep.cn

读者信箱：dufep@dufe.edu.cn

大连雪莲彩印有限公司印刷　　东北财经大学出版社发行

幅面尺寸：185mm×260mm　字数：288千字　印张：13.25　插页：1

2017年8月第2版　　2017年8月第2次印刷

责任编辑：石真珍　　责任校对：伊　人

封面设计：冀贵收　　版式设计：钟福建

定价：32.00元

教学支持　售后服务　　联系电话：（0411）84710309



如有印装质量问题，请联系营销部：（0411）84710711

# 第二版前言

本书是作者多年从事“战略管理”课程教学工作的优秀成果，并入选河南省“十二五”普通高等教育规划教材。

本书借鉴参考了国内外多个版本的“战略管理”教材，汲取各家之长，努力形成自己的特色，注重理论与实际、经典与现代、国际化与本土化的结合，在介绍经典理论的同时引入战略管理的新成果，反映新的知识，包含新的信息。本书的每一章都有“开篇案例”，并在正文中通过“拓展阅读”和“战略聚焦”两个栏目以及每章末的二维码介绍战略管理理论动态和企业的战略管理实践以及精选案例，作为对全书理论知识的补充，一方面增强了可读性和趣味性，另一方面也有助于读者加深对相关理论的认识和理解。

第二版的编写工作由郑州大学商学院朱伟民教授、李玉辉教授、牛树海副教授共同完成。李玉辉教授负责第1、2、3章的编写工作，朱伟民教授负责第4、5、6、7章的编写和全书的统稿工作，牛树海副教授负责第8章的编写和书稿的校对工作。研究生张丹、李晓雪、付晓云等也参与了本书的部分编写工作。本书的顺利出版还得益于东北财经大学出版社的大力支持，在此一并表示真诚的感谢。

限于作者的时间和知识水平，本书还存在很多不足，敬请读者批评指正。

**编著者**

2017年7月于郑州大学

# 目　录

# 第1章 战略管理概论

开篇案例

## 创新驱动苹果

2010 年 5 月 26 日，苹果以 2 213.6 亿美元的市值一举超越了微软成为全球最具价值的科技公司。2011 年 2 月，苹果取代诺基亚连续 15 年销售量第一的地位，成为世界第一大手机生产商。同年 8 月，苹果又超过埃克森美孚，成为全球市值最高的上市公司。2014 年 11 月 26 日，苹果市值突破了 7 000 亿美元，比第二位的埃克森美孚高 2 210 亿美元。苹果这个诞生于车库中的企业经历了多年的起起伏伏，最终成为世界上最炙手可热的高科技公司。

纵观苹果的发展历史，其中固然有乔布斯个人的巨大贡献，更重要的还是抓住了重要的发展机遇，以持续的创新取得了成功。

1976 年 4 月 1 日，愚人节，21 岁的乔布斯和 26 岁的沃兹尼亚克与朋友韦恩在乔布斯养父家的车库中决定成立一家高科技公司，研发个人电脑。1946 年发明的计算机经过 30 年的不断改进，技术趋于成熟，但主要用于商业领域，作为主机或工作站放在机房中，没有人意识到这个革命性的产品能够进入家庭，成为个人的工具，直到苹果公司诞生才真正开启了电脑大众化的进程。

1977 年，苹果开发了第一款计算机 Apple Ⅰ，不但使用电视机作为显示器，使计算机的输出变得简单明了，而且它比同时代的其他计算机更容易启动，还拥有用于装载和储存程序的卡式磁带介质。这些人性化的设计为世界上最早的个人电脑 Apple Ⅱ的成功打下了坚实的基础。Apple Ⅱ还有改良的外壳和键盘，在电脑界被广泛誉为缔造家庭电脑市场的产品。Apple Ⅱ在市场上获得了巨大的成功，吸引了众多的外部投资人。1980 年，苹果公司在纳斯达克上市，乔布斯一夜成名。在创办 8 年之后的 1984 年，苹果的员工人数已经超过 4 000 人，净资产高达 20 多亿美元，造就了美国企业史上的一个神话。

1983 年，乔布斯认为苹果需要一个专业的管理团队，于是说服百事可乐的高管斯卡利加入苹果担任 CEO，乔布斯任董事长。斯卡利上任之后，乔布斯就全力投入新产品的研发，所开发的麦金塔电脑取得了成功，但 Lisa 电脑却不被市场接受。新产品开发的问题拖累了公司的业绩，1985 年 3 月第一季度实际完成的销量只有预计全年销量的 10%，整个公司陷入困境。为了追究经营不利的责任，乔布斯与斯卡利陷入权力之争，最终董事会站在了斯卡利一边，乔布斯被迫离开苹果创办了自己的Next电脑公司，并出资购买了皮克斯动画制片公司。Next由于与苹果的知识产权之争实际上陷于停顿，而皮克斯却制作了具有广泛影响的《玩具总动员》《海底总动员》《超人总动员》等系列动漫。

1985年，IBM、康柏、Dell等企业纷纷进入个人电脑市场，引起了激烈的竞争，苹果电脑的市场份额从高峰期的70%下降到60%、50%，直到1996年的不足5%。四面楚歌的苹果电脑想请乔布斯回归，以4亿美元收购乔布斯的Next电脑公司，并给予他15%的股份，请他进入公司董事会。于是，乔布斯回到了苹果。

在乔布斯的带领下，1996年亏损10亿美元的苹果公司，1998年盈利3.1亿美元。但是乔布斯清醒地认识到，苹果电脑在个人电脑市场上的份额只有5%，要想突围，就必须在产品上寻求突围。2003年他做出了一个令人大吃一惊的决定，推出一个跟电脑几乎不相关的产品——iPod，也就是音乐播放器。配合其独家的iTunes网络付费音乐下载系统，iPod一举击败索尼公司的Walkman系列成为全球占有率第一的便携式音乐播放器，随后推出的数个iPod系列产品更加巩固了苹果在数字音乐市场不可动摇的地位。苹果的iPod不仅战胜了索尼的Walkman，在与当时流行的MP3的竞争中也占据了上风。当苹果推出iPod的时候，MP3已经是非常成熟的产品。从硬件的角度看，iPod只是比普通MP3多了一个屏幕，拥有更加时尚的外表。但iPod的主要创新不是体现在硬件上，而是借助互联网打造了全新的平台商业模式。①

在乔布斯看来，经营影视、音乐产品不需要像索尼那样花巨资买下电影公司、唱片公司，需要的只是用户喜欢的产品和好用的软件，外加低价销售的内容。苹果进入音乐产业的秘诀就是借助以iPod+iTunes+iTunes Store为载体的平台把乐迷和唱片公司以及软件公司联系起来，为各个群体（细分市场）提供全面的音乐下载服务，让他们随时随地享受自己钟爱的音乐。平台模式把长尾效应发挥到了极致。实体音乐商店受货架等陈列空间和每一张CD容量的限制，只能根据作品的流行程度进货，经营小众的冷门音乐作品（长尾）得不偿失，必须舍弃。而iTunes拥有的无限的存储空间让任何一个客户都可以随时下载任何想要的音乐，使每一个小众市场都成为有价值的细分市场，彻底颠覆了传统的“二八律”，以几乎为零的边际成本最大限度地发掘客户价值。最终，iPod彻底击败了传统的音乐产品经销商和MP3制造商。

2007年1月，乔布斯宣布把苹果电脑公司改名为苹果公司，意味着苹果开始全面拓展非电脑业务，其中的典范就是苹果的iPhone手机，它引起了手机业的革命。实际上，iPhone是智能手机市场的后来者。加拿大的黑莓公司率先推出了智能手机，功能手机时代的产业巨头诺基亚、三星、摩托罗拉等都曾经开发自己的智能手机产品。苹果的iPhone进入市场时，诺基亚、三星、摩托罗拉、索尼爱立信和LG等领先者共同控制了产业90%的盈利。在那个时代，诺基亚和其他产业领先者拥有强大的战略优势：差异化的产品、值得信赖的品牌、领先的运营体系、卓越的物流系统、政

① 朱伟民，刘建华．苹果与三星——平台模式与垂直整合模式的竞争［J］．江苏商论，2015（8）：21-24.

府给予的保护性管制、巨额研发经费投入和巨大的规模[1]。然而到了 2015 年，iPhone 以不到 20% 的市场占有率实现了世界智能手机市场 92% 的盈利，诺基亚被微软收购，摩托罗拉手机业务则成了联想旗下的子公司，三星受累于手机业务，整个集团陷入困境。

iPhone 的全新商业模式是战胜竞争对手的法宝。iPhone 的硬件并没有技术上的重大突破，无论是触摸屏还是芯片、电源（电池），都是成熟技术，甚至待机时间还成为 iPhone 的短板。iPhone 的款式单一，不如其他手机品牌有丰富的产品线。iPhone 真正的竞争优势来自平台商业模式，iPhone 沿用了 iTunes 在 iPod 上的应用。苹果在 2008 年推出了 App Store，并与 iTunes 无缝对接。iPhone + App Store 的组合，把平台商业模式进一步发扬光大。

由端到网，苹果围绕 iOS 操作系统构建了由硬件制造商、软件开发商、移动通信运营商组成的网络也就是平台，居于价值网核心的苹果就拥有了无可匹敌的竞争优势。

现在，苹果在中国市场上面临着华为等厂商的挑战，未来的发展仍然存在很大的不确定性。

资料来源 作者根据相关研究和报道整理.

现实中，无数企业曾经或正在经历着各种形式的兴衰，苹果的成功归根结底是利用外部环境提供的机会找到了正确的方向——以持续不断的创新“改变世界”。企业在激烈的竞争中如何才能获胜？影响因素很多，但从根本上说可以分为两个方面：一是找到正确的方向；二是比对手更有效的执行能力。寻找正确的方向是企业的战略性课题，有效的执行能力则是管理的课题，所以企业的失败也可以简单归纳为两类：一方面是战略性的失误；另一方面是管理的缺乏。提高企业竞争力当然也要从这两大方向来努力。与执行力相比，战略管理是更为基础、更为重要的关键因素。企业战略管理涉及企业整体和全局，对企业的影响更大、更深远。正如德鲁克所说：“企业战略就是企业的发展蓝图，没有战略的组织就好像没有舵的船，会在原地打转。对发展战略不是‘是否需要’重视，而是‘如何’重视以及‘重视程度’的问题。”

本章作为全书的绪论，将介绍战略与战略管理的内涵、企业战略管理的层次和过程、企业使命和目标、战略管理者和利益相关者等内容，并回顾战略管理的起源和发展演化，为后续章节的学习做必要的铺垫。

## 1.1 战略与战略管理

### 1.1.1 战略的起源

战略这个词来自军事用语，英语中的 strategy 一词来源于希腊语 strategos，含义是

---

① ALSTYNE M W V, PARKER G G, CHOUDARY S P. Pipelines, platforms, and the new rules of strategy [J]. Harvard Business Review, 2016, 94 (4): 54-62.

将军指挥的艺术，现在一般指对事物全局的、长远的谋略与规划。德国著名军事家克劳塞维茨指出："战略是为了达到战争的目的而对战斗的运用，战略必须为整个军事行动规定一个适应战争目的的目标。""战略"在我国的历史非常悠久，《左传》和《史记》中已经使用"战略"这个词，其中的含义大多是指将帅的谋略。我国系统的军事战略思想诞生于春秋战国时代，著名的兵书《孙子兵法》就充满了战略智慧，在现代仍然有广泛的影响。毛泽东的《论持久战》系统阐述了中国抗日战争的军事战略，他对战略有一个精辟的概括："战略就是两样东西，一个是方向，一个是主动权。"

20 世纪 60 年代，战略一词被引入企业管理领域，安索夫等学者提出了企业战略这一概念。但是不同的学者和管理者往往赋予企业战略不同的含义，到目前为止仍然没有一个统一的定义。加拿大著名管理学家明茨伯格认为，企业战略需要从多个方面而不是一个方面理解，这样才能更准确地把握各种战略理论的观点和战略的本质。① 明茨伯格归纳总结的战略 5P 定义是对战略比较全面的认识。明茨伯格指出战略是计划（plan）、计谋（ploy）、模式（pattern）、定位（position）和观念（perspective），这五个维度从不同侧面阐释了企业战略的本质。

（1）战略是一种计划

明茨伯格指出，大多数人把战略视为一种计划。也就是说，战略是一种有意识的、有预计的行动程序，一种处理某种局势的指导方针。根据这个定义，战略具有两个基本特性：一方面，战略是有意识、有目的地设计或制定出来的；另一方面，战略是在行动之前制定的，供决策者在行动中使用的。可以说，战略是"行动之前"的一种谋划。正如冯·诺依曼（J. von Neumann）在对策论中指出的那样："战略是一种全面的计划，是一种说明计划人员在每一种可能的情况下做出的选择的计划。这种计划越周详、越全面，越是将未来可能发生的情况考虑详细，计划实现的可能性就越大，把握计划目标的结果就越准确。"② 实践中，有些企业的战略以书面的形式明确表达出来，另一些企业的战略则是存在其决策者头脑中以把握企业的发展。

（2）战略是一种计谋

在激烈的市场竞争中，企业必然会受到竞争对手的制约。企业战略的成效在很大程度上取决于竞争对手的反应。在特定的场合，企业可以把战略作为威慑和击败竞争对手的一种手段。通常，企业通过发出一些"市场信号"来实现对竞争对手的威慑。这些市场信号虽然可能会付诸行动，但更多的还是威慑竞争对手的手段。例如，为阻止竞争对手建立新的生产设施，一家企业可能宣称其战略是大幅提高产能。为避免竞争升级，竞争对手可能就会放弃新建生产设施的打算。当竞争对手放弃后，该企业却并未将扩大产能的战略付诸实施。这种情况下，"大幅提高产能"的战略只是企业威慑竞争对手的一种计谋。

（3）战略是一种模式

明茨伯格认为，仅仅把战略视为企业开展经营活动之前的一种计划是不充分的。

---

① MINTZBERG H. The strategy concept I: Five Ps for strategy [J]. California Management Review, 1987, 30 (1): 11-24.

② 转引自徐盛华，陈子慧．现代企业管理学 [M]．北京：清华大学出版社，2004.

在现实中，战略还可能是事后的总结，这就需要有一种定义来说明产生战略结果的行为。因此，可将战略定义为企业的一系列行动所呈现出来的模式。钱德勒在《战略与结构》一书中曾指出："战略是企业为了实现战略目标进行竞争而进行的重要决策、采取的途径和行动以及为实现目标对企业主要资源进行分配的一种模式。"[①] 按照这一定义，企业战略体现为企业的一系列行为，无论企业事先是否对其战略有所考虑，只要有具体的经营行为，就有相应的企业战略。相比较而言，作为计划的战略是行动前的战略，作为模式的战略则是已实现的战略。

（4）战略是一种定位

这是指战略应当确定企业在环境或市场中的位置，即在环境或市场中为企业确立一个适当的安身立命之处。根据这一定义，战略实际上是企业与环境之间的一种中间力量，它能使企业合理配置和有效使用资源，使企业的内部条件与外部环境更加融洽。作为定位的战略具有两种含义：一是选择有利的行业，即企业应定位在有发展潜力的行业之中，而避免栖身于前景暗淡的行业；二是选择有利的竞争地位，即在所处的行业中企业应有意识地开发竞争优势，创造出有利的竞争地位。

（5）战略是一种观念

这种定义强调所有的战略都是抽象的概念，它们是人们思维的产物，存在于需要战略的人们的头脑之中，体现着战略家们对客观世界的认知方式。将企业战略定义为一种观念，强调的是企业整体的意识与观念，意味着企业战略也需要像企业的价值观、世界观、理想等精神内容那样为企业组织的成员所共享。因此，考察一个企业的战略，需要了解和掌握该企业的成员如何分享组织的需要与期望，以及如何在共同愿景的基础上采取一致的行动。

明茨伯格从五个方面定义了战略的内在联系，既各有侧重，又互为补充。总的来说，面向未来，战略呈现为一种计划；面对竞争，战略就是一种计谋；回顾过去，战略表现为一种模式；针对产业，战略代表着一种定位；考察企业，战略体现为一种观念。把这五个方面结合起来，可以更为全面、准确地理解企业战略的概念。

**【拓展阅读1-1】** **著名企业家论战略**

没有思路就没有出路。

——张瑞敏

万科就是走专业化精品的道路。

——王石

华为之所以能高速发展，是因为我们有《华为基本法》。

——任正非

我们（沃尔玛）的制胜策略就是永远为消费者提供物美价廉的商品。

——山姆·沃尔顿

---

① 钱德勒. 战略与结构［M］. 孟昕，译. 昆明：云南人民出版社，2002.

### 1.1.2 企业战略管理

在国外，20世纪60年代之前的企业并未意识到战略管理的重要性，当时的企业关注的是内部管理。第二次世界大战之后，企业的经营范围更加广泛，涉及的地域和业务更多，规模日益庞大，管理活动越来越复杂，外部的经济发展水平、政府管制、社会状况和竞争对手对企业的影响也越来越大，迫使企业管理必须注重外部环境的影响，企业决策者在管理过程中开始分析外部环境的变化，增强对企业总体经营状况的把握，到20世纪70年代，出现了“长期规划”“经营策略”等多种管理思想，“企业战略管理”一词也是在这个时期提出的。在1976年出版的《从战略计划走向战略管理》和1979年出版的《战略管理论》两部著作中，安索夫把企业日常业务决策同长期计划决策相结合而形成的一系列经营管理统称为企业战略管理。按照这一定义，企业战略管理就是运用战略对整个企业进行管理。后来的学者们通常用企业战略管理来概括包括企业战略的制定、实施、控制和修正在内的一系列管理决策和行动，他们把战略管理看作对战略制定和实施过程的管理。在理论研究取得丰硕成果的同时，国外企业在实践中也越来越重视战略管理。

在我国改革开放之前的计划经济时代，国有企业的生产任务是由政府下达的，所需要的资源都是政府调配的，产品由政府包销，企业本质上是一个生产车间，并不需要考虑如何发展自己，在市场竞争中争得主动。改革开放以来，随着社会主义市场经济体制的确立，企业成为经营主体，无论是国有企业还是民营企业，都必须深入地思考企业的未来，以战略管理引领企业的发展。

**1. 战略管理的基本问题**

总的来说，我们可以这样来概括企业战略管理：“根据内外部环境，为求得企业的长期发展，对企业的目标以及实现目标的途径与手段的总体谋划和行动。”按照这一企业战略管理的定义，战略管理主要要解决以下基本问题：

（1）确定企业使命和目标

战略管理的基石是企业的使命和目标。德鲁克指出：“一个企业不是由它的名字、章程和公司条例来定义，而是由它的任务来定义，企业只有具备了明确的任务和目的，才能制定明确和现实的企业目标。”

战略引导企业未来的发展，企业首先要明确所要从事的业务、价值观和行为规范，才不至于迷失方向。企业使命回答的是“我（企业）是谁?”“我想干什么?”等事关企业长期发展的根本性问题，是企业一切经营管理活动的总纲领，也可以称之为企业的经营哲学。

没有目标的企业就如同没有罗盘的航船，只会在市场的汪洋大海中随波逐流或原地打转。战略决策所确定的目标不但指明了企业未来的发展方向，也是对全体员工最大的激励，鼓舞着他们为了共同的目标而奋斗。

（2）明确企业的战略态势

企业的生存和发展受制于外部环境，企业的战略必须与外部态势保持协调，否则就会被环境的剧烈变化所吞噬。在战略决策上，就体现为进、退还是守的问题。企业是乘势而上，加快发展步伐，实施扩张战略，还是稳固现有业务，积蓄力量以求进一步发展，或者在不利的环境中适当地收缩，规避风险，这是战略管理中必须要明确的。

2001年3月，正当华为发展势头良好的时候，任正非在华为的内部刊物上发表了名为《华为的冬天》的文章，这篇力透纸背的文章显示了任正非对华为未来的清醒认识，也是他对当时IT（信息产业）泡沫破裂的一种预判。正是因为任正非对华为所处战略态势的准确把握，才让华为顺利度过了2001年开始的IT“冬天”，进一步积蓄力量，为后来的发展奠定了良好的基础。

（3）进行战略定位

企业的生存和发展依靠的是各种业务，任何一个企业都不可能在所有的业务领域和市场中创造价值，必须要有所取舍。一个企业业务领域和市场范围以及目标客户的确定实际上是一个企业的战略定位。在迈克尔·波特看来，企业经营的核心问题就是“在价值链上定位”，因为处在产业价值链或价值网络的不同环节，企业所能创造和获得的收益是不同的。波特的定位理论局限于竞争策略层面，战略定位与营销定位、客户定位和产品定位等明显不同，战略定位要解决的是企业发展方向问题，必须上升到产业高度，面向顾客需求和产业发展趋势确立企业价值创造的途径和方式。从营销的角度看待美国西南航空公司，其定位是针对价格敏感、并不刻意追求享受的客户需求，从产品的角度来看，其定位是提供点对点直达航班服务，而西南航空创始人凯勒尔从战略高度上对西南航空的定位是“我们是世界上唯一一家只提供短航程、高频率、低价格和点对点直航的航空公司”。按照这一定位，西南航空不是与航空公司竞争，而是要与公路争夺顾客，要把高速公路上的客流搬到空中。就是说，西南航空对所处行业的理解与众不同——航空运输不过是一种大众化的客运服务业。这一战略定位是西南航空价值创造的基石。

战略定位不仅能让企业更加有效地投入资源，获得竞争优势，对企业的重新定位还能为企业注入新的活力，推动企业实现战略变革。

（4）获得持续的竞争优势

企业是在激烈的市场竞争中求得生存和发展的，拥有竞争优势的企业可以获得更高的收益，如何保持竞争优势就是战略管理必须面对的问题。竞争优势是在企业与顾客之间的交换关系中获得和保持的，企业必须能提供比竞争对手更有特色的产品或同样品质但价格更低的产品才能让顾客认可，或者致力于服务某一特定的细分市场或经营特定的产品（服务）以形成集中优势，因而迈克尔·波特提出了三种竞争战略：成本领先战略、差异化战略和集中（聚集）战略。

（5）有效实施战略

在确定了战略之后，战略管理的任务就是如何有效地实施战略。战略实施的基础是企业组织，战略实施过程中的资源配置是在组织中完成的。战略实施是为了完成既定的战略任务、战略目标而协调企业中的不同层次、不同部门完成战略的行动过程。因而，战略实施的前提是对组织的有效管理，包括设计组织结构、构建组织文化和控制系统等。

**【拓展阅读 1-2】　战略管理新解——可做、该做、能做、想做和敢做**

从根本上说，战略管理要确定企业未来“拟做”什么，是对内外部环境中的可做、该做、能做、想做、敢做之事的一种综合权衡选择的结果。

在战略的形成过程中必须要考虑企业的使命和目标、外部环境、自身能力、价值取向以及社会期望等若干因素，环境因素考察的结果是“可做”什么，社会期望代表了“该做”什么，企业自身能力体现了企业“能做”什么，价值取向表明了“想做”什么，而企业的使命和目标在很大程度上阐明了“敢做”之事。

**2. 战略管理的特征**

企业战略管理是从总体上对企业的生产经营活动进行有效管理的一种方式。这种管理方式的基本特点是，以战略为企业生产经营活动的指南，战略的制定与实施是企业管理活动的重点。这使企业战略管理具有不同于传统职能管理和日常管理的新内容。相对于只能解决企业局部管理问题的生产、营销等职能管理，企业战略管理以企业战略指导和协调企业的各种职能，使它们有机地结合起来，解决涉及企业整体和全局的管理问题。相对于在产品和服务方向既定的情况下做好生产经营的日常管理，企业战略管理通过企业战略的制定与实施，不仅解决了企业生产经营的方向问题，也可以为企业的日常管理工作提供指导和规范。

（1）全局性

这是企业战略最根本的特征。企业战略是从企业的全局出发，根据企业发展的总体状况和需要而制定的，它所规定的是企业的总体行动，追求的是企业的总体效果，因而对企业的各项工作有着普遍的、权威性的指导作用。当然，企业的总体活动是由各种局部活动组成的，但这些局部活动是作为整体行动的有机组成部分而出现在企业战略之中的。这样，也就使企业战略具有了综合性和系统性的特点。比如：一家制造企业总的发展战略是在五到十年内成为行业中的领先企业，这一战略的实现就必然要涉及企业中人财物、供产销、研发等多方面的局部活动，以及这些活动的有机整合。

（2）长远性

凡是战略都具有长远性，这是战略区别于战术的一个重要特征。企业战略是为了谋求企业的长远发展而进行的总体谋划，其着眼点不仅是当前，更重要的是未来。虽然企业战略的制定需要以企业外部环境和目前的内部条件为基础，战略实施也会对当前的生产经营活动产生指导和规范作用，但这都是为了使企业更好地实现长远发展。也就是说，企业战略是立足当前、着眼未来的总体谋划。此外，企业战略一经确定，就成为企业在一个较长时期内的行动指南，指导和规范着企业生产经营的各项活动。

（3）竞争性

企业是在竞争中求生存、谋发展的，这使竞争性成为企业战略的一个显著特征。企业之间为了获取有限的市场和稀缺的资源而相互竞争，是企业战略得以产生和发展的根本原因。从本质上讲，企业制定战略的目的就是要在激烈的竞争中与竞争对手相抗衡，在与竞争对手争夺市场和资源的较量中占上风，从而确保企业自身的生存与发展。在特定的条件下，企业也会与竞争对手结成联盟，或进行某种形式的合作。然而，合作是为了更好地应对竞争，它既不否定也不排斥竞争。20 世纪 80 年代中期以来，全球范围内企业之间的合作战略日益普遍。

（4）风险性

受主客观条件的制约，企业战略具有一定的风险性，集中体现在战略目标难以有效达成。实践中，企业战略目标的确立、战略计划的拟定和战略措施的提出都是在信息不完全的条件下实现的，它们建立在企业对环境及其变化的合理预计的基础之上，都不可避免地会受环境及其变化的复杂性的影响。环境及其变化的复杂性，使企业的机会与威胁、优势与劣势经常处于不断变化甚至相互转化之中。在此背景下，企业认知的局限和环境的突发状况，往往使企业战略潜伏着较大的风险。

（5）权变性

企业战略既具有稳定性，又具有变动性。稳定是相对的，变动则是绝对的，它们从不同侧面反映出企业战略演变的动态过程。在一定的时间阶段中，企业战略往往表现出相对的稳定性；而在持续发展的过程中，企业战略则必然呈现出绝对的变动性。一方面，企业战略建立在合理分析与预测内外部环境发展变化的基础上，用以指导和规范企业在一个较长时期内的生产经营活动，需要具有一定的稳定性，不能随意更改。另一方面，企业的内外部环境都处在动态的发展变化之中，当环境发生了重大变化后，企业也需要及时调整或改变原有战略，使之与企业所处的内外部环境相适应。

**【战略聚焦 1-1】　　　　用友和金蝶：不同的战略选择**

2003 年，用友董事长王文京和金蝶主席徐少春几乎同时发布了各自的战略。用友选择了“全面升级，扩张发展”，而金蝶则是“产品领先，伙伴至上”。为什么有着同样发展背景的企业选择了不同的战略呢？

2001 年 6 月用友软件在沪市 A 股上市。用友软件上市前后，正是高科技概念股如日中天的时候，用友又是实行核准制以来第一支上市的股票。在这种背景下，用友发行的股票市盈率高达 64.35，募集资金 8.8 亿元人民币。由于持有大量现金，用友选择了“全面升级，扩张发展”战略，提出“2003 年成为国内管理软件领导厂商，2010 年进入世界软件企业五十强，然后成为一个长寿企业”的战略目标。“全面升级，扩张发展”战略的核心内容包括四个方面：一是用友的生产和业务领域从财务软件全面升级到管理软件；二是软件产品从单一的通用软件向通用软件和行业应用软件升级；三是目标市场从中端和中低端市场向中端和中高端市场全面升级；四是公司经营模式从单一软件提供商向软件产品解决方案和应用服务商全面升级。

有了充裕的资金，用友在上市后开展了大规模并购活动。用友的并购极具扩张性，其用于并购的资金几乎是金蝶的 10 倍，在软件产品上的并购投资也是金蝶的近 3 倍。以资本开道，用友在研发、服务设施上大肆扩展。用友 2002 年在研发上的投入超过了 1 亿元，70%投入 ERP，为用友软件在 ERP 市场建立持久的竞争优势打下了良好的基础；在服务领域，用友采取了“自建+联盟”的模式，2002 年用友软件员工人数迅速扩张，建立了一支散布于全国的接近 500 人的咨询实施顾问团队。另外，用友还四处结盟，网罗了一批咨询实施业务的合作伙伴。用友还推出了高现金分红的股利政策和股票期权激励计划，以提高用友对人才的吸引力，使用友成为2002年度全国现金分红最高和管理人员薪酬最高的上市公司。根据《中国电子信息产业发展研究》发布的《2002—2003年中国管理软件市场研究报告》，用友软件在中国ERP软件领域的市场占有率为21.6%，是中国市场占有率最高的ERP厂商，在中国管理软件市场的占有率为16.8%，也是市场占有率最高的管理软件厂商，在中国财务管理软件市场的占有率为24.3%，还是独占鳌头。

2001年2月15日，金蝶软件在香港联合交易所创业板上市。由于香港证券市场相对成熟，监管体系比较完备，和用友软件规模相当的金蝶软件以较低的市盈率上市，结果筹得现金9 000多万港元。鉴于公司资金上的劣势，金蝶提出了“产品领先，伙伴至上”的发展战略。产品领先的重要一步就是与更多的合作伙伴结盟，把销售、服务、咨询等业务让出，逐步外包给合作伙伴。金蝶提出了3年内外包30%的目标，注重以技术赚钱。金蝶正在不断扩大战略联盟，围绕金蝶建立销售伙伴、金蝶社区培训伙伴、咨询服务伙伴、技术伙伴、政府专家伙伴的一个生态链。金蝶上市后也进行了一系列并购活动，与用友不同的是其并购活动基本上是围绕同一核心产品的并购行为，如并购北京开思软件。金蝶一再强调未来的并购条件仍是能显著加强其产品的能力和优势或者能补充其产品的某一功能或能强化其核心产品。为了解决资金方面的劣势，金蝶提出回归国内A股市场，同时积极运用香港成熟证券市场的优势，利用期权等分配模式来提高对人才的激励效率。

殊途同归，用友和金蝶的共同目标都是国际化。用友立志用若干年进入全球软件业五十强，金蝶希望成为应用软件十强之一。无论如何，金蝶和用友的分道扬镳都是为了更好地发展自己。

2015年5月，金蝶宣布获京东13亿元港币现金注资，京东占股约为10%。双方结成战略合作伙伴关系，为中小企业提供基于云服务的ERP整合解决方案。两个月后，阿里巴巴与用友也宣布，双方将在云计算服务、电子商务、大数据、数字营销等领域进行全面合作。一边是想做云企业客户及技术建设的电商平台，一边是想从传统软件企业向互联网化转型的软件服务商，二者结成战略联盟在意料之中。

资料来源　佚名．用友和金蝶：不同的战略选择［EB/OL］．［2013-11-18］．http：//www.docin.com/p-212689465.html.

## 1.2　企业战略管理的层次和过程

### 1.2.1　战略管理的层次

如图1-1所示，与企业的组织结构一样，战略管理也可以划分为若干层次。不同层次的战略对应于不同的组织层次，它们既相互联系，也相互作用，共同构成了企业战略管理的完整体系。一般而言，战略管理者可以将企业组织划分成三个层次，分别是企业的总公司（或总部）、经营单位（或事业部），以及经营单位下辖的职能部门。相应地，可以将企业战略划分为公司战略、竞争战略和职能战略三个层次。

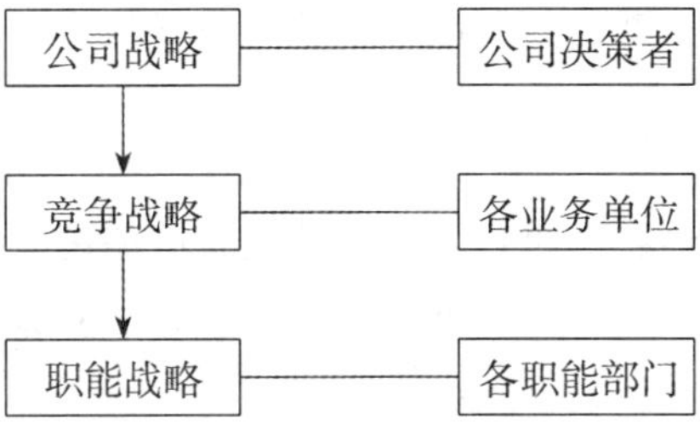


**图 1-1 战略管理的三个层次**

**1. 公司战略**

公司战略又称为总体战略、整体战略。在大型企业中，特别是多元化经营的企业中，公司战略主要解决以下两个问题：一是正确选择企业经营所涉及的领域；二是合理配置企业经营所需的资源，目的在于实现企业的战略意图，使各项业务能够相互协调、相互支持。以投资组合的视角看，公司战略的主要任务就是为企业发展出适宜的业务组合。

**2. 竞争战略**

竞争战略也可以叫作经营战略或业务战略，它是企业的子公司、事业部或战略经营单位的战略，在企业战略管理体系中处于第二层次。竞争战略所面对的决策问题是：如何在所处的行业中或选定的业务范围内从事有效的竞争，涉及如何与对手进行竞争，在什么基础上与对手竞争等问题。企业制定和实施经营战略的目的是使经营单位能够获取竞争优势、改善市场地位和经济效益。

**3. 职能战略**

职能战略也叫作职能部门战略或职能层战略，是为贯彻和落实公司战略与经营战略而在特定的职能领域内制定的实施战略，包括营销战略、运作战略、研发战略、财务战略、人力资源战略和信息系统战略等。职能战略处于企业战略体系的基础层，主要解决企业经营中的资源利用效率问题，旨在实现企业资源利用效率的最大化。职能战略通常由一系列具体方案和计划所构成，特点是详细具体、可操作性较强、有效期较短。

上述三个层次的战略中，上一个层次对下一个层次具有指导和规范作用，下一个层次对上一个层次具有支持与保障作用。总的来看，公司战略和竞争战略解决的是效能问题，强调的是“做正确的事”；职能战略解决的则是效率问题，强调的是“正确地做事”。此外，公司战略、竞争战略及职能战略的合理制定和有效实施，也都是各级管理者在充分协商、密切配合的基础上完成的。有效的战略管理需要把三个层次有机地结合起来，使其相互配合、密切协作。

需要说明的是，现实中大型或从事多种经营的企业通常具备所有三个层次的战略，企业最高领导层、经营单位管理层和各职能部门经理们则分别承担着制定公司战略、经营战略和职能战略的主要职责。在小型或从事专业化经营的企业中，企业最高领导层和经营单位管理层通常是重合的，其公司战略和经营战略也往往是重合的。通常情况下，专业化经营（单一业务）的企业不需要选择竞争领域，只需要决定竞争方式，主要关注的是经营战略，公司战略只要考虑发展态势即可。

### 1.2.2 战略管理过程

企业战略管理是一个动态的过程，它需要通过战略的制定与实施来实现企业的使命和目标。为了更好地认识战略管理的过程，可以把它划分为战略制定和战略实施与变革两个相互关联的主要阶段。

**1. 战略制定**

在战略制定阶段，必须首先明确企业战略管理的起点，包括企业的使命、目标和所处的环境。

“知己知彼，百战不殆”，为了掌握战略制定与实施的客观条件，企业必须把握环境因素以及可能的变化，预测环境因素发展变化的趋势，评估环境因素的变化可能产生的影响。对环境的分析包括外部和内部两个方面。外部环境分析主要是了解企业所处的宏观和产业环境的基本状况以及将要发生的变化，重点是外部环境给企业带来的机会和威胁；企业内部条件分析主要是了解企业拥有哪些资源、具备哪些能力，这些资源和能力使企业在行业中处于何种地位，与竞争对手相比企业有哪些优势和不足。

外部环境对企业战略的制定和实施具有激励约束作用，既会给企业带来机遇，也会形成威胁；内部条件明确了企业自身的优势和劣势，是企业制定与实施战略的基础。战略是实现企业目标的手段，这种手段必须能够运用企业的资源优势来弥补劣势，能够掌握环境中的机会来规避威胁。企业所处的内外部环境有很大的差异，决定了企业战略的个性化特征。

概括起来，战略制定是在分析外部环境和内部条件的基础上，结合自身的使命与目标、内部的优势与劣势、外部的机会与威胁三个方面，按照扬长避短、趋利避害的原则，确定企业的发展方向、力度和途径，决定各个业务的竞争战略，选择实现目标的战略方案。

战略制定的挑战在于其隐含的动态性，由于环境的机会与威胁，企业自身的优势与劣势并不是一成不变的，因此企业的目标、环境与资源三者不但会作用于战略的形成，而且彼此之间存在相互影响，这种动态关系使得现实中的企业战略选择变得更加复杂。

战略制定的最终结果是打造一个企业的战略体系，包括公司层、业务层和职能层战略，各个层次相互配合，才能使战略真正落实。

**2. 战略实施与变革**

战略实施就是把选定的战略转化为行动，战略实施在很大程度上决定着企业战略能否取得积极的效果。良好的战略选择和有效的战略实施相结合，才能带来期望的结果。从组织的角度看，企业可以从以下三个方面促进战略实施：一是通过改善治理结构解决战略实施中的代理问题，通过任用合适的战略管理者并给予有效的激励约束来推进既定战略；二是设计适宜的组织结构和建设强有力的企业文化，为企业战略的顺利实施提供有力的组织保障；三是构建战略控制体系，促进战略目标的实现。

在战略实施的过程中，为实现既定的战略目标，企业需要对战略的实施进行适当的控制。战略控制是衡量企业的实际绩效，将其与预定的战略目标进行比较，发现两者之间的偏差及其根源，进而有针对性地采取校正和调整行动的一系列活动。战略控制中校正和调整的对象可能是企业的战略实施活动、战略方案或战略目标。如果未能实现战略目标的原因是战略实施不力，就要采取有效措施调整和校正战略实施中的有关活动；如果是既定战略本身存在问题或因环境变化而使原有战略不再适用，就需要制定新的战略；而当原来的战略目标脱离实际或不再适用时，还需调整企业的战略目标，甚至需要把目标的调整扩大为使命的调整。后两种情况都属于战略变革的范畴。

**【战略聚焦 1-2】　　不同的环境，不同的战略**

在决定进入大陆后，台湾东京着衣公司的总经理郑景太便带着两位台湾籍的经理和 50 万元资金在广州开始设点。2007 年 5 月起，他们每天在大陆地区卖出 600 件衣服，客户从黑龙江到海南都有，在短短的 4 个月内，他们的营业额就达到了 274 万元，甚至打破了淘宝网的纪录——59 天内在网上的信用评级超过了 10 000 分，成为淘宝网有史以来在最短的时间内登上万分宝座的超级卖家。2007 年 8 月初，他们再次在淘宝网拿下第二个象征万分评价的皇冠标志。

东京着衣的创办人——总经理郑景太和总监周品均是两个不到 30 岁的年轻人，在投资做网店生意时，周品均还在念大三。但这两个年轻人只用了 1 年多的时间就拿下了台湾地区网店销售冠军。“从两年前开始，他们就是我们成交金额最高的网店卖家。”雅虎奇摩公关主任吴苑如说。2006 年东京着衣在台湾的营业额高达 1.3 亿新台币。

“进入大陆地区后，我们才发现这个市场是无限大的。”周品均说。大陆的市场大，与台湾市场的差异也大，在大陆做网店无论客服、物流、经营方式和规模都与台湾不同。

规模是最大的挑战。“在台湾，我们每天做一二十件生意，在这里，一开张就是一两百件。”周品均说。因为淘宝网要求卖家必须有现货才能做生意，最初许多台湾卖家抱着试试看的心态，只派一两个人在大陆驻点，甚至直接将货物从台湾寄到大陆，最终发现无法满足大陆的市场需求。

由于制作成衣的周期要 2 个多月，一开始台湾卖家多半按照台湾的经验备货，结果在台湾可供 1 个月的库存几天就卖完了，还要面对无数客户的询问，许多人只得宣布暂时歇业。

消费习惯的不同是另一大挑战。郑景太分析，虽然大陆人的工资较低，但他们购买服装的热情并不差。大陆消费者通常认为卖家会任意哄抬价格，于是杀价成了家常便饭。“大陆消费者不仅在买衣服之前杀价，在收到货之后，还会再杀一次。”郑景太笑着说。在台湾，一般人可能看准价格和说明就下单了；而在大陆，几乎所有人都会先用网站提供的实时通信软件进行在线杀价，问清楚商品的情况，才会下单，在收到货之后，如果不满意，还会要求对方再送礼物或者折价券。“在大陆开网店，如果不提供在线真人服务，就无法做生意。”全买网总裁刘彦婷如是说。

物流也是问题。在大陆，快递公司无法保证把东西送到全国，郑景太就采用人海战术，请专人把发往不同地区的货品分类，针对各类货品分别找到最快、最便宜的快递公司。在正式开业后的1个月，他们的出货人员就从2人增加到了40人。

周品均观察，在大陆，衣服搭配的多层次穿法还不普及，他们就在商品的照片中用自家的不同产品相互搭配，这样就不局限于卖衣服了，而是卖流行概念。他们一年有2 000多款服装，经过营销包装后，如果消费者看上一款，就会认真考虑买下其他搭配的服装。此外，针对不同节日推出服装组合，也有效地提升了业绩。

然而，自从2014年两位创办人陷入官司纠纷，以及2013年底推出自有品牌“KODZ”之后，有很长一段时间都没有东京着衣的新消息。东京着衣营运长陈孝强表示，东京着衣在忙着做的事情是“品牌化”。东京着衣过去10年领导了网购服饰卖家“买货来卖”的经营模式，但现在“做服饰”才是东京着衣的重点，东京着衣不再自认为是“电商”，而是“服饰业者”。在新的环境下，京东着衣的战略又会有新的变化。

资料来源　林建煌．战略管理［M］．2版．北京：中国人民大学出版社，2010.

## 1.3　企业使命和目标

企业使命和目标共同构成了企业战略导航塔，指引着企业发展的方向，是企业战略管理的基石。

### 1.3.1　企业使命

企业使命表明了企业存在的根本理由和所要实现的价值，缺少使命，企业就失去了存在的意义。广义的使命指企业在社会经济发展中所要承担的角色和责任[①]，对使命狭义的理解就是企业想要从事的经营业务，以及所要服务的顾客。

德鲁克认为企业使命应该回答“我们所经营的是什么事业？谁是我们的顾客？我们为顾客所提供的价值何在？我们的企业未来会变成什么样？我们的企业未来应该变成什么样？”这些问题。德鲁克道出了企业使命的实质。为了将企业使命清楚地表达出来，往往要借助于“使命陈述”。有时使命陈述也会以企业宗旨、经营理念、经营指导原则或经营哲学等不同的形式出现，但它们的作用是相同的。使命陈述应该适度抽象，不宜从企业产品实体的角度来表达企业使命，可以从企业为利益相关者提供何种价值的角度来思考企业使命，以达到适度抽象。使命陈述还要简明易懂。只有被企业员工理解和接受，企业使命才能凝聚员工的意志与努力，成为激发组织成员的一种精神力量。

需要说明的是，与企业战略相同，企业的使命陈述总是与一定的时间阶段和特定

---

①　杨锡怀．企业战略管理：理论与案例［M］．北京：高等教育出版社，1999.

的环境条件相联系的，不是一成不变的。随着时间的推移、环境的变化和企业的发展，企业使命也需要适时修订。

使命的作用体现在：一是凝聚企业全体员工和各个部门向同一目标共同努力。如果使命能够得到员工的认同，就可以减少企业内部的分歧与摩擦，增进部门之间的理解与合作，促使企业各项经营管理活动协调一致。二是确定企业的发展方向，成为资源分配的准则，指导具体的管理活动。企业使命明确了企业的业务和市场定位，促进企业合理分配、有效运用有限的资源。三是企业价值判断的基准，也就是企业文化的核心。企业使命可内化为企业精神与意识的一部分，在企业成员的行为中表现出来，并形成良好的工作氛围。

**【拓展阅读 1-3】　　企业使命陈述**

在世界上任何一个社区都成为我们员工的最好雇主，在每一家餐厅为我们的顾客提供优质的专业服务。

——麦当劳

弘扬工业精神，追求完美质量，提供专业服务，创造舒适环境。

——格力

奉献营养健康的食品和高品质的生活服务，建立行业领导地位，使客户、股东、员工价值最大化。

——中粮集团

创无限通信世界，做社会信息桥梁。

——中国移动

### 1.3.2 企业目标

战略的实施离不开目标的设定，企业战略目标是企业在实现其使命的过程中所追求的阶段性成果，是对企业使命的具体阐释和界定。在战略管理的过程中，企业在明确了自己的使命，并完成了外部环境和内部条件分析之后，就需要确定企业战略计划所追求的目标。企业总体战略目标通常包括清晰的业绩指标及其时间要求。不同于短期的作业计划，企业战略的计划期比较长，大多为三至五年，各项业绩指标反映的是企业的长期目标。

战略目标的作用主要有：

（1）目标本身就是激励。为实现目标，企业就需要努力弥补现状与目标之间的差距，企业的战略计划也是为此而制定的。合理的目标可以激励组织成员为之努力。

（2）为战略实施提供依据。战略目标不仅是战略制定的基础，也是战略实施的依据。战略实施力图将企业总的目标和任务分解到各职能部门，并据此分配可供使用的资源，以期将战略计划贯彻落实到各项业务活动之中，最终实现企业目标。没有目标，企业决策将无所归依。

（3）为战略控制提供基准。战略控制需要衡量企业实际业绩与期望业绩之间的差异，才能有针对性地采取校正行动。没有目标以及相应的期望业绩，控制就失去了基准，就无从谈起。

目标代表企业期望达成的未来状态。由于状态包括许多不同的方面，企业目标就不止一个，而是多种目标的集合，通常包括市场地位目标、利润目标、增长目标、创新目标等。

如图 1-2 所示，企业的目标不仅包括多个方面，还涉及多个层次。多层次的目标相互联结，共同构成了企业的目标层级。在这里，企业的目标层级是一个体系，这个体系包含了针对整个企业的整体性目标，以及针对企业各层级的次目标。① 建立企业目标体系的目的在于确保每个员工都能明确自己在实现企业整体目标中的角色和作用，以及自身与企业其他层次或员工在目标上的关联，以形成相互支持、密切配合的良好关系。企业的目标层级可通过对企业目标进行逐层分解来得到。通常，可将整个企业的目标分解为经营单位的目标，再向下分解为各个职能部门的目标，最后再形成各个子目标。

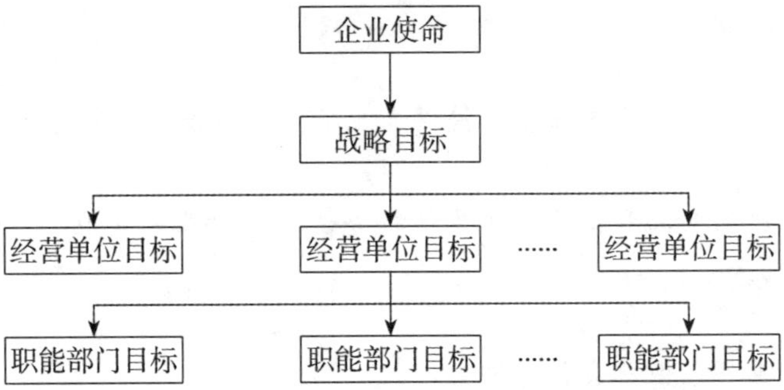


**图 1-2　企业的目标体系**

在逐层分解企业目标的过程中，需要保持目标层级的一致性。这里的一致性有两层含义：一是使下一级的目标支持和保障上一级的目标，当下一级的目标实现时，上一级的目标也就实现了；二是使各个层次的目标相互联系、相互配合，只有这样，才能确保企业总体战略目标的最终实现。

需要说明的是，目标的效用能否发挥，应视目标的质量而定。一般而言，质量良好的目标，除需满足企业的需要、符合管理者的期望、具有一定的挑战性和灵活性外，还要尽可能地明确、具体、可衡量。在制定目标时，Morrisey 认为完整的目标应包括四个要素：①行动的内涵；②可衡量的单一成果；③完成目标的时间期限；④可接受的成本。②

## 1.4　战略管理者和利益相关者

战略管理是由企业内部的管理者承担的，还有许多对企业战略产生影响的外部主体构成了利益相关者。

---

① 林建煌．战略管理［M］．2 版．北京：中国人民大学出版社，2010.

② MORRISEY G L. A guide to tactical planning: Producing your short-term results［M］. San Francisco: Jossey-Bass, 1996.

### 1.4.1 战略管理者

战略管理者是指企业中对战略管理活动及其结果承担直接责任的有关方面和人员。通常，战略管理者包括公司的董事会、高层管理者、事业部（业务单位）和职能部门负责人以及战略规划人员等。他们负责分析内外部环境，做出战略选择，制订战略计划，组织实施战略，推动战略变革，是战略决策者，也是战略实施的领导者和责任人。

**1. 董事会**

现代公司制企业中，股东出资委托经理人经营企业，他们之间存在委托-代理关系。在股权结构高度分散的情况下，公司的股东容易滋生“搭便车”行为，在总体上缺乏积极参与公司治理的动力。大量的小股东持有公司股票的主要目的是获得短期收益，在企业业绩下滑的时候往往会“用脚投票”，抛售股票走人。因而，真正代表所有者（委托人）参与企业战略管理的实际上是董事会。企业的战略决策是由董事会主导的，董事会是企业主要的战略决策力量，控制着企业的战略方向和绩效，确保企业遵循一定的战略范式。①

《中华人民共和国公司法》（以下简称《公司法》）规定，公司董事会是公司经营决策机构，也是股东会的常设权力机构。董事会对股东会负责，主要职责有：召集股东会会议，并向股东会报告工作；执行股东会的决议；决定公司的经营计划和投资方案；制订公司的年度财务预算方案、决算方案；制订公司的利润分配方案和弥补亏损方案；制订公司增加或者减少注册资本以及发行公司债券的方案；制订公司合并、分立、解散或者变更公司形式的方案；决定公司内部管理机构的设置；决定聘任或者解聘公司经理及其报酬事项，并根据经理的提名决定聘任或者解聘公司副经理、财务负责人及其报酬事项；制定公司的基本管理制度等。从战略管理的角度来看，董事会的职责主要涉及战略决策、资源配置和经理任免等重要环节。可以说，董事会对公司的战略管理具有决定性的影响。

然而现实中，董事会在企业战略管理中发挥的作用有很大的不同。Judge 和 Zeithaml 对医院和《财富》500 强企业的研究发现，30% 的董事会与管理部门积极工作，决定战略方向，30% 的董事会检查并修订管理部门的方案，名义上参与战略管理，40% 的董事会只是批准管理部门提出的方案，起到的是橡皮图章的作用。②

董事会作用的发挥与其组成、规模、权力结构、决策机制都有关系。

（1）董事会中的大股东

我国国有企业改革的一个重要举措是改变国有股一股独大的状况，通过股权分置让国有股得以流通，同时也导致了股权分散化。

国外的研究表明，股权结构是公司治理结构中最重要的一个方面，股权结构不仅

---

① WESTPHAL J D, ZAJAC E J. Defections from the inner circle: Social exchange, reciprocity and diffusion of board independence in US corporations [J]. Administrative Science Quarterly, 1997, 42 (1): 161-212.

② JUDGE W Q JR, ZEITHAML C P. Institutional and strategic choice perspectives on board involvement in the strategic decision process [J]. Academy of Management Journal, 1992, 35 (4): 766-794.

决定公司董事会的构成，而且在很大程度上影响着企业的战略选择。在股权分散的情况下，所有者常常缺乏必要的信息和权力来有效地监控经营者的行为和决策。① 现代公司高度分散的股权结构会引起经营者的短期行为，从而放弃对企业长远发展有利的创新决策。股权的高度流动性也使得企业的资本结构缺乏稳定性，股东以追求投资收益率最大化为目标，企业经营一旦出现波动，股份就不断转手，这不仅使公司的长期发展没有稳定的资本结构作为保障，而且很容易造成企业经营的动荡，所以高度分散的股权结构从总体上看不利于企业的长期战略选择。

Alchian 和 Demsetz 认为大股东拥有企业较多的股份，为了提高企业的长期盈利能力，具有明显的积极性参与企业管理者的决策行为。② 拥有积极稳定的大股东有利于组成一个强大、独立的董事会来监督、评估和质询管理者，使得主要股东能够有效监督由管理者做出的战略和资源分配决策。股权越集中，单个股东之间就越容易协调行动，在经营决策中就具有更大的影响力③，集中的所有权使主要的所有者能够控制董事会，便于获得重要的信息、行使监控权力，从而减少经营者的机会主义行为倾向，使他们更加关注企业的长远发展。

（2）董事会的规模和组成

按照我国《公司法》第一百零八条的规定，股份有限公司董事会的成员人数为 5~19 人，同时第一百二十二条要求上市公司应配备独立董事。《公司法》规定董事会人数的目的是在决策中能够集思广益，做出恰当、高效的决策。独立董事独立于所受聘的公司及其主要股东，不得担任独立董事之外的其他职务。独立董事不仅能够起到监督作用，更重要的是可以发挥他们在战略决策中的咨询、参谋作用。

环境的快速变化大大影响了管理者的信息处理和决策过程，使得现代企业的战略管理具有更大的不确定性。④ 战略决策需要识别外部信息并吸收利用信息，而这些信息是由作为决策团队的董事会中的不同成员掌握的。作为企业的信息处理中心和决策中心，董事会的规模和权力分配决定了其信息处理能力，进而影响到创新决策。尽管董事会在重大决策和对组织的影响方面起着决定性的作用，但在信息沟通、协调等方面与其他管理团队是类似的，同样需要直接沟通、协调和共同的努力来完成一个既定目标。⑤

团队的功效是由其成员的能力表现出来的，随着团队规模的增大会得到更多的解决问题所需要的资源，较大规模的团队优于小团队是因为它们有更强的能力和更多的资源来实现团队的目标。这主要体现为：①增加信息的来源，更有利于对信息的吸收和利用；②更多人的分析和讨论有利于纠正决策错误；③容易形成多个决策方案，从

---

① TUSCHKE A，SANDERS W G. Antecedents and consequences of corporate reform：The case of Germany［J］. Strategic Management Journal，2003，24（7）：631-649.

② ALCHIAN A A，DEMSETZ H. Production，information costs，and economic organization［J］. American Economic Review，1972，62（5）：777-795.

③ SALANCIK G R，PFEFFER J. The effects of ownership and performance on executive tenure in US corporations［J］. Academy of Management Journal，1980，23（4）：653-664.

④ DAFT R L，SORMUNEN J，PARKS D. Chief executive scanning environmental characteristics and company performance：An empirical study［J］. Strategy Management Journal，1988，9（2）：123-140.

⑤ HALEBLIAN J，FINKELSTEIN S. Top management team size，CEO dominance，and firm performance：The moderating roles of environmental turbulence and discretion［J］. Academy of Management Journal，1993，36（4）：844-863.

多个侧面来认识问题。大团队的这种能力和资源有助于形成高质量的决策。

尽管大团队有很多长处，但过大的规模也会带来协调和沟通困难这类小团队中不存在的问题。相比之下，小团队更容易达成一致，决策速度更快。但是小团队的决策质量无法与较大的团队相比，只有要解决的问题比较简单的时候才更可取。大团队较强的信息处理能力使之更能适应多变的环境，强化的信息处理能力所带来的益处能够弥补团队沟通和协调问题引起的成本增加。

小规模的董事会强化了董事们的参与感，增加了他们与高层管理者的交流。这种互动提高了董事会的凝聚力，也增强了董事会对经理层的监督能力。但是，较小的董事会缺少有效控制和评估 CEO 以及管理团队的专门知识和技能。小规模的董事会处理信息的能力有限，可能促使董事会强调财务控制和使用更便利的短期绩效目标来监督管理者。①

总的来说，公司董事会作为一个团队其成员总数（规模）会影响董事们履行职责的效率，进而使他们推动战略实施的能力发生变化。尽管过去的研究未能系统地验证董事会规模和战略管理效率之间的关系，但在理论上可以认为二者之间存在倒 U 形关系，如图 1-3 所示。

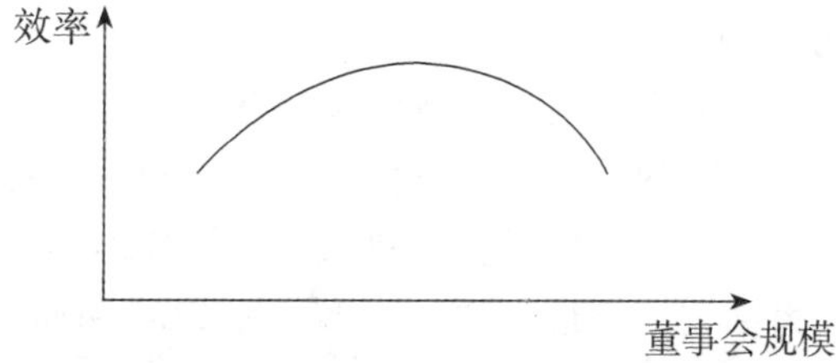


**图 1-3 董事会规模与战略管理效率的关系**

当董事会的规模越来越大的时候，董事会所拥有的专门知识和技能逐步增加，董事会对创新的感知能力相应提高。较大的董事会通常拥有不同职业、教育背景和经验的成员，有利于接受新思想。较大的董事会也能够更好地把企业与外部环境联系起来，给企业带来更多的新信息，从而增强董事会对战略的认识。随着越来越多的成员加入董事会，战略管理的效率会增加，直到一个顶点。超过了一定限度之后，过大的董事会规模反而会造成效率的下降。当董事会规模过大的时候，其内部的交流沟通就可能受阻，董事之间的协调性也会下降，反过来削弱董事们有效参与董事会决策和监督管理层的能力。规模过大的董事会应对环境变化的能力也较弱，因为众多董事不同的意见会引起董事会内部的冲突，使董事会的决策久议不决。

董事会规模需要适度，不同的企业其适度的董事会规模也不相同，这与企业自身的规模和企业所经营的业务有关。显然，即使是相同规模的企业，如果一个业务相对单纯而另一个是多元化经营，那么多元化经营的企业董事会在进行决策时就需要更多的知识背景，也就需要更大的董事会规模。现实中，企业董事会既有 3 ~5 人组成的，也有多达几十人的，大多数企业董事会人数在 10 人左右。

---

① HILL C W L, SNELL S. Effects of ownership structure and control on corporate productivity [J]. Academy of Management Journal, 1989, 32 (1): 25-46.

除了规模，董事会的组成也是影响其战略决策能力的重要变量。这里主要是指董事会成员的多样性和董事会中的独立董事（外部董事）。从增强知识吸收能力的角度看，具有不同背景的成员组成的团队有许多好处，包括更广泛的知识基础使得战略决策拥有更多的信息来源，但随着董事会成员专业知识种类的增加，会加剧信息不对称所引起的代理问题。因而，可以认为董事会成员来自不同的领域总体上有利于战略决策，但成员来源过于广泛的董事会由于自身难以协调反而会形成战略决策的负效应。

独立董事作为外部董事在董事会中也发挥着积极的作用，Johnson 等（1993）的研究发现，公司董事会中外部董事的比例与董事们参与战略决策的程度正相关①，外部董事拥有的不同知识背景和技能经验能够扩大董事会的视野，有利于发现前景良好的创新机会。除了专业技能和决策能力，外部董事的作用还与企业的经营领域有关。来自不同行业的外部董事具有多个行业的经营管理经验和专业知识，但他们对特定行业的技术发展趋势（尤其是在专业性很强的高新技术企业中）缺乏必要的认识和理解，因而一般认为，外部董事主导的董事会适应于多元化程度比较高的成熟行业的企业，而在一个成长中的高新技术企业中内部董事主导的董事会更加可取。

（3）董事会的权力结构

规模适度的董事会只是为更好地进行战略决策和实施提供了一种可能性，能否转化为现实还取决于董事会内部的权力结构。由于职位与利益的密切关系，权力结构对经理人员的行为有很大的影响，其中重要的是董事长、CEO 与其他董事之间的关系。一般认为，对董事会权力结构影响最大的是董事长和 CEO 两职是否由不同的人担任。

有学者认为，公司权力比较集中通常会抑制企业的风险承担行为。② 当董事长和 CEO 两职合一的时候，其他董事处于弱势地位，很难挑战 CEO 的权威，董事会内部形成了专制的决策体制。两职合一也便于 CEO 实施机会主义行为。显然，两职合一一方面能够确保组织领导的高度统一，另一方面也会形成集权的决策体制，强势的董事长兼 CEO 往往会限制决策信息流动，要么轻易否决董事会其他成员的意见，使董事会对战略的前景缺乏必要的认识，要么促使其他董事会成员形成群体思维甚至群体极化，很少会提出不同意见，董事会的讨论仅仅是支持或者补充董事长兼 CEO 的意见，而不是积极寻找替代性解决方法。

董事长和 CEO 的职务分离不仅能够避免权力过于集中导致的 CEO 机会主义行为，而且也有利于董事会行使其监督职能。董事长和 CEO 职位的分离使董事长在监督、评估、惩戒 CEO 时有更大的独立性。当 CEO 和董事长分设的时候，CEO 就不能控制董事会，有利于董事会更好地评价 CEO 等高管的业绩，鼓励有利于企业长远发展的行为。

但两职合一也有好处，这种权力结构能够避免 CEO 和董事会的分歧，使经营者

---

① JOHNSON R A, HOSKISSON R E, HITT M A. Board of director involvement in restructuring: The effects of board versus managerial controls and characteristics［J］. Strategic Management Journal, 1993, 14（S1）: 33-50.

② MILLER D. The correlates of entrepreneurship in three types of firms［J］. Management Science, 1983, 29（7）: 770-791.

及时做出决策以应对环境的变化，有利于经营者才能的发挥。在这个问题上之所以会出现不同看法，不仅是两职是否分离的问题，还有其他因素的影响。当信息处理要求比较低的时候（例如在稳定的环境中），强势的董事长兼 CEO 通过减少不必要的沟通协调甚至内部的冲突来提高决策效率，在稳定的环境中董事长兼 CEO 也更可能拥有充分的信息来做出高质量的决策，因而两职合一更适合稳定环境中相对简单的决策。在多变环境中进行战略决策需要处理大量的复杂信息，信息不畅就会导致决策失误，最终造成错误的选择和企业业绩下降，因而多变环境中的战略决策过程需要广泛的参与和信息共享，董事会内部的权力分配应该是均衡的。

总的来看，在稳定的环境中董事长与 CEO 两职合一会带来高效率的战略决策，而在不稳定的环境中两职分离更有利于企业的战略决策。

**2. 高层管理者**

高层管理者通常指企业的 CEO（总经理）和各事业部（业务单位）的负责人，他们承担着协助董事会设定战略目标、制订战略计划、组织战略实施和评价战略结果等一系列重要工作，是企业战略管理活动的主要承担者。

在多元化经营的大企业中，企业行政首脑（CEO）不仅是公司层战略的主要决策者和执行者，也是整个企业战略管理活动的领导者。虽然公司层的其他管理者也负有重要的领导责任，但领导整个企业战略实施的责任主要是由 CEO 负责，作为董事会的重要成员他引导着企业的战略选择，又统领着整个企业的战略实施。各事业部的经理人员在其业务范围内拥有战略领导权，是经营战略的主要决策者和执行者。单一业务的企业通常只有经营战略和职能战略两个层次。在单一业务企业中，CEO（总经理）通常拥有战略制定和实施的最终决策权，尤其是在单一业务的小型企业中，战略的制定与实施往往掌握在少数几个人手中，这些战略管理者可能是企业主（老板），也可能是职业经理。

高层管理者需要具备高度的责任意识、缜密的战略思维和良好的管理能力，才能在错综复杂的环境中更好地谋求与实现企业的发展壮大。就高层管理者而言，他们在战略管理中面临的主要挑战是保持进取意识和创新精神。这意味着他们需要根据内外环境的发展变化，不失时机地优化企业的业务组合，并在各项业务中寻求满足顾客的更好方法和应对竞争的有效途径，以确保企业取得竞争优势和超额回报。

综上所述，在企业的各种战略管理者中，最重要的就是公司董事会和高层管理者。根据公司董事会和高层管理者参与战略管理的程度，Srinivasan（2008）把企业战略管理的方式分为混乱式管理、自由企业家式管理、木偶式管理和合作式管理四种类型。[①] 混乱式管理指公司董事会和高层管理者对战略管理的参与程度均较低，董事会被动地等待高层管理者提出方案，而高层管理者则埋头于日常事务。这种企业完全是跟着感觉走，实际上不存在明确的战略管理。自由企业家式管理指企业的战略管理工作完全由高层管理者负责，公司董事会基本不参与。这种情况下，董事会只是一个

---

① SRINIVASAN R. Strategic management: The indian context [M]. 3rd Edition. New Delhi: Prentice-Hall of India Private Limited, 2008.

摆设。木偶式管理指公司董事会完全掌握战略决策权，高层管理者只是唯命是从，执行公司董事会的决策，这种方式最为罕见。合作式管理是指公司董事会和高层管理者都积极参与战略管理，并在这一过程中密切协作，这是最有效的战略管理方式。

**3. 中下层管理者**

战略的实施是整个企业的事，需要各级管理者的配合，尤其是需要协同的战略。在战略管理过程中，高层管理者重在解决效能问题，强调的是“做正确的事”。中层管理者也拥有其所在部门中职能活动的领导与决策权，其职责是在各自的领域内制定和执行相应的职能战略，以落实和支持事业部的经营战略。但总的来说，中下层管理者重在解决战略实施中的效率问题，强调的是“正确地做事”。

就中下层管理者而言，他们的工作也充满挑战性，包括建立高效的组织系统、激励员工、合理安排工作进度和营造良好的工作氛围等，以实现企业各种资源的充分利用。

**【拓展阅读 1-4】　　战略规划职责的承担**

现实中，企业战略规划职责的承担有四种主要的方式：个人负责、授权、上下合作和内部创业。

个人负责——战略规划由企业中的个人（CEO 或总经理、战略规划部门负责人）来制订。这种方式适合中小企业、家族企业和经营业务比较单一的企业。

授权——把大部分战略规划工作授权给可以信赖的下属或下一级管理人员，或者由各个部门的人员所组成的任务小组来完成。一个企业经营的产品越多、市场复杂程度越高，越可能采用这种方式。

上下合作——高层管理者与下属共同努力形成一致的战略。多元化经营的企业需要借助具有不同经验、见识的人员来共同制定战略，但这种方式容易受到不同成员认识差异的影响，较难达成共识。

内部创业——鼓励企业内的个人或团队针对新的产品线或新的事业提出战略计划，高层管理者扮演裁判的角色，判断哪些提案值得支持。这种方式有助于激发中下层员工创新的积极性，增强组织的创造力与活力，特别适合技术发展很快的高新技术企业。

### 1.4.2　企业战略管理的利益相关者

企业作为一个社会主体，不是孤立存在的，而是要与众多的其他社会成员发生各种联系，它们作为企业的利益相关者会影响到企业的战略管理。利益相关者的作用既有积极的，也有消极的。某石化企业在厦门投资兴建有污染的项目时遭到了当地居民的强烈反对，最终不得不放弃，就是利益相关者影响企业战略的一个典型例子。

对企业来说，利益相关者就是与企业生产经营活动及其结果存在直接利害关系的各行为主体，既可以是个人，又可以是群体和组织。企业的利益相关者通常包括股东、员工、顾客、供应商、政府、工会、所在社区及社会公众等。这些利益相关者与企业存在着密切的互动关系，不仅会影响企业的战略目标与战略选择，反过来也会受到企业战略选择与战略实施的影响。股东为企业提供资本，希望获得理想的投资回报，当他们对企业的经营不满时，就可能收回投资；顾客购买企业的产品和服务，期望获得需要的满足，当企业的经营让他们感到失望时，就不会继续购买；政府为企业营造一个适宜的经营环境，要求企业合法经营、照章纳税，如果企业不能满足要求，政府就会给予相应的制裁。相反，如果企业达到或超过上述利益相关者的期望，他们就会继续支持该企业。可见，虽然不同利益相关者与企业之间的互动关系具有不同的性质，却都可以在一定程度上影响企业的战略选择。

以企业组织本身为界，可以把利益相关者分为内部利益相关者和外部利益相关者。前者包括股东、员工与管理阶层等，后者包括顾客、供应商、政府、工会与公众等。外部利益相关者常常通过与内部利益相关者的联系来影响企业的战略目标和战略选择。

另一种常见的分类是，按照企业与利益相关者之间是否存在交易性合同关系，可以把利益相关者分为合同型利益相关者和公众型利益相关者。前者包括客户、供应商和员工，他们和企业之间存在法律关系，要受合同的约束；后者包括一般消费者、社区居民以及其他与企业有利益关系的群体。此外，还可将企业的利益相关者分为资本市场利益相关者（如股东与债权人）、产品市场利益相关者（如顾客、供应商、工会与社区）和组织中的利益相关者（如管理人员和员工）。

由于不同利益相关者之间既有共同利益，也有利益冲突，企业必须面对和权衡不同利益相关者的要求。一般来说，企业只要遵守合同就可以满足合同型利益相关者的基本要求。当然，仅仅满足这类利益相关者的基本要求是不够的，企业需要主动采取措施，提高他们对企业的满意度，增强他们与企业长期合作的意愿。对于公众型利益相关者，由于法律的关注较少，其享受到的法律保护远低于合同型利益相关者。良好的企业社会责任政策，对于改善企业与这类利益相关者之间的关系具有重要作用。虽然企业与各种利益相关者之间相互依存，不同利益相关者对企业施加影响的能力却不尽相同。这使企业可以识别所有重要的利益相关者，并在无法同时满足他们的要求时，对他们按优先级进行排序，即优先考虑某些利益相关者。在进行优先级排序时，利益相关者的实力是最关键的指标，其他指标还有各利益相关者对企业的重要程度以及满足其需求的紧迫程度等。①

企业除了要避免利益相关者可能出现的不合作问题外，保持与利益相关者之间的良好关系还具有更为积极的作用。以美国标准普尔500指数企业为对象的一项研究发现，与重要利益相关者保持良好关系的企业可以形成富有价值的无形资产，有利于企业建立竞争优势，实现超额回报。② 国外的研究表明，与利益相关者保持良好关系的企业，经营业绩也较为突出。③ 如果企业能够赚取超额回报，有效管理利益相关者的

---

① HARDY C, LAWRENCE T B, GRANT D. Discourse and collaboration: The role of conversations and collective identity [J]. Academy of Management Review, 2006, 30 (1): 58-77.

② 林建煌. 战略管理 [M]. 2版. 北京：中国人民大学出版社，2010.

③ HILLMAN A J, KEIM G D. Shareholder value, stakeholder management and social issues: What's the bottom line? [J]. Strategic Management Journal, 2001, 22 (2): 125-139.

难度就会大大降低。[1] 凭借超额回报带来的能力和灵活性，企业可以较好地同时满足利益相关者的各种要求。如果只能取得平均利润，企业的目标就会变成最低限度地满足各种利益相关者的要求。一家连平均回报也赚不到的企业，连满足各种利益相关者的最低要求也做不到，只能考虑如何把利益相关者的损失最小化。这意味着，在确定战略目标与战略方案时，企业应妥善考虑各利益相关方的利益，这将有利于增强企业的市场竞争力。

随着社会的进步和法制的完善，企业利益相关者对战略管理的影响有日益增强的趋势。在我国，过去企业很少关注的环境污染、劳动保护、社区关系、公益事业等问题现在越来越突出，有时甚至会成为战略决策的决定性因素。

## 1.5 企业战略管理的发展演化

### 1.5.1 企业战略管理的产生

对管理的研究始于作业层次，20 世纪初泰勒的科学管理理论关注的是如何通过改进操作方法提高劳动生产率。那时的企业面对的是供不应求的市场，市场需求是被动的，消费者没有选择余地。企业管理的重心是生产，也就是如何提高生产效率、增加产量、降低成本。

1929 年席卷资本主义世界的经济危机表现为整个市场的生产过剩和供过于求，企业面临的首要问题不再是如何扩大规模提高效率，而是从投入产出的角度考虑企业的经营问题。第二次世界大战后，大量新技术的采用和军工企业转向生产民用产品导致产品供给量激增，市场竞争空前激烈，迫使企业必须树立经营意识，在充分了解市场和顾客需求的基础上确定企业的产品线，只有这样企业所生产的产品才能被顾客接受。开始关注市场是企业经营的一个主要变化，这一时期也开始建立企业的目标，通过目标管理保证目标的实现。但企业目标的设定常常是经验判断的结果，缺乏对外部环境发展变化趋势的把握，表现出了很强的急功近利倾向，简单地用奖惩调动员工的工作积极性，并没有充分发挥他们的主动性和创造性。

后来，大量的企业在实践中逐渐意识到缺乏长远目标在激烈的市场竞争中往往会犯方向性错误，一味追求短期、局部利益只会危及企业的根本利益，面对复杂多变的外部环境需要新的管理理念。在这一背景下，20 世纪 60 年代企业战略管理理论应运而生，涌现出了多个流派——以安德鲁斯为代表的设计学派和以安索夫为代表的计划学派等。此外，钱德勒还全面分析了环境、战略和组织结构之间的关系。这个时期的战略管理研究取得了很大的进展。虽然很多成果仍然侧重于理论探讨，与企业实际结合不紧密，但建立了战略管理的基本分析框架，为以后的战略管理研究奠定了坚实的基础。

---

① 希特，爱尔兰，霍斯基森．战略管理：竞争与全球化［M］．吕巍，等，译．北京：机械工业出版社，2009.

### 1.5.2 企业战略管理的发展

**1. 国外的战略管理理论与实践**

20世纪70年代是企业经营环境剧烈动荡的年代，同时也是企业战略研究的快速发展时期，战略管理理论与实践相互结合、相互促进，关于战略管理的研究视野更加开阔，方法多种多样，取得了丰硕的研究成果。1972年，安索夫发表了《战略管理思想》一文，正式提出了“战略管理”的概念。在1979年出版的《战略管理》一书中，安索夫又全面阐述了战略管理模式——战略行为是一个组织对其环境的交感过程以及由此引起的组织内部结构变化的过程，这种战略行为模式就是企业的战略管理模式。

战略管理理论研究的先导作用大大推动了企业的战略管理实践，对战略管理的重视促使美国的很多企业建立了独立的战略规划部门，并纷纷委托管理咨询公司提供战略咨询。20世纪70年代，在美国形成了“战略热”，企业对战略管理的重视达到了空前的高度。日本公司正是因为找到了正确的战略方向，成功开发了轻型节油轿车和石英电子表，攻占了欧美国家的市场，丰田等公司成为世界汽车业霸主，日本的手表厂商也取代了钟表王国瑞士手表厂商的市场地位。

**2. 行业结构学派和资源能力学派**

虽然在20世纪80年代战略管理热潮一度“回落”，却也涌现出了两个有影响力的学派：行业结构学派和资源能力学派。

（1）行业结构学派

行业结构学派的主要代表人物是哈佛大学教授迈克尔·波特。波特首先把产业组织理论用于企业战略管理研究，提出了企业竞争战略理论。波特明确指出，一个企业的成功取决于企业所处产业的吸引力和企业在该产业中的竞争地位。有五种力量决定一个产业的竞争强度——潜在进入者、供应商、购买者（顾客）、替代品和同行竞争者，即五力模型。波特在五力模型的基础上提出了三种一般竞争战略：成本领先战略、差异化战略和集中战略。

波特的竞争战略理论产生了广泛的影响，但它也存在明显的不足。最大的局限性是过分强调产业结构的作用，所考虑的产业是已经存在的产业，是已经结构化的产业，这个产业的游戏规则由产业中领先企业决定，产业中的其他企业只能服从这些游戏规则，同时企业进入此产业的成本也相当高。事实上很多企业可以通过创新等途径打破既有的产业结构，颠覆领先企业的地位，如苹果对诺基亚的冲击。行业结构学派的第二个不足是过分强调市场竞争。企业在同竞争对手进行针锋相对的竞争时，有可能会迷失自己的战略方向。企业如果采取恶性竞争，在战胜竞争对手的同时也可能会摧毁市场甚至整个产业。企业的战略不是一定要击败竞争对手，而是要通过向顾客提供价值建立自己独特的竞争优势。此外，现代企业间的关系已经演变为竞争-合作关系，同行企业不仅存在竞争，还有可能成为合作伙伴。行业结构学派的第三个缺陷是忽视了产业内企业之间的差异。事实上，同一个产业内企业的盈利能力差别很大，这是企业本身所拥有的资源和能力造成的，于是引出了资源能力学派这一企业竞争优势的新视角。

（2）资源能力学派

1984 年，沃纳费尔德发表了《基于资源的企业观》一文，是资源能力学派的奠基之作。1990 年，Hamel 和 Prahalad 在《哈佛商业评论》上发表了《企业核心能力》一文，资源能力学派才受到学术界和企业界的广泛关注。资源能力学派的核心观点是企业的竞争优势建立在它所拥有的资源能力的基础上。

资源能力学派认为，因为资源稀缺和能力难以模仿，企业的独特资源和能力不能轻易转移；各个企业收益（利润）的差异主要源于它们在资源和能力上的差别。一个企业之所以能获得高于平均水平的投资收益率，主要是因为它拥有能够支持其战略的独特资源和能力。同一行业的企业所拥有的资源和能力是不一样的，其中最主要的不同是组织资源、人力资源等无形资源。

资源能力学派对企业战略管理理论的贡献主要体现在强调企业内部因素，尤其是资源、能力和核心能力对企业竞争优势的影响，提出了进行资源、能力和核心能力分析的理论和方法，强调对资源、能力和核心能力的分析在企业战略制定过程中的重要性。

资源能力学派也存在自身的不足，首先是对能力这个概念至今还没有全面准确的界定；其次是对外部环境分析不足，没有把内外部因素结合起来形成完整的分析框架。此外，资源能力学派对如何识别、形成、应用、巩固和保护核心能力，也没有提出可以操作的方法。

行业结构学派和资源能力学派各有所长，又各有所短，都对企业战略管理产生了很大的影响。

**3. 战略管理在中国**

自 20 世纪 80 年代起，随着经济体制改革的深化，面对激烈的市场竞争，我国企业的经营管理重心经历了从生产导向到推销导向、营销导向直至战略管理几个阶段。

市场化改革让国有企业脱离了政府的直接管制，也给大量的民营企业和跨国公司提供了机会。全面的市场竞争迫使企业不得不关注外部环境，把握机会、规避风险，一些有远见卓识的企业乘势而上，迅速成长起来，如海尔、华为、联想等，也有一批曾经辉煌一时的企业陷入困境甚至破产。这一时期的中国企业主要由三个群体构成：改革开放大潮中凭着胆识与魄力迅速成长起来的民营企业；跨国公司以全球化经营的战略布局全面进入中国；在改革的阵痛中转型的国有企业。跨国公司先进的经营理念和管理手段让它们一进入中国市场就占得先机，国有企业和民营企业面对剧烈的冲击开始转变经营方式，逐渐认识到了战略管理的重要性，通过学习国外的先进管理理念和方法奋力追赶。总的来看，20 世纪八九十年代的中国企业战略管理还处在模仿和探索的阶段，由于缺乏系统的思考和清醒的认识，很多企业在“摸着石头过河”中付出了高昂的代价。

自 20 世纪 90 年代起，在我国企业战略管理实践逐步推进的同时，众多学者借鉴国外理论、结合我国企业实际出版了大量的战略管理著作，对战略以及战略管理做了有益的探索。

进入 21 世纪，随着网络时代的到来以及世界经济一体化的冲击和社会经济的快速发展变化，中国企业面临着前所未有的挑战。面对日益复杂多变的环境，企业更加需要把握未来的发展方向和发展方式。

**【战略聚焦 1-3】　　　　海尔的战略选择**

作为我国最著名家电制造商的海尔创立于 1984 年，经过多年的艰苦创业，从一家资不抵债、濒临倒闭的集体小厂成长为中国家电第一品牌、世界第四大白色家电制造商。2016 年实现营业收入 1 190.66 亿元，在全球布局了多个制造基地和研发中心，是我国最有影响力的家电企业。

海尔能够在家电这个日益饱和、竞争激烈的市场中成为最有影响力的企业，严格的质量管理、OEC 管理法（日清日高、日事日毕）、企业文化建设都起到了非常重要的作用，但从根本上说，海尔的成功首先是战略上的成功。在几个主要的战略阶段海尔都做出了正确的战略选择。

**创立名牌战略阶段**

海尔最初的产品是冰箱。作为我国的新兴行业，20 世纪 80 年代的冰箱生产企业多达几百家，面对供不应求的市场，很多企业努力上规模，只注重产量而不注重质量。而这一时期的海尔集中在冰箱行业发展，通过强化产品质量管理，创立名牌产品。当冰箱甚至整个家电市场供大于求的时候，海尔凭借优异的质量赢得竞争优势，一跃成为我国最著名的冰箱品牌。

**多元化战略阶段**

20 世纪 90 年代初，邓小平“南方谈话”掀起了改革开放的新浪潮，国家政策鼓励企业兼并重组。一些企业经营不善给海尔多元化扩张提供了机会。海尔的多元化兼并与众不同，它并不投入资金和技术，而是输入管理理念和企业文化，用无形资产盘活有形资产，以“海尔文化激活休克鱼”的方式先后兼并了国内 18 家企业，实现了真正的“低成本扩张”。通过兼并实现的多元化经营给海尔提供了一个更广阔的发展空间。当时，家电行业竞争激烈，质量已经成为用户的基本要求，海尔在国内率先推出星级服务体系，当家电企业纷纷打价格战时，海尔凭借差异化的服务进一步巩固了竞争优势。

**国际化战略阶段**

中国加入 WTO 给企业提供了进入国际市场的契机。海尔的国际化经营从一开始就秉承创立世界名牌的宗旨，“不是出口创汇，而是出口创牌”，以先难后易——先进入发达国家，后扩展到发展中国家——的思路。1999 年，海尔在美国建立了第一个海外工业园作为生产基地，从小容量冰箱做起，逐步进入以美国为代表的发达国家市场。这一阶段，海尔推行“市场链”管理，以计算机信息系统为基础，以订单信息流为中心，带动物流和资金流的运行，实现业务流程再造。

**全球化品牌战略阶段**

在这一阶段，海尔通过整合全球的研发、制造、营销资源，创立全球化品牌。

海尔打造国际化品牌遵循的是“走出去、走进去、走上去”的“三步走”思路。在“走出去”阶段，以缝隙产品进入国外主流市场；在“走进去”阶段，以主流产品进入当地主流渠道；在“走上去”阶段，以高端产品成为当地主流品牌。

前期国际化战略的成功为海尔实施全球品牌战略打下了良好的基础。全球化和国际化的不同之处在于前者的核心是本土化。海尔创立自主品牌，在海外建立本土化设计、本土化制造、本土化营销的“三位一体”中心，主要雇用更了解市场的当地员工，以更好地满足当地用户的个性化需求。

目前，海尔在全球布局了10多个主流品牌：海尔、卡萨帝、日日顺、GEA、AQUA、斐雪派克、统帅、DCS、MONOGRAM等。每个品牌都有自己的市场定位，从不同领域持续满足用户的最佳体验需求。

**网络化战略阶段**

2012年起，海尔进入网络化战略阶段。海尔正在致力于从传统制造家电产品的企业转型为面向全社会孵化创客的平台，成为互联网企业，颠覆传统企业自成体系的封闭系统，把企业改造为网络互联中的节点，互联互通各种资源，打造共创平台，实现各利益相关方的互利共赢。以建立用户为中心的共创共赢生态圈为核心，以网络化组织变革激发组织的激情与创造力，让员工在为用户创造价值的同时实现自身的价值。海尔的组织结构从“正三角”转变为“倒三角”，并进一步通过扁平化改造为以自主经营体为基本创新单元的动态网状组织，组织中的每个节点接受用户驱动而不是领导驱动，充分利用外部资源满足顾客需求。这一创新模式顺应了互联网时代的市场变化，给海尔注入了新的活力。

纵观海尔的发展历程，可以发现，在每一个关键的转折时期，海尔总是能够紧跟时代的步伐，做出正确的战略选择，通过不断创新和变革以及扎实的管理推动企业的持续发展。

资料来源　作者根据相关资料整理.

### 1.5.3　新世纪的战略管理

进入21世纪，现代信息技术的迅猛发展和世界政治经济格局的改变促进了国家与国家之间的交流与融合，让世界变成了“地球村”。新世纪在给企业提供大量发展机遇的同时也让企业面临空前的挑战。互联网、全球经济一体化以及科学技术的快速发展使环境具有更大的不确定性，企业需要建立新的战略思维。

互联网的影响主要体现在一是打破了信息不对称，二是促进了企业对外部资源的吸收利用。信息技术的广泛应用大大降低了交易费用，信息的即时传递和信息获得成本的大幅度降低使得今天的顾客对市场的了解达到了空前的广度和深度，在给顾客提供更多的选择的同时也促使他们的消费行为日益个性化。

工业经济时代，企业收益增长的主要途径是扩大规模，借助规模扩张增强企业在行业中的地位，以市场垄断获得超额利润。网络经济时代，产业界限和企业边界日益模糊，同时也给了企业更大的战略空间，让企业能够更加充分地利用外部资源，利用大数据更加深入地挖掘市场和客户，也催生了全新的“众包战略”和“平台战略”。

全球经济一体化打破了国界，也改变了过去对国内市场、国际市场的划分，企业无论规模大小、处在哪个行业，都要面对来自世界各国的竞争对手的冲击，国际化经营成了必然的选择。面对新的竞争环境，企业必须具有国际视野，放眼全球市场，企业的战略管理有了更高的要求。

总的来看，新世纪的企业战略管理面临的是更加动荡的环境，企业必须具有前瞻性的眼光和更强的战略主动性，而不仅仅是被动地适应环境和内部调整。这种新的战略观就是要以不断创新、把握不断出现的发展机遇为核心，塑造一个面向未来的战略管理体系。

**星巴克蓝海战略成功因素研究**

# 第2章 外部环境分析

**开篇案例**　**抓单身商机——专科生卖热"光棍T恤"**

21岁的杨锐是四川某大学经济管理学院工商管理专业大三的学生，在其他同学都忙于找工作的时候，他已经赚到了人生的第一桶金。2008年年底，杨锐失恋了，但这一挫折让他意外地发现了单身文化这个巨大的商机，随后他创建了"单身派"服装品牌。随着首款主打产品"光棍T恤"一炮走红，在半年内卖出了2万多件，销售额达到了40多万元，他在网上被称为"最牛的专科生"。

说起这段创业历程，最初的想法源于一次失恋。2008年，杨锐在校园里找到了自己的初恋，但好景不长，几个月后两人因为性格不合分手。感情受到打击的杨锐闭门苦思了一个多星期，最后决定要做一个不平凡的光棍。"不能在感情上成功，就要做一个事业上的成功者。"

恢复单身的他为了打发空闲时间，在课余找了多份兼职，卖过微波炉，做过手机销售，还做过礼仪！投入到各种工作中，杨锐过得非常充实。不久，一年一度的情人节来了，玫瑰花、情侣服、情侣套餐……市场上各种情人商品让单身的杨锐很窝火，"这种日子对于我们这些光棍同胞来说简直就是末日"。为了表现自己的不平凡，杨锐想寻找一种单身的标志物："我当时就想，一定要向世界宣布我单身、我自由，向大家证明一个人也可以活得很精彩。"商科出身的他头脑灵活，经过分析发现了一个有趣的商机——光棍T恤。

说干就干，杨锐立刻行动起来。2009年3月，他在网上查到了一组数据：虽然全国的剩男、剩女超过6 000万人，市场上却没有一款为这个庞大的群体量身定做的文化产品。同时杨锐根据自己的调查发现，班上男生与女生的比例是3∶1，邻近的四川大学男生与女生的比例大约为6∶1。在成都，30岁之前还是光棍的人占了大多数。这些数据给了杨锐很大的信心。

创业不能盲目选择，而是要有市场支撑。杨锐立刻做了市场调查。"你愿意穿一件印有'单身'标志的T恤吗?""表达单身身份，你愿意接受张扬的、含蓄的还是其他字眼?"杨锐在校园里拿着厚厚一叠调查问卷向周围的同学询问着这些奇怪的问题。

“调查摸底的情况比我想象的好，几百个人里几乎有一半的同学愿意接受这种T恤，其中还有很多女同学。”杨锐说。由于T恤简单、便宜，大家乐于接受，他就把T恤作为创业的首选。

不过，一个人的力量太小了，杨锐游说了五名志同道合的同学共同创业：“都是以前做兼职认识的有经济实力的朋友，我们筹集了几千元，到成都附近找了一家小工厂代工，生产了500件白色T恤。”

最初的设计工作由杨锐一人承担，T恤正面胸前用黑色草书书写了四个字“天涯光棍”，意为“光棍走天涯”，象征自由的单身生活，左胸上方印有“单身派”的拼音缩写“dsp”标志，背面印有表示单身含义的英文“single”，光棍T恤由此诞生，平均售价25元一件。

刚开始的时候，他们主要采取上门推销的方式：“我确实怕卖不出去，刚开始很紧张。”创业团队的八个人，按照高校的位置分了八个区域，每人负责一个区域在校园或旅游景点推广，最初怕卖不动，还放了一些在别人的门店代售。

然而，市场出乎意料地好，首批T恤上市后，立刻受到同学们的青睐，大家都觉得很新奇，价格也不贵，好多同学不仅自己穿，还买来送人，最奇怪的是有些情侣也来凑热闹，买“光棍T恤”彰显自己的特别。首批500件“光棍T恤”上市两周即全部售罄。

“光棍是个大市场，要细分才有搞头。”杨锐把光棍分为四类：小鸟级——不是不想找，而是找不到；菜鸟级——处于两场爱情的间歇期，纯属休息状态；肉鸟级——因为受过伤害而不想再谈恋爱，但也期待着另一半的出现；骨灰级——万花丛中过，进而看破红尘。

杨锐还把光棍分成了八等：“金领”光棍属于才子佳人型，他们自封为单身贵族，很享受自由的现状；“白领”光棍表面上心高气傲，实则凡心已动，在观望徘徊中；“蓝领”光棍在情场上是处于弱势的，有的苦苦等待，有的为情所伤，还有的看破红尘，拒绝“脱光”……

杨锐一边念叨他的“光棍经”，一边总结道：“不同心理的光棍，对T恤的需求是不同的，我们对产品的文字设计也不尽相同。”非诚勿扰的执着型，适合“光棍之路有多远走多远”的字样；受过伤害，不敢主动出击的保守型，则有“无情却似有情”T恤相配；至于顺其自然的乐天派，则非“我来自1111年11月11日”这种自嘲方式莫属。

“光棍T恤”越卖越火，杨锐最初找的小工厂渐渐无法满足生产的需要，于是他找到了广东一家规模较大的制衣厂赶工，每个订单都要上千件。同时，还利用网络寻找代理商，负责一个区域的销售。“我一般通过QQ联系代理商，现在已经有500多个代理商了，除了青海、西藏之外，其他各省区市均有代理商。”2009年4月到10月，杨锐共卖出“光棍T恤”2万多件，销售额达到了40多万元。

后来，杨锐的团队又设计了30多款产品，他还计划把设计团队从已有的20多人扩充至100人左右，这样才能承担多元化产品的设计工作。同时，为了更好地销售产品，他还打算精简代理商，从500多个代理商减少到100个，集中力量抢占最具消费潜力的市场。最后，就是寻找企业合作。杨锐表示，现在的团队设计师都是高校的学生，能力毕竟有限，他希望能找到成熟的专业团队加盟。

“我的目标是把‘单身派’打造成中国‘单身文化’领域的第一品牌，”杨锐对此胸有成竹，“成熟的市场叫作红海，未开发的市场称为蓝海，我要开发潜藏的单身文化市场这片蓝海。”

资料来源　江玮．抓单身文化商机——专科生卖出 2 万件“光棍 T 恤”［N］．华西都市报，2009-11-18.

开篇案例中杨锐的创业成功很大程度上缘于他的失恋经历让他发现了单身文化这一独特的市场。他对光棍 T 恤产品的开发并不是盲目的，而是进行了深入的市场调查和研究。杨锐的经历充分说明创业离不开对外部环境的充分把握。同样，企业的经营要与外部环境发生多种多样的联系，企业战略的制定和实施会受到外部环境很大的影响。外部环境因素总是处在不断的发展变化之中，这是不以企业的意志为转移的。企业需要做的是，认识外部环境的状况、特点与变动趋势，并在此基础上去适应它，而不是对抗它。

通常，外部环境分析的主要内容包括宏观环境分析、行业环境分析、战略组分析和竞争对手分析等，本章将就这些内容与方法进行详细分析。如图 2-1 所示，以企业自身为中心，企业所处的环境可以分为三个层次——宏观环境、产业环境和企业内部环境（条件），本章我们主要讨论宏观环境和产业环境。

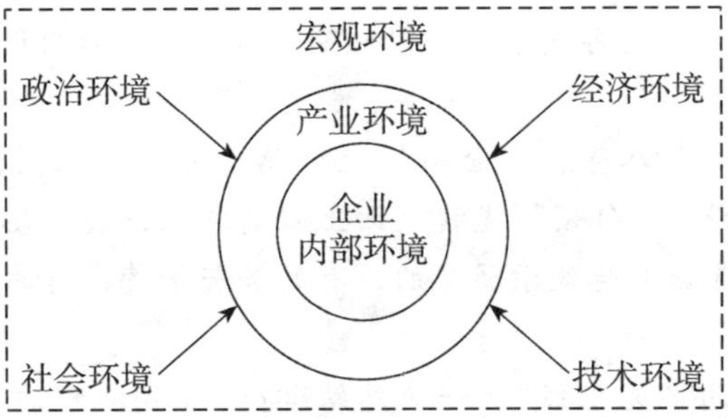


**图 2-1　环境分析的三个层次**

## 2.1　宏观环境分析

宏观环境指影响所有行业和企业的各种宏观因素，包括政治（politics）、经济（economy）、社会（society）和技术（technology）等几个方面，把这四个因素的英语字头合起来也可以把宏观环境分析叫作 PEST 分析。各种宏观环境因素对企业经营的影响往往是间接的或潜在的，分析这些因素的主要意义在于确认和评价它们对企业的影响，使企业能够更好地利用机会、抵御威胁。

### 2.1.1　政治（法律）环境

政治（法律）环境是对那些影响和制约企业经营活动的政治因素和法律法规的

总称。具体来说，政治因素主要包括国家的政治制度、权力机构、政治团体、政治形势以及国家颁布的方针政策等。法律因素主要包括国家的法律法规、国家司法与执法机关、企业的法律意识等。在政治（法律）因素中，政府的各项经济政策（如产业政策、金融政策和税收政策等）和国家的经济法律法规（如反垄断法、反不正当竞争法和消费者权益保护法等）对企业经营有着显著的影响，既可以为企业带来发展机会，又可能对企业形成威胁，甚至可能决定企业的生死存亡。近年来，我国政府推行的节能减排政策可能会使一批高能耗、重污染的企业受到很大的冲击，同时也会为使用清洁生产技术的企业提供很好的发展机遇。专利法、商标法等保护拥有知识产权的企业免受不法企业的侵害，在促进合法企业健康发展的同时，也打击了非法侵权的企业。

### 2.1.2 经济环境

经济环境指企业所在国家或地区的经济制度、经济结构、经济发展水平、国民收入、消费水平、物价水平以及经济发展趋势等。通常情况下，经济增长率（GDP）、利率、汇率和通货膨胀率以及失业率是影响企业经营行为的主要因素。经济增长可以缓和行业内部竞争，为企业扩大规模、增加收益提供良好的条件。相反，经济停滞或衰退则会危及一批企业的生存。利率影响企业的销售状况和资本成本，较低的长期利率既可以鼓励居民消费，促进企业销售，又可以便利企业融资，增加企业投资。汇率决定了不同国家货币的相对价值，通常本国货币购买力较强时，企业更乐于购买外国的产品和原材料，并到国外投资；而当本国货币购买力较弱时，本国产品在国际市场上的竞争力就会相应提升。通货膨胀会破坏经济的稳定，导致经济增长缓慢、利率走高和汇率波动。对大多数企业而言，通货膨胀是一个不利因素，因为它既增加了企业的经营成本（如原材料采购成本等），也放大了企业的投资风险。失业率反映了劳动力市场的供求状况，影响劳动力的供给。

### 2.1.3 社会（文化）环境

社会文化环境是指企业所处社会中人们共享的价值观念、文化传统、宗教信仰、风俗习惯以及人口状况。其中，人口因素包括人口规模、年龄分布、地理分布以及人口流动等，这些因素在很大程度上影响着消费品市场的规模与结构，对企业的战略选择影响很大。庞大的人口数量再加上比较高的购买力，就会形成一个巨大的市场。即使整体经济发展水平不高，也往往是一个很有潜力的市场，飞利浦在 20 世纪 80 年代低估了中国市场消费者的消费能力，导致日本彩电大量挤占中国市场，错失了进入中国市场的最好时机。我国的城市化进程中大批农民从农村进入城市，为建筑、服务等劳动密集行业提供了充足的劳动力，同时农民工的住房需求也直接推动了房地产业的发展。人口老龄化造成老年人口比例不断上升，一方面造成了劳动力成本的上升，另一方面也形成了新的市场，老年医疗、老年保健、老年娱乐和老年营养品成为一种不容忽视的需求，成为企业发展的契机。价值观念、文化传统、宗教信仰等是构成社会文化的重要因素，这些因素是一个国家或地区的人们在长期生活过程中逐渐形成的，对人们的日常行为和消费需求有着很大的影响。我国的传统习俗重视春节、中秋节等节日，改革开放让西方的圣诞节、情人节等“洋节”也深入人心，给零售业、娱乐业和礼品制造等行业带来了巨大的商机。另一方面，全球化造就了大批的跨国公司，它们在不同国家中经营，社会文化的差异给企业造成了很大的影响。沙特阿拉伯道德教育委员会就曾向全国公布禁令，不许任何商店销售“带有西方腐朽文化”的美国芭比娃娃。

### 2.1.4 技术环境

技术环境可以从两个方面来划分，即一般技术环境和行业技术发展。一般技术环境大体上包括一个国家或地区的科技水平、科技投入、科技发展动向和科技体制以及科技政策和科技立法等，这些因素对企业战略选择的影响是间接的。对企业战略有直接作用的是行业技术发展。作为一种“创造性毁灭力量”，技术进步既可以创造一个全新的行业，也可以改变现有产业的边界或现有产品的生命周期。静电印刷技术的发展创造出了复印机，却导致了复写业的衰落。在我国，城市中液化气、管道煤气的日益普及造成传统的家用煤制品行业消亡。对企业来说，技术进步会对企业的产品、服务、市场、制造工艺、营销模式和竞争地位等带来较大的影响，一方面给企业提供有利的发展机遇，另一方面又给企业带来巨大的挑战。数字摄影技术的成熟导致柯达这一光学摄影材料（彩色胶卷）制造巨头的破产。互联网的迅速普及对许多企业产生了深远影响，当当网等网上书店以其便捷和低成本等优势逐渐被消费者认可和接受，使得传统出版发行企业面临着巨大的考验，苏宁、国美这样的传统零售业巨头也不得不借助电子商务开展线上业务，新浪、网易、搜狐等门户网站给平面媒体造成了巨大的冲击。技术进步还使得企业可以运用新的生产方法、新的生产工艺过程或者新材料生产高质量、高性能的产品，同时降低产品成本。20 世纪在钢铁行业中广泛应用的转炉炼钢技术和连铸技术都大大提高了炼钢生产效率，并节约了生产成本。

总的来说，现代企业面临的是更加开放、分散，变化速度更快，强度更高的宏观环境。世界经济一体化打破了国与国之间的壁垒，促进了各国、各地区的经济交流，形成了跨国市场，为企业开辟了广阔的发展空间。以互联网、移动通信为代表的现代信息技术快速发展极大地改变了人们的生活、工作方式，也为企业的生产经营打造了全新的外部环境，彻底改变了企业间竞争的方式。

## 2.2 产业和竞争环境分析

当企业提供的产品或服务能够满足一部分顾客需求的时候，就产生了对某种产品或服务有购买欲望的顾客，这些顾客的集合就构成了市场。提供相同或相似产品或服务的企业的集合，就形成了一个产业或者叫行业。产业环境分析主要包括对产业竞争、产业集中度、战略组、产业生命周期以及竞争对手的分析等。与宏观环境相比，产业环境对企业经营活动的影响更加直接。

### 2.2.1 产业竞争分析

按照迈克尔·波特的一般竞争理论，在一个行业中存在着五种基本的竞争力量，分别是潜在进入者的威胁、替代品的威胁、供应商与购买者的讨价还价能力以及行业内现有企业之间的抗衡，这五种基本竞争力量的状况及其综合强度，决定着行业内部竞争的激烈程度，以及行业中企业获取利润的最终潜力。[①] 图 2-2 描绘了这五种基本力量对产业竞争结构的影响，也就是五力模型。运用五力模型，可以分析一个行业的竞争强度，故常被称为产业竞争性分析，又称为行业结构分析或行业竞争结构分析。

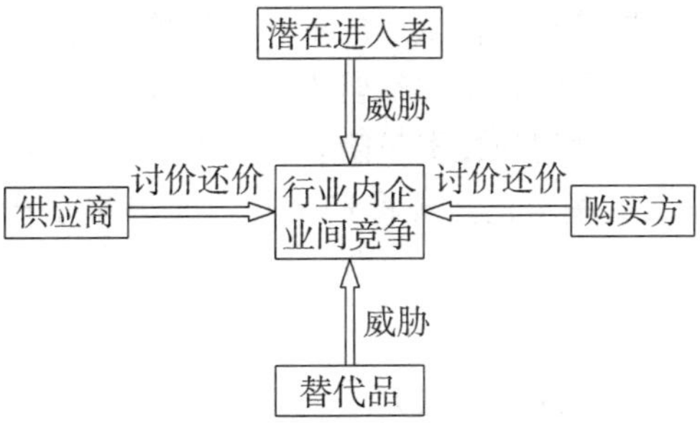


**图 2-2 波特的五力模型**

上述五种竞争力量决定企业获利潜力的原因是，它们影响着行业内企业的价格、成本和所需要的投资，即影响着企业投资收益率的诸要素。在不同的行业中，上述五种竞争力量的实际状况与综合强度是不同的，这意味着各行业的利润潜力也是不同的。一般而言，行业的竞争强度较大，则利润潜力较小，对企业就不太有利。据此，企业可以选择有利的行业。在任何特定的行业中，五种竞争力量并非同等重要，企业需要准确识别那些影响竞争的关键因素。总之，相对稳定的行业结构是正确制定企业战略的重要基础。

五力模型中的每种基本竞争力量对行业竞争强度有怎样的影响？又有什么因素会决定其影响程度呢？下面逐一讨论五力模型中的各个要素。

**1. 潜在进入者的威胁**

新进入者是指刚刚涉足或即将涉足一个行业的参与者。一般而言，平均收益水平较高的行业，对潜在进入者的吸引力较大，新进入者的威胁也较大。在一个行业中，新进入者往往会带来新的资金、产品和生产能力，要求占有一定的市场，并获得相应的生产原料。这会加剧行业内企业之间竞争的激烈程度，引起产品价格的下跌和原料价格的上涨，从而导致行业获利能力和平均利润的下降。

潜在进入者是否会真的实施进入，取决于其进入成本，主要是进入壁垒和对行业中现有企业可能会采取报复行为的预期。即便某些行业享有丰厚的利润，较高的进入成本也可能会让潜在进入者望而却步。

进入壁垒指的是要进入一个行业所需克服的障碍或付出的代价。决定进入壁垒大

① 谭力文，吴先明．战略管理［M］．武汉：武汉大学出版社，2006.

小的主要因素有：

(1) 规模经济

规模经济概念中的“规模”是指伴随生产能力的扩大而出现的生产批量的扩大，“经济”是节省、效益的意思，也就是单位产品成本的下降。通常随着规模的扩大，企业生产经营活动的成本会趋于下降，但这种下降并不是无限的，当规模增大到一定程度时，由于管理和协调费用的增加，该活动的成本反而会上升。图 2-3 描述了产量和单位成本之间的 U 形关系。规模经济的成本优势使现有企业能以低成本生产、低价格销售，并继续享有较大的市场份额，而新企业可能因获得的市场份额较低，处于低产出水平，无法实现规模经济，生产成本和销售价格均难以降低。因此，新进入者通常面临两难的选择：要么以较小的经营规模进入并接受较高的单位成本；要么以较大的规模进入并承担产能过剩的投资风险。历史上，规模经济曾经在世界钢铁产业中扮演了至关重要的进入壁垒角色。规模经济在汽车等很多产业中也是主要的进入壁垒。

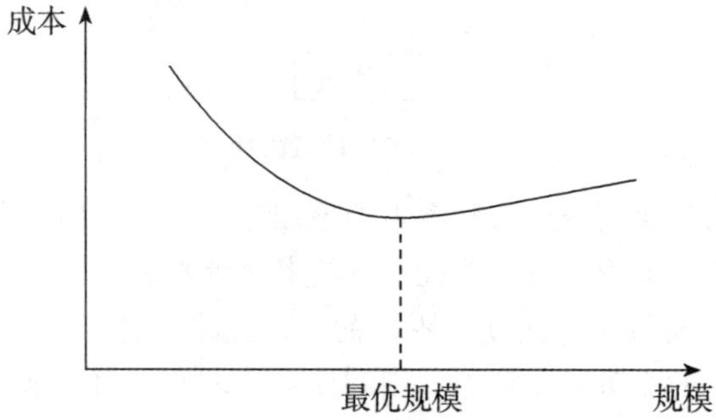


**图 2-3　规模经济**

一般认为规模经济来自以下几个方面：

- 大规模标准化产品带来的直接生产成本的下降和间接管理成本的减少；
- 固定成本分摊的降低；
- 大规模采购和销售带来的成本优势；
- 连续的加工生产过程统一在一个企业内带来的成本节约；
- 大规模生产中的学习曲线效应——由于经验的增加和专有技术的积累所带来的成本优势。

在规模经济壁垒中，最小有效规模相对于该行业的整体市场需求的比例是一个非常重要的指标，对规模经济壁垒的大小起着决定性的作用。有研究认为汽车工业最小有效规模为年产 30 万辆车，因而尽管汽车工业技术上非常成熟，却有很高的进入壁垒。

在其他条件不变的情况下，最小有效规模相对于某一个行业整体市场需求比例越大，一个新进入者进入行业后使这个行业产品价格下降的可能性也越大，对潜在进入者的阻碍就越强，它们进入这个行业的可能性就越小。

实际上最小有效规模占一个行业的整体市场需求的比例因行业不同而有很大的差异，钢铁、汽车、拖拉机等行业最小有效规模占行业整体市场需求的比例很大，而食品工业却很小。

全球经济一体化使得最小有效规模相对于全世界行业整体市场需求的比例变小，因而对行业价格可能的影响也变小。现代跨国公司实行虚拟化生产，自己不进行或者很少进行固定资产投资，往往采取委托加工、贴牌生产，使得生产成本变得更低，最小有效规模本身也有可能变得更大。这是两种不同的变化趋势。

（2）产品差异

产品差异指的是原有企业所拥有的品牌信誉和顾客忠诚。产品差异形成的进入壁垒表现在，新进入者不仅要将生产成本控制在与原有企业同等的水平，还要克服因现有企业享有一定的品牌信誉和顾客忠诚而对其造成的不利影响。产品差异增加了新进入者的进入成本。在存在产品差异的行业中，无论是建立分销、经销网络，还是新品牌的定位、推广，都是一个相对缓慢、代价高昂的过程。

（3）资金需求

进入新的行业往往需要资金投入，大规模的资金需求也会形成相当的进入壁垒。在进入新行业时，企业筹措的资金不仅用于形成固定资产和生产能力，还要用于采购生产原料、培训企业员工和建立分销渠道等。这些资金投入能否回收并带来利润，往往存在很大的不确定性。成功进入某一行业所需的资金越多，进入的难度越大，潜在进入者就越少。资金密集的石油化工、汽车、钢铁等行业的进入壁垒高，行业内企业数量都很少。相反，在资金密集度比较低的行业，如日用品、餐饮、旅游、美容美发等行业内，由于所需要的资金数量小，企业数量就比较多。

（4）转换成本

转换成本指购买者变换供应商所带来的成本，包括购买新的设备、重新培训员工、调整检测工具等引起的成本，以及结束原有购买关系所引起的心理成本等。转换成本会影响购买者对供应商的选择。买卖双方原有的关系越紧密，购买方的转换成本就会越高。如果转换成本过高，购买者就不会更换供应商，这意味着新的进入者只能用足够低的价格或足够好的产品来吸引购买者，转换成本因而成为其进入壁垒。

（5）分销渠道

进入者在对一个产业实施进入时，需要筹划和建立自己的分销渠道。产业中原有的分销渠道通常都在为原有的企业服务，新进入者要打入这种渠道，就需要通过价格折扣、卖方信贷以及广告津贴等方式，让原有的分销渠道接受其产品。这势必会加大新进入者的成本或减少其利润，阻止其进入。为了克服这种进入壁垒，新进入者可能不得不投入巨资为自己开辟一条新的分销渠道。

（6）成本优势

与规模无关的成本优势也能形成进入壁垒。原有企业可能因拥有专有技术、管理诀窍、有利的地理位置、丰富的运作经验和有利的原材料获取途径等原因，而享有一定的成本优势。这使新进入者处于成本劣势地位，要超越这些成本优势则要付出高昂的代价。

（7）行政性壁垒——政府管制

政府对某些产业的管制也可以构成进入壁垒。例如，银行、保险、电信、公共事业等行业，只有获得政府的许可，企业才可能进入。此外，政府出于社会安全、环境保护、节能减排等方面的考虑，可能会对一些产业设置较高的技术门槛，以阻止那些技术上不达标的企业进入这些产业。

进入壁垒的本质是产业内现有企业对自己的保护，除了企业自身拥有的资源和能力，能否限制其他企业进入还取决于市场中的顾客。

除进入壁垒外，报复预期也会影响潜在进入者的进入决策。潜在进入者会危及现有企业的竞争地位和盈利水平，现有企业势必会采取措施来维护自身的地位。如果潜在进入者认为行业内现有企业会采取强有力的手段展开反击，就可能会放弃进入。行业中现有企业抵制新进入者的报复措施包括进攻性降价、增加广告费用、促销或者诉讼等。通常，潜在进入者可从以往原有企业对新进入者做出的反应、原有企业是否掌握了充足的反击资源以及产业内竞争的激烈程度等方面，推测原有企业反应的激烈程度。

**2. 供应商讨价还价的能力**

供应商是为企业提供原材料、设备和其他投入品的企业。供应商可以通过提高其产品的价格或降低其产品的质量来提升购货企业的成本，从而影响购货企业的绩效。供应商的讨价还价能力越强，来自供应商的竞争威胁就越大。供应商讨价还价能力的强弱，主要同以下因素有关：

（1）供应商的行业集中度

如果供应商所在的产业由几家大公司控制，就提高了供应商的讨价还价能力，使购货企业不得不接受供应商提出的条件。澳大利亚铁矿石企业必和必拓集团（BHP）曾在2010年向中国钢铁生产企业提出大幅度加价的要求，遭到拒绝后，联合力拓、淡水河谷两家铁矿石供应商用停止供货威胁中国企业。

（2）供应商产品的特性

当供应商的产品没有很好的替代品或在很大程度上决定着购货企业产品的质量时，供应商的讨价还价能力就得到提升。英特尔在研发、制造和销售微处理器上所拥有的独特能力，使其作为供应商在个人计算机制造业中具有很强的讨价还价能力。

（3）本行业对于供应商的重要性

如果供应商集团不严重依赖特定的行业获取利润，而是向多个行业销售产品，那么非主要盈利行业内的购货企业往往就得不到重视。例如，钢铁公司往往重视汽车产业、家电产业和机械制造业等的客户资源，而对五金行业或食品类客户经常摆出“皇帝女儿不愁嫁”的姿态。

（4）本行业企业的转换成本

如果本行业企业转换供应商的成本很高，供应商讨价还价的能力就得到相应提高。例如，制药行业对专业的制药设备进行了大量投资，并花费了大量的学习成本时，其讨价还价能力就被设备供应商大大地削弱了。

（5）供应商前向一体化和本行业企业后向一体化的可能性

如果供应商有可能前向一体化，就会更加强化它们对本行业的竞争压力。铝锭是生产铝箔、铝型材等的重要原料，如果铝锭生产商进入铝箔、铝型材等生产领域，这些行业中企业的讨价还价能力就会受到很大的影响。反过来，如果本行业内的企业有可能后向一体化，就会降低对供应商的依赖程度，从而削弱供应商对本行业的竞争压力。长城和张裕等葡萄酒制造商不仅生产葡萄酒而且种植葡萄，还有属于自己的葡萄园，这样做不仅保证了原材料的品质，也增强了自身对供应商的讨价还价能力。面对必和必拓的压力，首钢在海外收购矿山也是同样的道理。

如同下面的案例中沃尔玛的做法，为了在竞争中占得先机，企业往往会采取各种措施增强自己对供应商的讨价还价能力。

**【战略聚焦 2-1】　　沃尔玛对供应商的讨价还价**

传统的零售商经营的商品往往是由批发商提供的，大的批发商由于其特殊的地位对零售商有很强的控制力，沃尔玛在成长的过程中采取了一系列措施来增强自己对供应商的讨价还价能力。

最初，沃尔玛在小镇上开店的策略使它很难引起批发商的兴趣，批发商往往要求更高的价格才愿意提供服务，而沃尔玛拒绝支付更高的价格，它用上市募集的资金建造分销中心储存库存，每个分销中心可以服务于许多商店，采购量大增使得沃尔玛可以甩掉批发商直接从制造商处进货。

今天，沃尔玛的采购流程已经成为一项艺术。由于占据了全美国 8% 的零售额，它对供应商有了极大的讨价还价能力。从 1991 年起，沃尔玛开始用 SKU 系统向供应商提供商店销售的实时信息，使制造商得以优化自己的生产过程，配合沃尔玛的销售，改善产量控制和减少库存，大大提高物流配送效率，降低库存成本。

资料来源　希尔，琼斯，周长辉．战略管理（中国版）[M]．孙忠，译．北京：中国市场出版社，2007.

波特对供应商的理解主要指原料提供者，企业的供应商实际上还包括其他生产要素（资本、土地、劳动力）的供给者，它们同样对一个产业的竞争力具有很大的影响。

**3. 购买方讨价还价的能力**

当购买者具有较强的讨价还价能力时，往往会要求行业中的企业降低产品或服务的价格、提高产品或服务的质量，甚至引起行业内企业之间的相互竞争，这些都将降低行业内企业的收益。购买者讨价还价的能力主要受下列因素的影响：

（1）购买方的行业集中度

如果购买方行业的集中程度较高，企业只能将产品卖给少数几个大客户，那么购买方在讨价还价中就具有较大的优势。例如，对于家电生产行业来说，国美、苏宁等家电连锁巨头对其经营有着巨大的影响，因而即便这些家电巨头提出较为苛刻的价格或进场条款，家电生产企业通常也只得逐一满足。

（2）所购产品的标准化程度

如果行业内各个企业的产品或服务是标准化的，购买者的选择余地很大，可以毫不费力地在各个企业之间进行转换，就会在交易中占有一定的优势。如果本行业的产品是非标准化的，各个企业的产品差异很大，购买者的选择余地很小，就会大大抑制其讨价还价能力。生产螺钉、螺母等标准化程度很高的机械零配件的企业很多，用户的选择余地相当大；而化妆品、酒等时尚产品取决于用户的偏好和忠诚度，用户对这些产品的选择余地也很小。

（3）购买方所购买的产品在其成本中所占的比重和对其产品的重要程度

如果用户购买的本行业产品在其成本中占很大比重，或者对他们的产品生产非常重要，他们对价格、质量等就会更加挑剔。例如，汽车发动机在汽车制造中无论在技术性能还是在价格方面都很重要，因而汽车制造商对于汽车发动机的选购是十分慎重和挑剔的。

（4）购买方后向一体化的可能性

当购买方进行后向一体化，即进入其供应企业的经营领域时，购买方既是供应企业产品的买家，又是供应企业的竞争对手，会给供应企业带来明显的威胁。例如，啤酒和软饮料制造商能够通过后向一体化自行生产啤酒瓶、易拉罐等，就会削弱供应商的定价能力。

（5）购买方掌握供货信息的程度

一般情况下，购买方对市场供需和价格情况越了解，对供货商的成本和售价信息掌握得越全面，在讨价还价中就越有优势，就越容易获得优惠价格。因此，一些客户会密切关注供应商的成本数据，一旦其成本下降，就会要求同比例的减价。

**4. 替代品的威胁**

替代品是指具有类似功能，能够满足消费者类似需求的其他产品。一般情况下，替代品的相对价格较低，会通过争夺消费者而弱化行业内企业的定价能力和盈利能力。替代品的价格越是具有吸引力，其对行业内企业的负面影响就越大。替代品威胁的大小主要取决于以下因素：

（1）替代品的性价比

如果替代品能够提供富有吸引力的性价比，就会把本行业产品的价格限定在一个较低的价位上，使本行业企业在竞争中处于被动地位。例如，传统的长途电话服务在新兴网络视频电话的挑战下，其利润水平不断下降。

（2）用户的转换成本

用户改用替代品的转换成本越小，替代品对本行业的威胁就越大。网上书店能够更好地满足人们的购书需求，由传统书店转向网上书店基本没有任何转换成本，这使传统书店承受着来自网上书店的巨大压力。

（3）替代品生产企业的经营策略

生产替代品的企业如果采取积极的进攻策略，就会对本行业构成相当大的威胁。进入新世纪以来，铁路系统不断提速，尤其是高铁的开通运营使得铁路能更便捷地满足人们的旅行需要，对航空公司造成了一定的冲击。

**5. 现有企业间的竞争**

对大多数行业而言，行业竞争强度和企业盈利水平最重要的决定因素，就是行业内企业之间的竞争。这种竞争在有些行业表现为价格竞争，在另一些行业则集中在广告、创新和售后服务等非价格因素上。从整个社会来看，行业内的竞争往往使用户受益，并促进行业中的企业改善其经营管理。然而，站在行业内企业的角度来看，不同竞争手段带来的后果各有不同。价格战通常对行业的稳定具有较大的破坏性，并有可能侵蚀行业的平均利润水平；广告战则有可能扩大总体需求和提高产品的差异度，有利于扩大行业的发展空间。在下列情况下，现有企业间的竞争会变得很激烈：

（1）存在大量或势均力敌的竞争对手

如果行业内存在大量的竞争对手，就会有企业为改善其市场地位而采取某种竞争性行动，其他企业通常都会做出一定的反应，其结果是该行业的竞争激烈程度往往较高。在行业内存在势均力敌的竞争对手时，类似的资源基础使得企业可以采取强有力的竞争性和反应性行动，竞争也会很激烈。笔记本电脑行业的情况就是这样，在世界范围内，有上百家企业在这个市场上竞争，20 世纪 90 年代初期，笔记本电脑价格每年降低 25% ~30% 。

（2）产品的差异程度

行业内产品差异化程度低时，企业间的竞争将更加激烈。如果一个行业所生产的产品或提供的服务是标准化的，那么这个行业内企业的竞争基本上只能围绕着成本和价格进行。我国的航空业，如国航、南航、东航和海航等航空公司经常在不同航线上展开激烈的价格竞争，从广州到北京的机票一度比火车票还便宜。

（3）产业增长状况

在迅速扩张的市场上，企业运用各自拥有的资金和资源来发展自我，从而满足不断增长的客户需求，竞争也比较缓和；而当市场增长放缓时，有限的发展空间必然使行业内的企业把力量集中于争夺现有的市场空间，导致竞争加剧，20 世纪 90 年代后期我国的彩电市场就是鲜活的实例。

（4）产能大幅增加

为获得规模优势，企业产能在增加过程中往往保持较大的增幅。由于一次大幅增加的产能总是把今后一段时期内的增长因素统统考虑进去，当这部分增加的产能投放市场后，行业会面临供过于求的局面，导致竞争加剧。目前全球商用客机行业中波音和空客日益强化的竞争，就可以追溯到空客进入客机制造行业时带来的产能的大幅增加。

（5）退出壁垒

退出壁垒是指企业在退出某个行业时要克服的障碍和付出的代价。退出壁垒既有经济上、战略上的因素，比如专用资产、退出的一次性费用等，也有心理上、感情上的因素，比如担心企业形象受损，经理们不愿做出退出决定等。退出壁垒越高，企业就越不愿放弃，即使企业的利润很低甚至亏损。这会导致行业内竞争的加剧。

把产业的进入壁垒与退出壁垒相结合，可以得到表 2-1 所示的矩阵。从产业利润的角度看，最有利的情况就是进入壁垒高，而退出壁垒低，这种情况下，新进入者将受到抵制，而经营不成功的企业会顺利退出。相反，进入壁垒低而退出壁垒高的情况最为不利，因为在行业的景气度较高时，众多企业会纷纷加入，而当行业不景气时，过剩的生产能力又难以退出，企业之间只好相互搏杀，利润空间也会被大大压缩。现实中这两种情况都不常见，更多的是进入壁垒和退出壁垒呈正相关关系，也就是进入壁垒高（意味着大量的资源投入），退出壁垒也高，进入壁垒低，退出壁垒也低。

表 2-1　　产业进入壁垒与退出壁垒的组合矩阵

| 进入壁垒＼退出壁垒 | 低 | 高 |
| --- | --- | --- |
| 低 | 稳定的低利润 | 低利润高风险 |
| 高 | 稳定的高利润 | 高利润高风险 |

### 2.2.2 产业集中度分析

集中和分散是一个产业的重要特征。我国空调行业在 2000 年的时候还有 400 个品牌，到 2009 年就锐减到 29 个。产业集中度的上升让空调行业的竞争发生了显著的变化。产业集中度是产业分析的一个重要因素。

“集中”的概念反映了产业市场垄断程度的高低，企业的“集中”就是某一产业市场上企业的规模结构，也就是产业内生产（服务）集中的状况。衡量产业集中度有两种指标：一个是绝对集中度指标，也就是在规模上处于前四位或前八位甚至前十位或二十位企业的市场占有率之和，如表 2-2 所示。绝对集中度指标难以看清行业内全部企业的规模分布状况。另一个是相对集中度指标。反映行业内相对集中度最典型的是洛伦茨曲线，根据洛伦茨曲线可以求出基尼系数，以基尼系数来描述产业相对集中度。基尼系数是把均等分布线和洛伦茨曲线之间的面积从以均等分布线为斜边、以横轴和纵轴为直角边构成的直角三角形的面积中去除后得到的，如图 2-4 所示。

表 2-2　　产业绝对集中度分析

| | $CR_4$ | $CR_8$ |
| --- | --- | --- |
| 极端高度集中型 | $CR_4 \approx 100\%$ | — |
| 高度集中型 | $CR_4 \geq 80\%$ | — |
| 中高度集中型 | $65\% \leq CR_4 \leq 75\%$ | $CR_8 \geq 85\%$ |
| 中度集中型 | $50\% \leq CR_4 \leq 65\%$ | $75\% \leq CR_8 \leq 85\%$ |
| 中低度集中型 | $35\% \leq CR_4 \leq 50\%$ | $45\% \leq CR_8 \leq 75\%$ |
| 低度集中型 | $30\% \leq CR_4 \leq 35\%$ | $40\% \leq CR_8 \leq 45\%$ |
| 极低度集中型 | $CR_4 \leq 10\%$ | — |

注：$CR_4$，行业前四家企业的市场占有率之和。$CR_8$，行业前八家企业的市场占有率之和。

产业集中度反映一个行业的整合程度，如果集中度曲线上升迅速表明行业竞争激烈，而稳定的集中度曲线则表明市场竞争结构相对稳定，领导厂家的优势地位业已建立。产业集中度的变化有一定的规律，主要的影响因素是规模经济效应、产业内企业

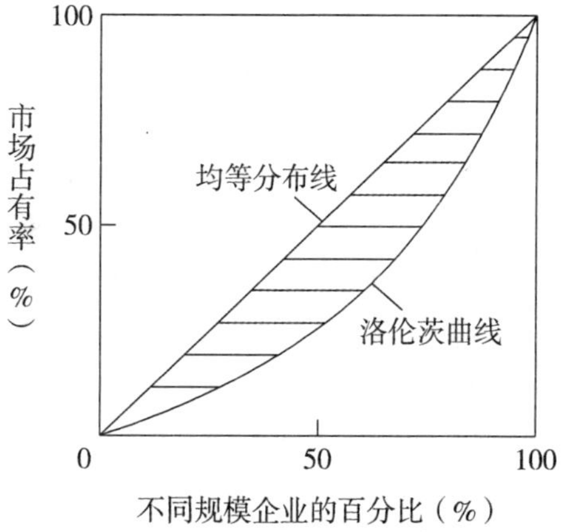


**图 2-4　产业相对集中度指标——基尼系数**

的营销活动、进入壁垒和生命周期的演进。

（1）行业内的企业都在追求规模经济，有限的市场规模和企业追求规模经济的共同作用必然造成生产集中，产业内企业数目减少，整个行业呈现集中的趋势。

（2）营销活动的差异使得某些企业的市场占有率逐渐上升，某些企业由于营销不力导致市场占有率下降，造成整个行业趋向集中。

（3）进入壁垒。如果行业内少数企业长期具有技术垄断、资源垄断和客户偏好的战略优势，那么这种优势必然会成为其他企业进入该行业的壁垒，从而强化了产业集中度。

（4）随着产业生命周期的演化，通常产业集中度会提高，但有些行业如餐饮业、服装业已经存在了很多年，因为不具备规模经济效应，依然很分散，并未出现市场垄断，这说明产业集中度的高低是多个因素综合作用的结果。

**【战略聚焦 2-2】　　可口可乐与百事可乐**

无论是用易拉罐、塑料瓶还是玻璃瓶来盛装，可口可乐公司每天可以销售 10 亿瓶可乐。可口可乐几乎可以在全球任何一个地方买到，但它的主要竞争对手百事可乐并没有被甩得很远。可口可乐与百事可乐之间的竞争不仅是为了赚钱，更是为了赢得客户的心。

可口可乐和百事可乐主导的软饮料行业是一个高度集中的成熟产业，也是世界上最赚钱的一个产业，它们为了争夺市场份额争斗了几十年，采用各种手段进行激烈的竞争。

可乐大战是软饮料产业发展历史上最重要的事件，这场战争可以追溯到 1886 年，当时美国佐治亚州亚特兰大市的一位药剂师配制了一种治疗头痛的补药，定价为每瓶 5 美分，他的簿记员把这种药物命名为"可口可乐"（Coca-Cola），并且承诺对配方保密。大约 10 年后，就在几百英里之外的北卡罗来纳州的小城新伯尔尼，另一位药剂师配制出了百事可乐。

一个世纪之后，软饮料行业已经形成了丰厚的利润基础。一个美国人每年平均消费 53 加仑的碳酸饮料。据估计，软饮料行业的毛利率高达 80%，在如此巨大的利益驱使下，可口可乐与百事可乐的竞争延绵不绝就不足为奇了。

**市场对抗**

虽然可口可乐在竞争中长期保持优势，但百事可乐也通过自己的努力不断削弱对手的地位。1950 年，百事可乐雇用了可口可乐公司前任营销经理，并且发布了奋斗目标——“打败可口可乐”。到了 20 世纪 60 年代，百事可乐发起了“百事新一代”活动，目标锁定青年群体。20 世纪 70 年代中期，由于在得克萨斯州无商标品尝测试中大获全胜，百事可乐又发起了“百事挑战”的全美攻势，可口可乐当然不会坐以待毙，它通过降价和进攻性的广告予以还击。

1981 年，罗伯特·戈伊苏埃塔成为可口可乐的 CEO，他曾下令把广告投资增加 1 倍，采用廉价的甜味剂，卖掉非碳酸饮料业务，并且开发现有品牌下的新口味与健怡产品。健怡成为可口可乐在 20 世纪 80 年代最成功的产品。但这一时期可口可乐也曾犯过一个严重的低级错误：试图改变已经有百年历史的可乐配方，但是消费者对此并不认同，可口可乐不得不回到原有的配方。百事可乐曾经讽刺可口可乐——正是可口可乐修改配方让消费者认识到百事可乐更好喝。

要把碳酸饮料投放到市场，需要企业把价值链活动集中在四种职能上：产品（集中生产）、营销（品牌组合管理）、装瓶（把最终产品装入瓶中）以及分销（配送产品）。浓缩原浆是一种黏稠的糖浆，它为软饮料提供了不同的口味。大型医疗企业的主要业务集中在浓缩原浆的生产和营销上，而独立的地区性装瓶厂的任务主要是装瓶和分销。装瓶厂把软饮料的原浆与甜味剂和苏打水混合在一起，然后灌入易拉罐、塑料瓶、玻璃瓶以及散装桶（提供给餐馆和其他现场销售点如饮料机）进行分销。在早期，可口可乐和百事可乐都借助遍布全国的独立特许经营装瓶厂实现了快速扩张。这一战略避免了在资本密集的装瓶业务上投入巨资。

**装瓶运作**

然而，随着软饮料产业走向成熟，装瓶运营的经济性也发生了改变。首先，早期的特许经营装瓶厂的效率逐渐降低。这些装瓶厂只能服务于特许经营协议规定的范围。尽管现代装瓶技术能够降低大型装瓶厂的成本，但是地区性特许经营装瓶商却没有动力投资建设大型装瓶厂。特许经营协议往往把装瓶厂限制在某一地区市场范围内，而大型的现代化装瓶厂的生产能力往往会超出市场需求。有两个趋势导致了装瓶产业的改变。第一，少数企业发现通过购买临近市场的特许经营权，建设服务于多个市场的大型装瓶厂是重组本地化运营的大好时机。随着这些装瓶企业的规模不断扩张，其对抗可口可乐和百事可乐的实力也在不断提升，构成了对“两乐”的巨大威胁。这一威胁促成了装瓶产业第二个趋势的出现，虽然装瓶运营所产生的收益不足浓缩原浆生产收益的一半，但可口可乐和百事可乐都进入了装瓶产业。“两乐”开始收购独立的装瓶厂，巩固自己的市场地位，并且兴建更新、更高效的装瓶厂。

尽管进入装瓶产业可能会暂时降低可口可乐和百事可乐的收益率，但是“两乐”实际上能够借助这一行动提高整体业绩。它们通过两种方式实现这一目标：第一，根据现有的盈利状况收购装瓶运营企业，一旦公司把这些运营企业重组并提高其效率，公司就能得到相对于其价值而言成本更低的战略运营资源；第二，可口可乐和百事可乐后来都减少了各自控股的装瓶公司的持股量，但对这些公司仍然保留重要的控制权。与装瓶企业完全自主并独立运营的情况相比，这种所有权地位消除了这些企业的谈判力量。

**新时代**

在最近几年，“两乐”的竞争已经延伸到了新的领域。过去软饮料产业与非碳酸型、非酒精饮料产业具有明显的区隔，但瓶装水和瓶装茶饮料的巨大成功把可口可乐和百事可乐吸引到了这个非碳酸型、非酒精饮料的产业中来，这使得软饮料与非碳酸型、非酒精饮料的传统产业边界变得非常模糊。此外，软饮料产业中的企业一面在现有细分市场中推出新产品，一面也在创造全新的细分市场。例如，企业不断推出新的减肥饮料以满足那些不喜欢贴有减肥标签产品的客户的需求。

通过激烈竞争来获取市场份额可能会损害企业的盈利能力，但是从 20 世纪 60 年代中期开始，可口可乐和百事可乐的市场份额都增长了大约 11%，而且都获得了很好的收益。“两乐”以巨大的市场份额、强势的品牌资产以及拥有或控制地区性装瓶企业所构建的进入壁垒，构成了它们盈利能力的重要源泉。当然，它们所增加的市场份额来自实力弱小的企业。唯一可以肯定的是，这两家强大的可乐企业在全球范围内的竞争还远未结束。

资料来源　卡彭特，桑德斯．战略管理：动态观点［M］．王迎军，等，译．北京：机械工业出版社，2009.

### 2.2.3　战略组分析

**1. 战略组的概念**

战略组也叫作战略群体，指一个产业中实施相同或相似战略，并具有类似战略特征或地位的一组企业所构成的群体。如果产业中所有的企业都执行基本相同的战略，该产业就只有一个战略组；如果每个企业所执行的战略都不相同，每个企业就构成了一个战略组。通常情况下，一个产业中会有几个不同的战略组，它们实施着差别很大的战略；每个战略组中企业的数量不等，但所执行的战略相同。

评价企业战略的相同或者相似之处，主要是指这一组企业的战略及其竞争地位的决策变量比较接近，这些决策变量主要包括企业规模、产品技术选择、产品质量水平、垂直化分工程度、分销渠道选择等。按照战略组，可以把产业内企业的竞争分为两种形式：战略组之间的竞争和战略组内部的竞争。通常，战略组内部的竞争要比战略组之间的竞争更为激烈；两个战略组之间的相似程度越高，其成员之间的竞争也会越激烈。

战略组图是进行战略组分析的有效工具，可以直观地评价竞争企业的相对地位。图 2-5 为世界汽车业战略组图。据此可知，世界汽车行业存在四个战略组。左上角是高端豪华车制造商，它们服务于一个特殊的细分市场，很少遇到来自其他战略组的竞争。左下角是低价位汽车制造商，如现代等企业把价格定得很低，以防御来自其他战略组的竞争。中间的是价格和产品线宽度都处在中间水平的汽车制造商，宝马和奔驰的产品质量和价格都比较高，属于中高端产品。最右边是产品线较宽的丰田、通用等生产商，它们生产各种价位的汽车，同时参与低端和中高端市场的竞争。

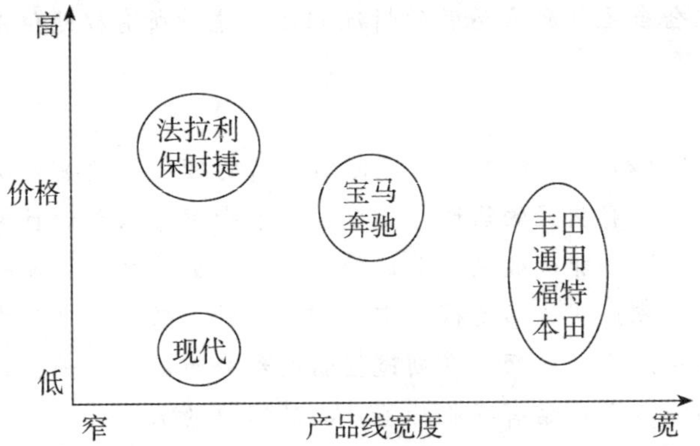


图 2-5　世界汽车业战略组图

战略组图可按下列步骤绘制：

（1）比较行业中各企业的竞争特性变量，如市场范围、企业规模、产品质量、垂直一体化程度、分销渠道选择等。

（2）选择两个较为重要、差异较大且不具强相关性的竞争特性变量建立平面坐标系。如果重要的竞争特性变量超过两个，则可用不同的组合绘制多幅战略组图。

（3）把各个企业按竞争特性变量定位在坐标系中，并且把互相接近的企业划分为一组，这里的每一组都代表采用相同或相似战略的企业，也就是战略组。

（4）各个战略组以圆圈表示在二维平面图上，圆圈的面积用以表示该战略组内企业销售总额的大小。

**2. 战略组分析的作用**

战略组分析的主要作用是能够让企业更好地理解行业内部的竞争，确定企业的主要竞争对手，明确企业的竞争优势来源和盈利模式，预测市场变化或者发现战略机会。

如同为山东啤酒企业的青岛啤酒和烟台啤酒就分属不同的战略组。青岛啤酒的销售覆盖全国市场，市场占有率大约为 20%，其中在烟台地区占 10% 的市场份额；烟台啤酒的销售以烟台以及周边地区为主，市场局限在山东省，其中占烟台地区 80% 以上的份额。以地区覆盖和市场强度（营销投入占销售额的比重）或品牌影响力来划分战略组，青岛啤酒是全国主要品牌，烟台啤酒属于地区性小品牌，它们并不是直接的竞争对手。

如图 2-6 所示，以价格和服务两个变量可以把酒店业划分为星级酒店和经济型酒店两个战略组，前者注重优雅的环境、高档的设施和细致入微的服务，后者强调交通便利、简单舒适、提供基本的设施和服务，区分两个群体的关键战略变量是价格和服务。星级酒店的竞争优势主要来自品牌投入，向顾客提供差异化的体验服务；经济型酒店单位利润低，差异化程度低，主要靠运营效率盈利。

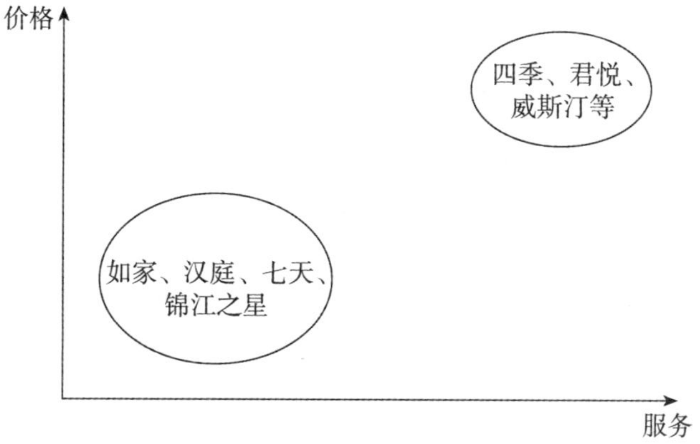


图 2-6 酒店业战略组

利用战略组分析还可以预测市场变化或者发现战略机会。战略组图可以清晰地显示产业市场中存在的“空白”，这些领域能为潜在进入者或产业中现有企业提供战略机会。

### 2.2.4 产业生命周期

在一个产业中，企业的经营状况既取决于企业的竞争地位，又取决于产业的整体发展状况。产业发展所处的生命周期阶段是产业发展演化的一种综合反映。所谓产业的生命周期，是指产业从产生到成长再到衰落的发展过程。产业生命周期理论是在产品生命周期理论的基础上发展而来的。通常产业生命周期可以划分为萌芽期、成长期、成熟期和衰退期四个阶段，如图 2-7 所示。

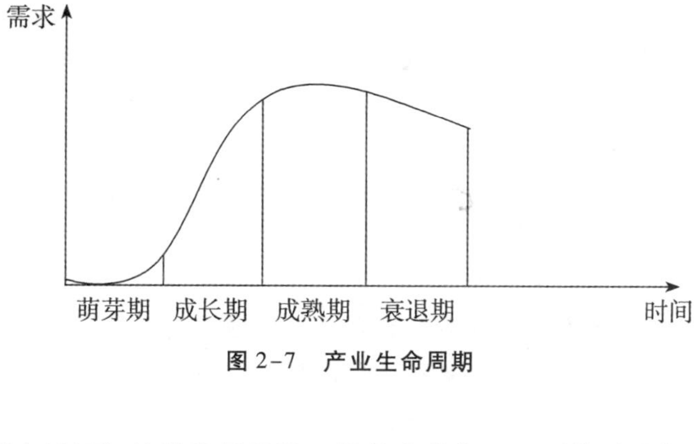


图 2-7 产业生命周期

**1. 萌芽期**

每个行业都会经历初始的发展阶段，就是萌芽期，也叫作幼稚期。萌芽期的产业发展缓慢，顾客不熟悉产品，市场需求很小，销售额很低，企业无法实现规模经济，也未能建立销售渠道。在这一阶段，竞争者较少，成本主要集中在产品开发和产品推广上；没有替代品，产品一旦得到顾客的认可后价格往往较高；生产技术不成熟，工艺流程不完善，产业的进入壁垒主要来自技术诀窍，在高技术行业进入壁垒相当高。

萌芽期的市场和技术都存在很大的不确定性，企业在产品、市场、服务等策略上有很大的余地，竞争主要着眼于培育顾客群体、建立分销渠道、完善产品设计而不是降低价格。首先解决这些问题的企业将成为产业领先者，获得重要的市场地位，如20世纪80年代PC产业中的苹果和60年代复印机产业中的施乐。

**2. 成长期**

随着产品需求的不断上升，行业开始步入成长期。从技术特性上看，这一阶段企业的生产技术已经成熟，工艺流程也已定型，越来越多的企业掌握了相关技术；从市场需求上看，这一阶段产品逐渐获得顾客的认可，消费需求迅速增加；从成本特性上看，这一阶段企业生产的规模效应逐步显现，生产成本逐步下降，降低成本往往成为企业努力的方向；从价格特性上看，这一阶段生产商逐渐增多，消费需求的价格弹性加大，厂商开始降低产品价格以扩大销路。在这一阶段，行业增长迅速，利润空间较大，行业内的竞争相对缓和，企业各自集中力量实现规模经济、拓宽营销渠道、培育品牌忠诚。与此同时，行业的高增长却容易吸引新进入者，加之以技术知识为主的进入壁垒持续下降，现有企业的规模经济和品牌优势又尚未完全建立，因此潜在进入者的威胁很大。这一阶段，由于不确定因素的减少，产业的波动也较小，投资者经营失败的可能性大幅降低，分享产业增长带来收益的可能性大幅提高。

成长期是最重要的战略机遇期，最能体现企业的战略意识，如当年的海尔、格兰仕、万科等都是抓住了各自产业成长期的发展机遇。

**3. 成熟期**

在经过成长期的快速发展后，行业便进入了相对稳定的成熟期。从技术特性上看，这一阶段企业的生产技术已经固定，产品已经完全标准化，几乎不存在技术垄断，如全球范围内的计算机、汽车产业和我国的冰箱、彩电等家电产业；从市场需求上看，市场已经充分成熟，需求增长放缓或已停滞；从成本特性上看，生产成本已经无法进一步降低，而应对行业内激烈竞争的成本却不断提高。在产业生命周期的这一阶段，由于买方市场已逐渐形成，行业内企业之间的竞争不断升级，恶性竞争时有发生，为了争夺更大的市场份额，更加充分地利用过剩产能，企业往往采用降价的方式促销。此外，已经形成的规模经济和品牌忠诚提高了产业进入壁垒，使得潜在进入者的威胁大幅降低。这一阶段，新进入的企业往往会因产品销路不畅、成本难以降低和资金周转困难而陷入困境。

**4. 衰退期**

随着新产品和大量替代品的出现，行业就会慢慢转入衰退期。这一时期的特征集中表现为需求大幅下降，市场日益萎缩，利润越来越小，企业大量退出。导致行业衰退的原因有很多，较为典型的包括三种：

- 资源枯竭型衰退，如玉石资源开采殆尽必然导致玉石加工业、销售业的衰退，未来石油、煤炭等资源的枯竭必然引起石油化工等行业的衰退。
- 技术变革型衰退，如手机的快速普及使得曾经风靡一时的传呼机制造业很快消亡，数字摄影技术的兴起使得柯达等产业巨头破产。
- 效率低下型衰退，如发展中国家廉价的劳动力和低成本的原材料造成了很多发达国家制造业的衰退。

对产业生命周期阶段的把握，可以让企业用动态的眼光看待战略。

### 2.2.5 竞争对手分析

五力模型指出，产业内现有企业之间的竞争是决定竞争强度的重要力量。五力模型的视角是中观层次的产业，对企业的外部环境进行分析时还需要对竞争对手做更进一步的分析。

对竞争对手的分析一方面要明确行业中各个竞争对手的竞争地位，战略组的划分基本上明确了这一点，另一方面还需要进一步确定行业中市场地位最强的公司和主要的竞争对手，同时要判断竞争对手有可能采取的战略行动以便预先采取应对措施。

如果一个企业不去观察竞争对手的所作所为，那么它的战略必定是盲目的，也就不可能战胜竞争对手。如同竞技体育一样，搜集竞争对手的情报非常重要。战略是一个动态的博弈过程，企业必须根据竞争对手的动向随时调整自己的策略。竞争对手的战略选择和下一步可能采取的行动对一个企业如何做出反应有直接影响——企业需要决定是阻止竞争对手的行动，还是置之不理或者追随竞争对手的行动。

**1. 竞争对手的作用**①

大多数企业都把竞争对手看作威胁，实际上，在许多行业中竞争对手往往会加强而不是削弱企业的竞争地位。存在合适的竞争对手可以为行业发展和企业发展带来许多好处：增强竞争优势、改善产业结构、促进市场开发、遏制新进入者。

（1）增强竞争优势

竞争对手的存在有助于企业增强竞争优势，主要体现在以下几个方面：

①吸收市场需求的波动，也就是由于周期性、季节性或者其他原因形成的市场需求波动，因而使企业能更充分地利用其生产能力。行业领导者的市场占有率一般在市场需求下降时上升，在市场需求上升时下降。当市场需求上升时，由于行业领导者生产能力短缺，竞争对手就可以获得一定的市场份额，来满足顾客的需求；而当市场需求下降时，由于行业领导者的产品是买方偏爱的产品，这个时候行业领导者的市场占有率会上升。

②提高顾客对产品差异化的识别能力。当没有竞争对手时，买方可能难以识别本企业产品差异化的价值，因而可能在价格、服务、产品质量上拼命讨价还价。当存在竞争对手时，竞争对手的产品成为顾客衡量产品差异化的参照物，使本企业产品由于竞争对手产品的存在而显示出差异化优势。正是由于其他电冰箱的存在，才能显示出海尔电冰箱的优点。海尔产品在德国展出后，德国消费者发现海尔电冰箱的质量并不比德国产品差，有些性能甚至比德国产的电冰箱更好，正是因为有了这个比较，海尔冰箱才最终进入了德国市场。

③填补不具备吸引力的细分市场。企业竞争对手可能为本企业认为不具备吸引力的市场提供服务。如果没有竞争对手，由于买方需要或者为了防御新进入者，本企业也只能被迫服务于不具备吸引力的市场。为这些不具备吸引力的市场提供服务不仅成本昂贵，还会妨碍企业在更有吸引力的市场上经营。小企业生产的低档产品满足了低

---

① 刘冀生．企业战略管理［M］．2版．北京：清华大学出版社，2003.

端客户的需求，路边小店、个体摊位出售的低价商品填补了市场空白。对大企业或大型零售商来说，这些小企业和路边小店起到了“防火墙”的作用，在很大程度上抑制了潜在进入者的渗透。

④提供成本保护。高成本的竞争对手有时可以为低成本的企业提供成本方面的保护，从而提高企业的利润率。没有高成本的竞争对手时，由于缺少比较对象，顾客讨价还价的能力就会增强，从而降低了企业溢价销售的可能性。这就是成本领先战略的好处。

⑤降低反垄断的风险。对于一个实力雄厚和利润很高的行业领先者来讲，行业内多几个弱小的竞争对手，可能对它的地位和获利能力没有什么影响，但对于减少反垄断调查和指控的风险可能是必要的。柯达以及 IBM 都曾多次受到反垄断的指控，为此它们消耗了大量时间和精力，微软也曾被美国司法部要求拆分。

⑥增加竞争动力。竞争对手的存在会给企业带来压力，同时也会带来动力，往往会促使企业技术进步，降低成本。改革开放之初，海尔、长虹等家电企业都是在激烈的市场竞争中成长起来的，而受国家保护的行业，其技术进步和行业发展就缓慢得多，如电力、石油、移动通信等。

（2）改善产业结构

竞争对手的存在还能够改善产业结构：

①增加产业需求。竞争对手的存在能够增加整个产业的需求，相应地也会增加企业的销售。消费品产业的需求量受广告投入的影响很大，竞争对手的广告促销也会让企业受益。当年宝洁对潘婷、海飞丝等洗发水的广告宣传就促进了整个洗发水行业的销售。

行业内存在适量的竞争对手，还可以扩大产业影响力，提高产业知名度，为整个行业的产品建立声誉。海尔作为著名的家电厂商由电冰箱行业进入空调、洗衣机行业，相应扩大了空调和洗衣机行业的影响力，既提高了产业知名度，又给空调、洗衣机产品建立了声誉。

产业的发展还需要经营互补产品的竞争对手，DVD 生产商离不开光盘制造商，PC 制造商的发展需要软件和显示器、打印机等硬件设备的支持。

②提供后备货源。对于重要原材料，买方希望有第二个、第三个货源，以降低供货中断的风险，同时也限制供方讨价还价的实力，这要通过供货商之间的竞争来实现。

③促进产业升级。竞争对手的竞争大大促进了产业升级。例如，由于竞争激烈，手机从模拟机到数字机，从传统手机到智能手机的升级速度加快，改善了产业结构。

（3）促进市场开发

竞争对手还有助于开发市场：

①分担市场开发成本。竞争对手能够分担新产品或新技术的市场开发成本。当行业中一种新产品或新技术要向市场推广时，需要做大量广告，靠一两家企业的努力很难奏效，而存在适量的竞争对手，就可节约促销费用，同时也可以打消顾客对新产品、新技术的疑虑，从而加速市场化的过程。大量竞争对手的广告在宣传企业的同时

也促进了整个产业的市场开发。

②加速技术标准化或合法化。只有一家企业采用某项新技术时，不仅顾客心存疑虑，政府也不愿意接受它作为行业的标准。竞争对手的存在表明许多企业都在开发新技术，可以加速技术标准化或合法化的过程。

（4）遏制新进入者

竞争对手的另一个作用是遏制新进入者：

①提高进入壁垒。面对更具侵略性和威胁性的新进入者时，合适的竞争对手可能会采取降价等措施与新进入者争夺市场，让竞争者充当防御新进入者的第一道防线，为企业战略的调整提供更大的余地。

②向新进入者显示进入壁垒。若有合适竞争对手存在，其实力很强，但产品市场增长却很慢，盈利很低，那么潜在进入者看到这种情况就会放弃进入的计划。

③封锁进入途径。竞争对手可以填补产品空缺，这些空缺对行业领导者来说很不起眼，但有填补这些空缺的竞争对手的存在，就封锁了新进入者进入的通道。

**2. 竞争对手分析的着眼点**

竞争对手分析的着眼点是在明确了主要竞争对手之后了解竞争对手的战略目标和战略动向。

通过战略组分析可以明确企业的直接竞争对手，其中对企业威胁最大的就是主要竞争对手。但是竞争对手的地位会发生变化，现在强大的对手将来未必仍然是主要竞争对手。有些公司可能正在走下坡路，或者对未来的竞争准备不足，现在相对较弱的公司可能会取而代之，这主要取决于各个企业的潜力。

分析并了解竞争对手的战略目标，可以让企业了解竞争对手对其自身的市场地位及经营业绩是否满意，推测竞争对手改变现行战略的可能性，预测竞争对手对环境变化以及其他企业战略行动的可能反应，判断竞争对手行动的影响程度。例如，面对经济衰退或竞争对手市场占有率的提高，一个注重销售稳步增长的企业可能会采取针锋相对的措施，尽量提高自己的市场占有率；而一个注重保持投资收益率的企业可能会着力改进其品牌形象，以确保高额的投资回报。

竞争对手的战略目标既可以通过领导者的战略性言论揭示出来，也会由竞争对手的竞争行为、媒体报道、证券投资分析报告等间接地反映出来。

竞争对手的战略动向主要指其既有战略的延续性和进行战略变革的可能性。一个公司继续实施当前战略的可能性取决于该公司当前的业绩，以及继续实施当前战略的前景。如果该公司当前业绩良好，继续实施当前战略的前景光明，那毫无疑问它会继续实施当前战略。遭遇失败的公司由于其业绩下降，为了扭转局面必然会采取新的战略行动。此外，行业中积极进取的公司往往具有雄心勃勃的战略意图，也拥有比较强的实力，很可能会充分利用各种市场机会盘剥比较弱小的竞争对手。采用进攻性战略的行业中的后起之秀常常会扮演行业变革推动者的角色，企业需要密切注意这些企业的战略动向。

**3. 竞争对手发出的市场信号分析**

竞争对手的战略意图或内部情况会通过一定的市场信号表现出来，如新产品发布、建设新的生产线、并购信息披露、宣布降价促销措施等。在分析竞争对手的未来目标、对于市场和其本身的假设、现行战略和能力的基础上，企业还可以从市场信号中了解竞争对手。把出现的市场信号和先前的分析结果互相比较，就可以鉴别出哪些信号反映竞争对手的真实意图，哪些信号是其虚张声势或故意误导的结果，在正确判断的基础上合理而有效地采取行动。发现和准确地识别竞争对手发出的市场信号，对于制定竞争战略尤其重要。

市场信号的发布既可以提前宣告又可以事后宣告。无论何种形式，都表明了竞争对手想要传递某种信息以达到特定的目的。从竞争对手的行为中发现信号是对竞争对手分析的有效补充。首先，准确解读市场信号的先决条件是进行基本的竞争对手分析，即了解竞争对手的未来目标、对市场和其本身的假设、当前的战略和能力。其次，发现市场信号要建立在对竞争对手的已知情况和其行为进行分析对比并做出敏锐判断的基础之上。

永久自行车

# 第3章 内部条件分析

**开篇案例** 美国西南航空公司——无形资源打造强大的竞争力

作为一个奇迹，美国西南航空公司（简称西南航空）在短短的40年间从一个只有4架飞机的小公司成长为全美第五大航空公司。在过去的10年中，西南航空的收益增长了388%，净收益增长了1 490%。公司连续多年盈利，股票投资者的总回报超过300倍，公司市值比美国其他所有航空公司市值的总和还要高。无论是在机票价格战或者经济衰退的年份，还是在遇到石油危机或其他意想不到的灾难（“9·11”恐怖袭击）时，西南航空都不曾亏损。即使在金融危机来临的2008年，公司依然盈利1.78亿美元，2008年在《福布斯》杂志评出的“最可靠航空公司”名单中排名第一。

西南航空的成功经验在世界各国的商学院作为经典案例被广泛地讨论，但通常把西南航空的成功归结为成本优势，对西南航空竞争优势的真正来源缺乏深入的探讨。Tom Peter说，西南航空的商业模式连三岁小孩都可以理解，但是却没有人能复制西南航空的商业模式。其主要竞争对手，如Vanguard、America West、Reno以及Kiwi Air虽然都尽力去模仿西南航空，最终都失败了。成立于1981年的America West公司在4年内就成为全美第十大航空公司，而且被誉为自人民捷运（People Express）以来最年轻的航空公司。但是仅仅两年后，这家公司就陷入和工会的战争中，结果顾客服务和运作都受到很大的影响，无法实现持续盈利。

西南航空的一个主要竞争优势在于它的成本结构，其CEO凯莱赫意识到短途飞行的成本一定会比长途飞行高，因为飞机起飞和降落时的油耗比正常飞行时更高，频繁起降还会造成飞机有效飞行时间减少。凯莱赫指出，低成本战略导向的公司必须在成本最高的地方实现最多的成本优势。西南航空的成本在1994—1998年期间有了大幅度的下降，主要缘于公司对生产能力的改善和对成本的有效控制。相比之下，西南航空主要竞争对手的成本水平普遍要高出15%～40%。

西南航空获得成本优势的主要原因之一是其员工卓越的生产力。西南航空的员工能在15分钟之内完成从降落到再次起飞的所有工作。在这15分钟里，西南航空能够完成飞机上工作人员更换、乘客下机和登机、卸载上百个包裹和600多磅的邮件，并给飞机加上4 500磅的燃料等一系列工作。而对大陆航空公司和联合航空公司来说，完成这些工作至少需要35分钟，甚至更多。努力工作并且士气高昂的员工给西南航空带来了巨大的生产力。在1998年，西南航空平均每架飞机上有94名员工，而联合航空公司和美国航空公司几乎有160人，行业的平均人数则超过了130人。一方面，飞机快速的流转意味着有更多的飞机在天上飞行，在真正地赚钱。另一方面，西南航空不仅是一个低费用、低成本的公司，它同样很注重顾客服务，它的员工把顾客服务贯彻到每天的日常工作中。西南航空的员工会帮助顾客照看爱犬，直到顾客度假回来；他们也会陪伴老年乘客到下一站，协助其顺利换乘。

实际上，西南航空最大的竞争优势来源是它的无形资源，也就是它的企业文化、员工的信任和良好的沟通。在股东、顾客和员工关系的处理上，凯莱赫认为“当然应该是员工第一”。只有员工开心、满足、有奉献精神和充满活力，他们才会照顾好顾客。当顾客开心的时候，他们就会成为回头客。这样，股东才能获得更大的回报。公司努力给员工提供一个稳定的工作环境以及学习和个人成长的平等机会。给予员工足够的关心、尊重和关照，他们也会和每一个西南航空的顾客分享。

与其他航空公司不同并且难能可贵的是，西南航空用实际行动把价值观贯彻到日常工作中，建立了一个系统来落实这些价值观和企业文化。西南航空在员工的甄选中，就实施了同事招聘同事、飞行员招聘飞行员、包裹处理者招聘包裹处理者等措施，这与强调文化的融通性和团队协作能力的公司文化是分不开的。西南航空培训的重点是服务顾客的能力、领导能力、双向沟通以及幽默感。西南航空的薪酬制度注重集体因素，高管与普通员工的差距不大，员工待遇比较稳定，起始薪酬低，资历越深薪酬越高（类似日本的年功序列制度），这使得员工流失率很低，稳定的人力资源保证了公司稳定的生产力以及人力资源的低成本。

其他公司模仿的失败并不是因为西南航空独特的成本领先战略、知识产权、不可复制的技术、复杂的管理信息系统、杰出的经理人员或者特殊的管理制度以及流程，这些都是公开的，并且被竞争对手积极地模仿。西南航空竞争优势真正的源泉是其组织系统，在这个系统中每个人都有机会来发展他的领导才能。西南航空的“秘密”在于其价值观、系统和战略以及价值观实践之间的密切联系。这种联系强化了西南航空的无形资源，给企业带来了低成本、快速而稳定的运作过程。虽然竞争对手模仿了西南航空的硬件设施，但它们并没有真正像所宣称的那样来对待员工，形成能支撑其战略模式的企业文化。无形资源依靠其难以模仿性成为西南航空竞争优势的真正源泉。

资料来源　作者根据相关文献整理.

## 3.1　企业资源和能力

内部条件分析的着眼点是如何获得竞争优势。开篇案例指出无形资源给西南航空带来了持续的竞争优势，内部条件分析的一个主要内容是企业拥有的资源和能力。

### 3.1.1　资源和能力的内涵

资源是指企业拥有的有价值的资产，也就是开展生产经营活动所需要的各种投入品。通常把企业资源分为三大类：一是有形资源，包括财务资源（资金）和实物资源如设备、土地、原材料等；二是无形资源，包括技术、品牌和声誉等；三是人力资源。资源能给企业带来竞争优势。资金充足的企业“财大气粗”，相比资金匮乏的企业能进行更多的投资、购买更多的原材料，也不惧怕价格竞争，当然能让企业在竞争中占得先机。

**1. 有形资源**

有形资源是企业拥有的外在的显性资源，主要是指企业的物质资产和财务资产。物质资产主要包括企业的厂房、土地、设备等固定资产；财务资产主要是指企业的资金和拥有的股票、债券等资产。这些资产容易识别，通常在企业的财务报表上能够显示出来。但从战略的角度看，资产负债表上所反映的资产价值仅仅是账面上的，往往是模糊的，有时甚至是错误的指示，这是因为根据历史数据形成的财务价值并不能真实地反映某项资产的市场价值。

因而，当评估某项有形资产的战略价值时，不仅要看到会计科目上的数字，更要评价其产生竞争优势的潜力。换句话说，一项账面价值很高的实物资源，其战略价值可能并不大。实物资源的战略价值不仅与其账面价值有关，而且取决于公司的地理位置和能力，设备的先进程度和类型，以及它们能否适应产品和输入要素的变化。这正是我国很多三线军工企业面临的难题。一方面，这些企业拥有巨额固定资产，有些设备还很先进；另一方面，这些企业大多位于偏远的山区，交通不便、信息滞后，很难适应市场的变化。

在评估有形资产的战略价值时，必须注意以下两个关键问题：

第一，是否有机会更经济地利用财务资源和物质资产，也就是能否用较少的有形资产获得同样的产品或用同样的资源以得到更大的产出？

第二，怎样才能使现有资源更有效地发挥作用？事实上，企业可以通过多种方法增加有形资产的回报率，如采用先进的技术和工艺，以增加资源的利用率；通过与其他企业的联合，尤其是与供应商和客户的联合，更加充分地利用资源。例如，我国的数据通信行业可以通过企业与集成商的联合，来充分利用光纤电缆和网络资源。此外，企业也可以把有形资产卖给能利用这些资产获利的公司。实际上，由于不同的公司掌握的技术不同，人员构成和素质也有很大差异，因此它们对一定有形资产的利用能力也是不同的。换句话说，同样的有形资产在不同能力的公司中表现出不同的战略价值。

**2. 无形资源**

资产负债表上标明的有形资源可以从市场上直接获得，可以用货币加以直接度量，并可以直接转化为货币。与之对应的无形资源是企业不可能从市场上直接获得，不能用货币直接度量，也不能直接转化为货币的那一类资产，如企业的知识产权、技术诀窍、企业形象、品牌、商誉等。无形资产往往是企业在长期的经营实践中逐步积累起来的，虽然不能直接转化为货币，但却同样能给企业带来效益，对企业来说同样具有价值。

由于无形资源的隐蔽性，人们往往忽略其战略价值。在民用航空业，航班在机场上的起落和服务实际上是非常重要的，但这一资源并不归某家航空公司所有。在产品质量和服务对潜在的顾客利益的影响并不明显的行业，企业信誉和知名度往往是最重要的资源。一般来说，信誉和知名度往往与企业联系在一起，有时也与特定的品牌有关。例如，在软饮料行业，可口可乐和百事可乐是世界上信誉和知名度很高的两家公司，这种巨大的无形资产已成为它们最重要的竞争资源。在日化行业，宝洁享誉世界，在全球市场上有广泛的影响力，而20世纪90年代我国著名的日化企业“活力28”依靠广告宣传形成的更多是一种知名度。医疗、教育等行业都是非常依赖信誉和品牌忠诚的行业。信誉高的企业不仅其产品和服务容易被消费者接受，在同样的质量下可以卖出较好的价格，而且可以在融资、借贷方面得到方便和优惠。

另一类重要的无形资源是技术，包括其先进性、独创性和独占性。一旦公司拥有了某种专利、版权和商业秘密，它就可以凭借这些无形资产去建立自己的竞争优势。英特尔、微软以及北大方正都是这方面的典型例子。施乐公司试图开发个人计算机但没有成功，则是错误地评估关键资源的例子。中国很多家电企业也曾经纷纷涉足计算机行业，一方面说明计算机市场潜力巨大，另一方面也反映了这些企业并未真正认识到自己的资源优势所在。与家电行业不同，计算机行业不仅需要技术，而且使用者的购买习惯和消费行为也有很大的区别。

企业所具有的技术能否成为重要的无形资产，除与其先进性和独创性有关外，还与其是否易于转移有密切的关系。如果某项技术易于被模仿或者主要由某个人所掌握，而这个人又很容易流动，那么该项技术的战略价值将大大降低；相反，如果某项技术很难被模仿，或者与其他技术方法一起使用才能发挥应有的作用，而其他技术方法又掌握在很多人手中，则这项技术作为一种无形资产的战略价值就高得多。

**3. 人力资源**

一个组织最重要的资源是人力资源。大量研究发现，那些能够有效地利用人力资源的企业总是比那些忽视人力资源的企业发展得更快。在技术飞速发展以及高度信息化的知识经济时代，人力资源在企业中的作用也越来越突出，是人的进取心和具备的技能造就了企业的成功，而不是实物资源和财务资源。

我们所说的人力资源主要是指能够推动企业发展的全体员工拥有的知识和能力。人力资源与人力资本是两个密切相关的概念，两者有相同之处，又有明显的区别。人力资源是管理的概念，强调人力作为一种经济资源的稀有性及有用性，是指经过开发而形成的具有一定体力、智力和技能的生产要素的资源形式，注重人的创造力。人力资本是经济学概念，其分析内容侧重于人的价值研究，即通过投资形成的以一定的人力存量存在于人体中的资本形式，强调以某种代价所获得的能力和技能的价值，投资的代价可以在提高生产力的过程中以更大的收益收回。我们在这里强调的是人力资源的概念。

实际上，确认和评价一个企业或组织人力资本的价值是一项困难和复杂的工作。这是因为我们常常根据工作业绩、经验和资历来评价个人的技巧和能力。然而，个人能力能否充分发挥作用还取决于他所在组织的状况。有时，很难直接评价个人对组织业绩的贡献。因此，企业常常通过间接的方式来评价个人的业绩，如考查个人的工作时间、热情、职业习惯和态度等。在环境变化很快的条件下，如果一个企业想要适应这种变化，并利用新的机会求得发展，重要的不是考查员工过去或现在具有怎样的能力和业绩，而是评估他们是否具有挑战未来的信心、知识和能力。近年来，很多企业如华为等已经开始对其员工做更广泛、更细致的知识、技能、态度和行为测评。与此同时，越来越多的企业认识到评估其人力资源状况时，不仅要考查其成员个人的专业和知识，更要评价他们的人际沟通技巧和合作共事的能力。换句话说，企业的竞争优势不仅取决于其拥有的资源数量，更重要的是它是否具有整合各种资源的能力。具有创造性和凝聚力的企业具有更强的竞争优势，在这样的企业里，管理人员和企业员工分享共同的理念和价值观。

**4. 企业的能力**

企业的能力指运用各种资源创造价值的技能，这些技能隐含在组织中，体现在对资源的运用中。单独一项资源并不能构成企业的能力，企业的能力来自于各项资源的有效组合，是企业若干项资源有机组合后的结果和表现。例如，一项好的技术必须与其配套的资金、设备和人员相结合，才能充分发挥作用，形成实际的生产力，才有可能形成企业的竞争优势。因此，企业拥有资源后，还要培养对各种资源进行组合协调以发挥其潜在价值的能力。

企业的能力往往是多种多样的，又是多层次的，不仅表现在企业各生产经营环节或职能领域内，还存在于企业内部各层次上。

**5. 资源与能力的关系**

能力往往包含着各种无形资源和有形资源彼此之间的复杂互动。资源的增加只是一种加法，能力却具有乘法效应。虽然资源的增加，由于协同效应也会产生 1+1>2 的效果，但能力却可以使资源由 1 变成Ⅰ（Ⅰ代表增加效用后的 1），因此通过能力的作用可以使资源所具有的 1+1>2 效应变成能力带来的Ⅰ+Ⅰ>Ⅱ效应，而Ⅱ要远远大于 2。

## 3.1.2 企业核心能力分析

**1. 核心能力的内涵**

核心能力（core competence）又称为核心竞争力，是指能使企业长期保持竞争优势的能力，它通常表现为企业经营中的积累性学识，尤其是关于如何协调不同生产技能和有机结合多种技术流的学识。① 如果把一个公司比喻成一棵大树，树干和大树枝是核心产品，小树枝是业务单位，叶、花和果实是最终产品，那么提供养分、营养和保持稳定的根系就是核心能力。Intel 公司在全球个人计算机市场上的份额微乎其微，而个人计算机芯片却占了全球市场的绝对份额，并获得了巨额的利润。核心能力是企业获得持续竞争优势的源泉，也是企业各个业务单位的“黏合剂”，更是新事业或业务发展的“能力源”。

---

① PRAHALAD C K，HAMEL G. The core competence of the corporation［J］. Harvard Business Review，1990，68（3）：79-91.

需要强调的是，核心能力是一个动态的概念。企业的核心能力在经过一段时间之后，会由于大多数企业的模仿或市场的变化而变成一般能力。

**2. 核心能力的识别和特征**

核心能力的形成要经历企业内部资源、知识、技术等的积累、整合过程。正是通过这一系列的有效积累与整合，形成持续的竞争优势后，才能为获取超额利润打下坚实的基础。

并不是企业的所有资源、知识和能力都能形成持续的竞争优势，都能发展成为核心能力，要成为核心能力必须具备：

（1）有价值。核心能力必须能够提高企业的效率，有助于企业在价值创造中比竞争对手做得更好。

（2）异质。核心能力是企业独有而当前或潜在竞争对手所不具备的。

（3）不可模仿。如果该能力易被竞争对手模仿，或通过努力很容易达到，则它就不可能给企业提供持久的竞争优势。那些内化于企业整个组织体系、建立在系统学习经验基础之上的专长，比建立在个别专利或某个出色的管理者或技术骨干基础之上的专长，具有更持久的竞争力。

（4）难以替代。一般产品、能力很有可能受到替代品的威胁，但核心能力应当是难以替代的。

（5）可扩展。核心能力可以衍生出一系列的新产品或服务，它犹如一个“技能源”，由里向外发散，源源不断地为顾客提供新的产品或服务。

**3. 核心能力的竞争层次**

未来核心能力的竞争将是多层次的，了解每个层次竞争的本质，对于赢得建立核心能力领先地位的竞赛十分重要。

第一层，开发与获取构成核心能力的技能或技术之争。

这一层次的竞争目标是开发与获取构成核心能力的技能或技术，以形成一定的核心能力。这一层的竞争发生在技术、人才、联盟伙伴和知识产权市场上，有远见的企业会争取获取那些可形成总的核心能力的单项技能或技术。意欲在全新领域形成核心能力的企业，可能会率先获得政府科研合同，竞相吸引潜在用户签订长期开发合同。竞争核心能力领先地位的另一途径是率先注册专利，以保护核心技术不被模仿。

这一阶段善用资源的方式，主要是获取或“吸收”外来的技能或技术。日本公司非常善于从西方引进技术和管理方法，然后将其组合成世界级核心能力。引进西方技术的主要渠道包括战略联盟、技术转让协议、聘用回国的留学生和向新兴公司进行产权投资等。

第二层，整合核心能力之争。

各企业在聘用关键人才、争取独家许可、结交合作伙伴上是短兵相接、正面对抗，而在把分散的技能整合为核心能力时，则是比较间接的较量。核心能力宛如一幅织锦，它是由不同的技能和技术造就的。把各种分散的技能和技术融合在一起需要的是通才，而不是知识面很窄的专家。正如吸收与发明同等重要一样，整合的重要性不在发明之下。日本公司的发明能力赶不上一些西方竞争对手，但日本公司的吸收和整合能力却足以弥补这方面的不足，依靠对外部资源的整合打造了自己的核心能力。

在整合核心能力阶段，善用资源不是通过外借他山之石，而是通过重复利用既有核心能力来实现的。电子数据系统公司把时程、预订票系统和在纵向市场上进行追踪的能力，广泛应用到车辆租赁、空中运输和卡车运输等不同行业中。

第三层，核心产品份额之争。

第三个层次的竞争主要围绕着核心产品（在服务业是核心平台）展开，通常是介于核心能力与最终产品之间的中间产品。许多企业会以原始设备制造商的方式向其他企业甚至竞争对手出售其核心产品，作为占领市场份额的途径。这个阶段的善用资源则是靠“借用”下游合作伙伴的销售渠道和品牌来实现的。这种市场份额的扩大以及由此获得的收入和经验，可以让企业加快核心能力建设的步伐。

企业竞争的目标实际上应是在某种核心能力领域建立垄断或者接近垄断的地位。建立最终产品垄断地位会受到法律和分散的销售渠道的约束，但是核心产品份额则不受这些限制，核心能力份额也因此可以自由发展。越来越多的公司认识到出售核心产品的价值。IBM 改变公司的一贯政策，自愿把核心产品（零组件与模拟件）出售给任何人，无论敌友，一视同仁。在 1990 至 1993 年间，IBM 对外技术销售额从 3 亿美元暴涨到 30 亿美元。

第四层，最终产品之争。

第四层的竞争是通过扩大最终产品的市场份额，来扩大收益，是一条传统的竞争途径，也是一种传统的竞争方式。

最后需要指出的是，区分以上四个层次的竞争具有战略意义。因为全球竞争在各个层次上所遵循的规则和利害关系是不同的。要长时间守住领先地位，企业似乎应成为各个层次上的胜利者。但是资源、能力和市场的局限常常使不少企业采取如下战略：为保证企业在目标市场上的核心竞争力领先地位，它们努力寻找商机，力图使核心产品的市场份额最大化，再根据制造销售核心产品所获得的收益以及积累的市场经验，决定强化核心竞争力的方向和扩展的步伐。JVC 在 20 世纪 70 年代中期与欧美领先的民用电子企业建立家用录像机供给关系的决策，验证了上述思路的正确性，使 JVC 超越了飞利浦和索尼。后来，JVC 的成功经验在韩国企业中又得到了体现①。

控制核心产品之所以如此关键，归根结底是因为它可以使企业决定技术和核心产品应用和进入最终市场的路径。随着企业核心产品应用领域的不断扩大，它可连续降低新产品开发成本、时间和风险。因而，一个目标指向清晰的核心产品既能带来规模经济也能带来范围经济。而某些企业因为缺乏这种意识，把辛辛苦苦培育的核心能力、品牌等拱手让给外商，失去了生存的根基。

### 3.1.3 竞争优势

拥有资源和能力是企业获得竞争优势的前提，还需要进一步分析企业的资源、能

① 黄凯．战略管理：竞争与创新［M］．北京：石油工业出版社，2004.

力是怎样转化为竞争优势的，也就是如何超越竞争对手获得超额利润的。

通常企业从其资源和能力上获得竞争优势和超额利润主要取决于其资源和能力所具有的特性。

**1. 竞争优势的形成**

企业拥有的资源和能力要使企业在竞争中取得某种竞争优势，一般来说，必须具备以下两个特征：

（1）稀缺性

只有那种稀缺的资源和能力，才有可能转化为企业竞争优势。如果那些资源和能力是普遍存在的，就很难为企业带来竞争优势。在个人计算机领域，PC 制造商通常使用英特尔的芯片和微软公司的软件，就能以很低的成本组装产品并进入分销渠道。在 20 世纪 90 年代，康柏或 IBM 这样的市场领先者所拥有的资源和能力，其他计算机制造商也可以很快获得，使得康柏或 IBM 很难确立自己的竞争优势。日本丰田等汽车制造商运用全面质量管理在 20 世纪七八十年代形成了自己的竞争优势，而到了 90 年代全面质量管理被制造商广泛应用的时候，这种优势就消失了。

（2）相关性

资源和能力与企业所处行业的关键成功因素联系在一起的时候，才能转换为竞争优势。一个超级明星作为一种人力资源可能让电影公司获得竞争优势，而他对拖拉机制造商来说却没有什么作用。因此，那些可以形成竞争优势的资源和能力必须能够帮助企业创造顾客价值。

**2. 竞争优势的维持**

一个企业获得暂时的竞争优势并不难，难的是如何保持竞争优势，也就是优势能够保持多久，这涉及形成竞争优势的资源和能力的特征。

（1）持久性

企业拥有的某些资源或能力与其他资源或能力相比更具有持久性，例如技术专利、产品品牌。依靠这些持久性资源或能力建立的竞争优势会相对稳定。近年来技术的发展日新月异，使大部分企业的固定资产提前结束生命周期，事实上许多固定资产在它们的实体消耗殆尽之前，其账面的资产已经没有了。即使拥有技术专利往往也会在专利保护失效之前失去保护的意义。只有企业的声誉历经时日，依然不衰，给人以深刻的印象。因此，今天的持久性资源和能力更多地偏重于企业的无形资产。

（2）灵活性

通过资源的买卖、技术的转移，企业可以得到执行战略所需的各项基础，也可以很快模仿别人的成功经验。所谓灵活性即企业资源和能力可以被转移的灵活度。如果这种灵活度较高，那么以此建立的竞争优势也就会被削弱，因为其他对手可以很快地得到目前还没有的东西。从这种意义来讲，我们应该更注重那些灵活性较差的资源和能力的开发，包括地理上不灵活的资源；更注重需要整体联动才能发挥作用的资源或能力，使别人即使得到了其中一部分，也起不了作用；还有企业特有的部分资源，如企业的声誉、产品的品牌等。

总体上讲企业的能力往往是各项资源和能力综合作用的结果，相比于个人的能力其灵活度要差。所以，企业的战略发展应更多地注重企业能力的培养和发展，而不是依赖某些个人的经验和知识。

(3) 模仿性

灵活性侧重于某些资源和能力可以通过购买就得到，而模仿性是指那些资源和能力是否容易被别人很快学会和建立起来。模仿性差的东西往往涉及许多复杂的组织程序和文化，表面上看来很简单的事物，如麦当劳似乎仅仅是在生产经营汉堡包，实际上却蕴含着多年的经验积累。即使有些东西可以被学习和模仿，事物也是在不断的发展变化之中，资源和能力的领先者仍然可以通过不断改良以及资源和能力的储备来保持自己的竞争优势。因此，通过不断的投资和学习建立企业的资源储备和能力储备是战略执行过程中的关键。

**3. 竞争优势的专有**

竞争优势是在企业拥有的资源和能力的基础之上建立起来的，竞争优势是否可以为某些企业所专有取决于企业是否对那些资源和能力具有专有权。

(1) 许多有形资产或无形资产，如企业的设备、专利、品牌，所有权是企业的，企业可以拥有较强的专有权，但即使如此，这些东西还是很有可能被别人模仿，甚至侵权，保护这些所有权并不容易。

(2) 企业大量的知识和能力掌握在员工的手里，也就是说企业的知识和技能与个人的知识和技能实际上是很难区分的。许多人由于各种因素离开公司，也就带走了企业一部分能力和资源。遗憾的是，很多人只是希望在一定的时间段里为某个公司服务，特别是拥有丰富知识和较强能力的人，往往面临多种社会选择，因此，对企业来讲如何留住人才是一个巨大的挑战。从某种意义上讲，这也取决于企业与员工之间讨价还价的能力，企业需要通过各种物质和精神的激励来留住自己的人力资源。

考虑到组织的综合能力是别人最不易模仿和摄取的，所以保持竞争优势的另一个重要途径就是正确地处理个人能力与组织能力之间的关系，将个人的能力更多地融入组织的工作程序之中，当个人能力的发挥更多地依赖组织的系统和信誉时，组织能力的稳定性和专有性就有了更多的保障。

**4. 竞争优势的保护**

企业在花费巨大努力建立起竞争优势以后，并不意味着可以高枕无忧了，因为随着时间的推移，原有的优势可能会被竞争对手模仿，可能会被行业环境的变化所淘汰，也可能会因为企业自身创业精神的丧失而丧失。因此，保持长期的竞争优势是企业持续发展的关键。

(1) 企业多项资源的持续性是不同的，有短周期、标准周期和慢周期之分。真正帮助企业建立起长期的竞争优势的资源，往往是那些标准周期和慢周期的资源，无形资源在其中扮演着重要的角色。因此，战略制定者应想方设法将更多的短周期资源发展成为标准周期或慢周期资源，唯有如此，才能保持企业长期的战略竞争力。

(2) 防止竞争对手模仿。为此，要适当地隐藏由于竞争优势所带来的优异表现，避免被竞争对手过早地注意或过快地跟踪；还要在降低价格快速抢占市场、迅速提高生产能力等方面设置进入障碍，降低对手的模仿动力；尽力把形成竞争优势的原因模糊化，使竞争对手较难做出准确分析，使其模仿行为具有更大的不确定性和风险。如果企业的资源和能力能够灵活地转移、买卖，那么竞争对手就会轻易得到。因此，企业应该更注意那些灵活性较差的资源和能力的开发，更注重需要整体联动才能发挥作用的资源和能力，更注重企业能力的培养和发展，而不是依赖某些个人的经验和知识。

（3）始终保持创业精神。企业的优势永远是暂时的，只有保持创业者精神，企业才能不懈地追求新的目标，才能敏锐地发现内外环境的变化，不断地捕捉那些关键性的市场机会，才能有勇气自己打破原有的优势，建立新的优势，永远处于领先地位①。

## 3.2 价值链分析

### 3.2.1 价值链及其构成

迈克尔·波特在《竞争优势》一书中指出，把企业作为一个整体来看无法识别竞争优势，竞争优势来源于设计、生产、销售、交货等过程及辅助过程中的一系列相互分离的活动，这些活动都对企业的相对成本地位有影响，并奠定了差异化的基础。系统地考察企业的所有活动及其相互作用能够更加清楚地区分竞争优势的来源。价值链提供了一个认识成本行为与现有的和潜在的经营活动之间差异性的独特视角。价值链指的是把投入转化为产出的一系列活动，这些活动按照一定的顺序联系在一起，相互支持、相互作用，为企业创造价值，促进经营目标的实现。通过价值链分析，企业可以了解提供给顾客的价值是从哪里来的，进而明确竞争优势的来源。同时，通过与竞争对手的价值链比较，企业还能了解彼此的竞争优势及劣势。

如图 3-1 所示，企业所有的功能性活动如研发、生产、营销、客户服务、信息系统、物料管理、人力资源管理等，都与降低成本或创造差异有关。与价值创造有关的企业活动可以分为两类：基本活动和支持活动。基本活动涉及如何把“投入”有效地转化为“产出”，反映的是企业产品（服务）向顾客的转移过程，也可以看作企业的产品（服务）被顾客接受的过程；支持活动是基本活动赖以进行的保障。

**1. 基本活动**

基本活动奠定了企业价值创造的基础，主要包括研发、生产、营销以及客户服务等活动。

（1）研发

研发是企业产品和服务的设计环节。尽管我们通常把研发和制造企业中实物产品的生产过程联系起来，但服务企业同样需要研发，比如网上银行和 ATM 服务就是银行研发出来的产品。对制造企业来说，研发不仅包括产品设计，还有工艺过程（流程）和装备的设计，也就是生产过程的设计。

① 龚荒．企业战略管理：概念、方法和案例［M］．北京：清华大学出版社，2008.

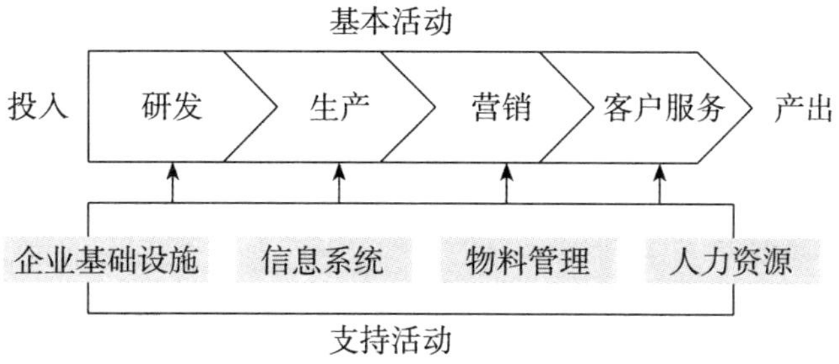


**图 3-1 价值链**

资料来源 希尔，琼斯，周长辉．战略管理（中国版）[M]．孙忠，译．北京：中国市场出版社，2007.

研发活动大体上可以分为两类：一类是改善产品（服务）的；一类是改善工艺流程的。研发改进产品和服务的功能，促使价值增值的实现，提高对顾客的吸引力。研发对工艺流程的完善还有助于提高生产效率、降低生产成本。

（2）生产

企业的生产活动创造产品和服务，对于实物产品来说，生产就是制造，由零部件加工、组装、包装、检测、设备维护等一系列活动组成。对于服务企业来说，“生产”是为顾客提供服务的过程，如沃尔玛向顾客销售商品，银行为顾客发放贷款等。生产的高效率能为企业带来更低的成本结构，如丰田和本田的高效生产运营系统构成了它们成本领先的基础，让它们获得了更高的利润。生产系统还与高品质的产品联系在一起，能够为企业带来差异化优势。

（3）营销

营销作为与顾客购买方式和引导他们购买产品有关的活动能够在许多方面促进价值增值，广告、促销、定价、销售渠道、客户关系等营销活动能够提高品牌价值，促进顾客选择企业的产品和服务。

营销以及销售活动还可以通过发现顾客的需求、促进新产品的开发等途径促进企业的价值创造。

（4）客户服务

客户服务主要指与提供服务以增加或保持产品价值有关的活动，如安装、维修、培训、配件供应以及产品调试等。客户服务不仅包括售后服务，也有售前和售中服务。客户服务有助于企业创造差异和塑造品牌，如工程机械制造商卡特彼勒可以在24小时之内把配件送到任何地点，最大限度减少顾客由于设备故障导致的停工损失，因此大大提高了卡特彼勒在顾客心目中的价值，也体现了卡特彼勒与小松等主要竞争对手的差异。

**2. 支持活动**

价值链中的支持活动保障了基本活动的进行，主要包括物料管理、人力资源管理、信息系统和企业基础架构（也叫作企业基础设施）。

（1）物料管理

物料管理（物流）职能实现了实物资源在价值链上的转移。从获得原材料等资源开始，经过生产制造和分销把最终产品送到顾客手中，整个过程中包含着大量的物料管理活动。这个过程的高效率能够极大地降低成本，为企业创造更大的价值。沃尔玛成功的秘诀之一就是高效的物流配送体系，借助这一体系，沃尔玛最大限度降低了库存成本。

（2）人力资源管理

人力资源管理包括人员的招聘、选拔、培训、绩效考核、薪酬、员工关系管理等各种活动。人力资源不仅对某个活动具有重要的作用，对企业的整个价值链影响也很大。人是企业拥有的最有活力也最不确定的资源，人力资源管理水平的高低决定着员工的技能水平和工作积极性，进而作用于企业的竞争优势。

（3）信息系统

信息系统的运用不仅便利了企业的库存管理、产品销售、顾客服务，而且是灵捷制造的前提条件之一。除了内部事务管理，企业还要维护好与供应商、顾客、其他合作者的关系，这也会涉及大量的信息管理。要实现整体效益的提高和整体资源的集成运用，就必须建立涵盖企业内外的信息系统，这一系统不仅有 ERP 等技术手段，还包括相应的信息管理制度和机构。

（4）企业基础设施或基础架构

企业基础设施包括组织结构（治理结构）、控制体系和企业文化等，之所以把它们称为基础设施是因为它们支撑着企业的全部价值创造活动，价值链所有职能都是在这些基础设施中实现的。基础架构就像一所建筑的框架结构，又像是人体的骨骼系统，缺少了基础设施，整个企业就会坍塌。在多元化经营的企业中，基础架构包括业务单位和公司两个层面，既可以在全公司建立完全相同的基础设施，也可以在业务单位和母公司中采用不同的体系，但需要强调的是不能把两个层面完全分开，整个企业的基础架构是一个完整的体系。

### 3.2.2 价值链分析的着眼点和价值链联系

**1. 价值链分析的着眼点**

价值链分析的目的是根据价值链的一般模型构造具有企业特色的价值链，以增强企业的竞争优势。通过价值链分析，可以发现企业竞争优势的来源以及价值链形成竞争优势的方式。

价值链分析的着眼点主要包括以下几个方面：一是确定价值链基本活动和支持活动及其主要价值创造环节，明确哪些活动可以创造较大的价值，把资源和活动的重心转向这些方面；二是在价值链的各个环节发现差异的来源；三是把握各个产品价值链的内在联系，考察不同产品或事业部之间价值链相互融合的可能性。

企业在进行价值链分析时，需要根据价值链分析的目的以及生产经营活动的环节把每一项活动进一步分解，分解后的每一项子活动都有相应的价值内涵，也就是要么具有差异化的潜力，要么在成本构成中占有很大的比重，这些活动是企业应该重点关注的。微笑曲线就是价值链分析的一个典范。如图 3-2 所示，在现代经营环境中，制造企业的价值创造主要集中在研发和营销环节，也就是基本价值链呈现两端高、中间低的态势。

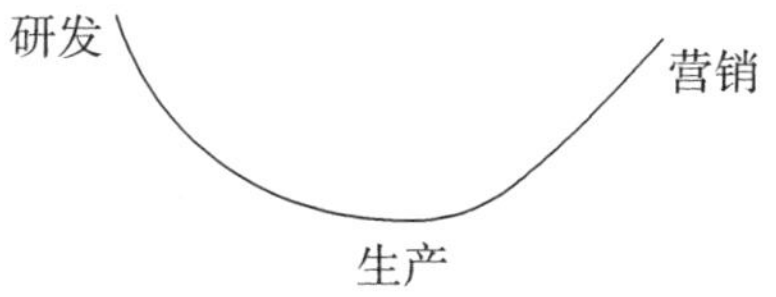


**图 3-2 微笑曲线**

相比单个活动，价值链上各项活动的内在联系以及价值链之间的联系对企业竞争优势的作用更大，也更不容易察觉。

**2. 价值链各项活动之间的内在联系**

企业的价值链不是孤立活动的集合，而是相互依存的活动构成的一个系统。在这个系统中，各项活动之间存在着一定的联系，这些联系体现在某个价值活动进行的方式与成本之间的关系，或者与另一个活动之间的关系。企业的竞争优势既可以来自单个活动，也可能来自各个活动之间的联系。

（1）价值链内价值活动间联系的根源

价值活动之间的联系很多，最常见的是价值链中基本活动之间以及基本活动与支持活动之间的各种联系。物料管理（物流）不但影响生产成本，也会对营销产生积极或消极的作用。相比基本活动与支持活动之间的联系，各项基本活动之间的联系更加明显，恰当的产品设计既可以满足价值创造所需要的功能，又能够便利生产，降低成本。

（2）内在联系形成竞争优势的方式

企业价值活动间的内在联系所形成的竞争优势有两种形式：优化和协调。

企业为了实现其总体目标，往往会在各项价值活动之间的联系上进行优化抉择以获得竞争优势。企业在把握产品设计和服务成本时，为了获得差异化优势，可能会选择成本高昂的产品设计、严格的材料规格或严密的工艺检查来减少服务成本。在协调方面，企业通过各活动之间的联系，来增加产品的差异化或降低成本。企业要按时发货，就需要协调企业内部的生产制造、成品储运和售后服务等活动之间的联系。

在优化与协调的过程中，企业需要大量的信息去识别和控制各种各样的联系，促使企业运用信息技术建立自己的信息系统，创造与发展新的联系，保持已有的联系。

**3. 价值链之间的联系**

价值链分析除了针对公司本身的价值链之外，波特认为还需要研究价值系统，价值系统包括供应商价值链、渠道价值链以及买方价值链。

基本价值链可以用来表明如何为一个特定的企业建立一个反映它所从事的各种具体活动的价值链。一个企业价值链中的各种活动是相互关联的，同时企业的价值链又与供应商、渠道和买方的各种活动联结在一起，从而构成一个价值系统。价值系统之间的联系对竞争优势同样有重要的影响。

企业的采购和原料供应活动如果与供应商的订单处理系统相互作用，供应商的技术人员与企业的技术开发和生产人员协同工作的话，所形成的供应商价值链与企业价值链之间的相互作用就会明显地影响企业的成本和差异化。企业价值链与供应商价值链之间的各种联系为企业增强竞争优势提供了机会。通过影响供应商价值链的结构，或者改善企业与供应商价值链之间的关系，就能实现企业与供应商的双赢，促使双方受益。

整合供应链的典范是沃尔玛。沃尔玛的低成本优势主要来自其高效的物流配送体系。从 1991 年起，沃尔玛开始用 SKU 系统向供应商提供商品销售的实时信息，使制造商得以优化自己的生产过程，配合沃尔玛的销售，改善产量控制和减少库存，大大提高物流配送效率，也降低了沃尔玛的库存成本。

销售渠道的各种联系与供应商的联系类似。一方面，销售渠道构成了企业产品流通的价值链，渠道成本在产品或服务最终的销售价格中占了很大的比重。另一方面，销售渠道中的各种销售活动又可以替代或补充企业的活动，从而降低企业的成本水平，提高差异化程度。销售渠道中也存在协调和优化各种联系带来的收益。因而，价值链分析不能局限于本企业，还需要进一步结合供应商和客户的价值链系统分析产业的价值链。

企业内部条件的价值链分析，作为一种系统性的分析，为我们提供了一种构建企业竞争优势的理论依据。总的来说，从价值链的角度考察，企业的竞争优势主要来自：第一，企业以优于竞争对手的方式完成特定的支持活动或基本活动。第二，企业能够完成任何竞争对手都不能进行的价值创造活动。第三，当企业在内部的支持活动和基本活动都不具备优势的情况下，必须考虑企业与企业间的价值链，如企业价值链与供应商价值链、销售渠道（销售商）价值链之间的联系。

**【战略聚焦 3-1】　　西南航空的价值链**

如同开篇案例指出的那样，美国西南航空公司在航空业中长期保持盈利，拥有持续的竞争优势，其中的一个重要原因是西南航空具有难以超越的成本优势，这一成本优势的基础是其价值链与其他航空公司有明显的不同，表 3-1 概括了这些差别。

表 3-1　　**美国航空业的价值链**

| | 西南航空 | 主要航空公司 |
|---|---|---|
| 技术与设计 | 单一机型 | 多机型 |
| 运营 | 短途点对点飞行<br>不供餐<br>无座位预订<br>单一座舱级别<br>无行李转运服务<br>中小城市以及大城市的二级机场 | 枢纽辐射（轮辐）式航线<br>供餐<br>座位可预订<br>多级别座舱和服务<br>提供行李转运<br>大城市的主要机场，与地方航空公司联合经营中小城市市场 |
| 市场营销 | • 有限的旅行社代理<br>• 口碑效应 | 广泛使用旅行社代理 |

西南航空通过删减一些不重要的活动以及运用新的方式完成其他活动，打造了一条与其他航空公司完全不同的价值链。西南航空只使用波音 737 一种型号的飞机，降低了维护和运营成本，以及飞行员培训成本。西南航空采用点对点的方式飞行短途航

线，而波音 737 在短途航线上的飞行效率更高。西南航空还舍弃了其他航空公司通常会提供的服务如行李转运、食品供应以及座位预订等。

这一独特的价值链配置的结果是让西南航空的运营成本大大低于竞争对手，以航空业常用的每座位里程成本来衡量，所有的大型航空公司都无法与西南航空相比。其他航空公司不能效仿西南航空价值链的原因在于它们无法放弃一些重要的运营活动。尽管很多航空公司采取停止食物供应的方式降低成本，但它们不能停止行李托运，不能放弃轮辐式航线系统，也不可能采用单一的波音 737 机型。太多的取舍意味着它们要从根本上改变业务模式，这些竞争对手不会试图效仿西南航空，因而西南航空的价值链配置保护了它的竞争优势，让它成为成立 40 年来一直盈利的航空公司。

资料来源　卡彭特，桑德斯．战略管理：动态观点［M］．王迎军，等，译．北京：机械工业出版社，2009.

## 3.3 业务组合分析

业务组合分析是内部条件分析的重要组成部分。任何企业都要依托具体的业务创造价值，业务的发展是不平衡的，需要做出取舍。业务组合分析的方法主要有波士顿矩阵、通用矩阵和产品-市场演变矩阵等。

### 3.3.1 波士顿矩阵

波士顿矩阵又称为市场增长率-相对市场占有率矩阵。这一方法由美国的波士顿咨询公司（BCG）在 20 世纪 70 年代提出。波士顿矩阵关注的是多元化经营企业的业务评价。多元化公司下属的经营单位分属若干个在经济上有明显区别的产品-市场区域，这些经营单位合称为企业的经营组合。波士顿矩阵提出，企业必须为经营组合中的每一业务单位分别制定战略。

图 3-3 是某大企业的波士顿矩阵。波士顿矩阵有两个维度。纵坐标是市场增长率，表示该业务的销售额增长，反映行业的吸引力，对大企业来说，其变化范围通常是 0～20%，这个例子中的临界点选为 10%，也就是市场增长率超过了 10% 就是高速增长。需要强调的是，10% 是一个简单的参考标准，实际临界点的划分可以参照宏观经济增长率（GDP 的增长率）。如果某个市场的增长率大于 GDP 增长水平，就意味着该市场属于高增长市场；反之，如果低于 GDP 增长率则属于低增长市场。横坐标是相对市场占有率，表示该业务相对于最大竞争对手的市场份额，反映企业在行业中的竞争地位，其变化范围通常是 0.1～10，临界点确定为 1，超过了 1 就意味着企业该业务的市场占有率超过了所有竞争对手，是市场领先者。但这个取值只有大企业可以做到，现实中对多元化经营的中小企业多个业务的评价可以根据实际情况进行修正，比如临界点确定为 0.5 或者 0.8 等。

一个经营单位的相对竞争地位和市场增长率是决定整个经营组合中每一经营单位应当奉行什么战略的基本参数。市场增长率之所以代表着市场吸引力是因为它决定着投资机会的大小。如果市场增长迅速，就可以为企业迅速收回投资、获得收益提供机

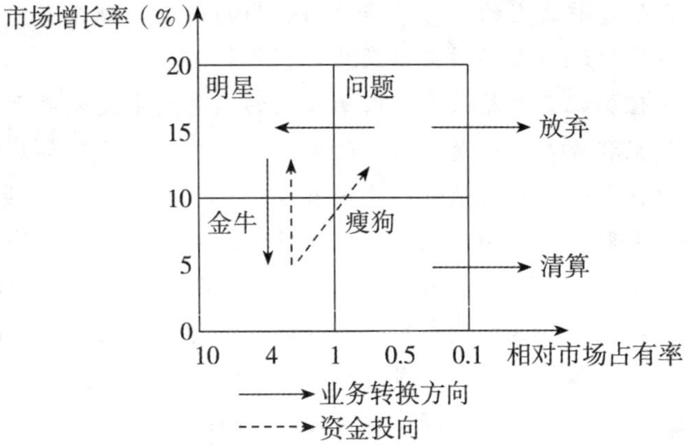


**图 3-3　波士顿矩阵**

会。当然，市场增长越快，维持其增长所需的资金就越多。市场增长率的计算比较简单，就是当年市场需求增长的绝对值与上一年的市场需求之比。

相对市场占有率代表企业的相对竞争地位，相对竞争地位决定了经营单位获取现金的速度。如果一个经营单位与竞争对手相比市场占有率较高，它就应该具有较高的利润率，就能得到较多的现金流量。相对市场占有率能更好地说明经营单位与主要竞争对手的关系。如果经营单位具有 10% 的相对市场占有率，在主要竞争对手分别有 12% 的市场占有率和 45% 的市场占有率的情况下，10% 的相对市场占有率意味着不同的竞争地位。显而易见，在第一种情况下，企业更具有竞争性。因而，以相对市场占有率来表示竞争地位更合理。任意一年某经营单位的相对市场占有率的计算公式如下：

$$\text{相对市场占有率}=\frac{\text{本公司某项业务本期销售额}}{\text{最强竞争对手该业务本期销售额}}$$

用上述两个参数评价，多元化经营企业的所有经营单位都可以列入任一象限中：

- 金牛业务。市场增长率较低而相对市场占有率较高的是金牛业务。较高的相对市场占有率给企业带来了高额利润和现金，而较低的市场增长率只需要少量的现金投入。因此，金牛业务通常会产生出大量的现金余额，可以满足整个公司的需要，支持其他需要现金的经营单位（明星业务和问题业务）。对金牛类的经营单位，应该采取维持现有市场占有率、保持经营单位地位的维护战略，或者采取抽资转向战略以获得更多的现金收入。

- 瘦狗业务。相对市场占有率和市场增长率都较低的是瘦狗业务。较低的相对市场占有率通常意味着少量的利润。此外，由于市场增长率低，用追加投资来扩大市场占有率的办法往往是不可取的。因为用于维持竞争地位所需的资金经常会超过它们的现金收入，瘦狗业务常常会成为资金陷阱。企业通常会采用清算战略或放弃战略。

- 问题业务。那些相对市场占有率较低而市场增长率却较高的是问题业务。高速的市场增长需要大量投资，而相对市场占有率低却只能产生少量的现金。对问题业务而言，因其增长率高，一个战略是对其进行必要的投资，以扩大市场占有率使其转变成明星。当市场增长率降低以后，这颗明星就转变为金牛。如果认为某些问题业务不可能转变成明星，那就应当采取放弃战略。

• 明星业务。市场增长率和相对市场占有率都较高的是明星业务。明星业务所需要的现金和所产生的现金流量都很大。明星业务代表着最优的利润增长率和最佳的投资机会，最佳战略是对明星业务进行必要的投资，以维护或改进其有利的竞争地位。

在利用 BCG 矩阵进行战略评价时，通常采取以下步骤：

(1) 把公司分成不同的经营单位。在矩阵中，圆圈用来表示每一经营单位。

(2) 确定经营单位在整个公司中的相对规模。相对规模的度量尺度是经营单位的资产在公司总资产中的份额或经营单位的销售额占公司总销售额的比重。在矩阵中，圆圈面积代表着经营单位的相对规模。

(3) 确定每一经营单位的市场增长率。

(4) 确定每一经营单位的相对市场占有率。

(5) 绘制公司整体经营组合图。

(6) 依据每一经营单位在公司整个经营组合中的位置选择适宜的战略。

图 3-4 为某企业的业务组合，它所描述的经营业务组合是相当平衡的。该公司有三个金牛业务作为其坚实的基础，两个明星业务显示了进一步发展的潜力，若干个问题业务可能转变为明星业务，最后，还有几个受到严密监控的瘦狗业务，可以放弃或者清算。

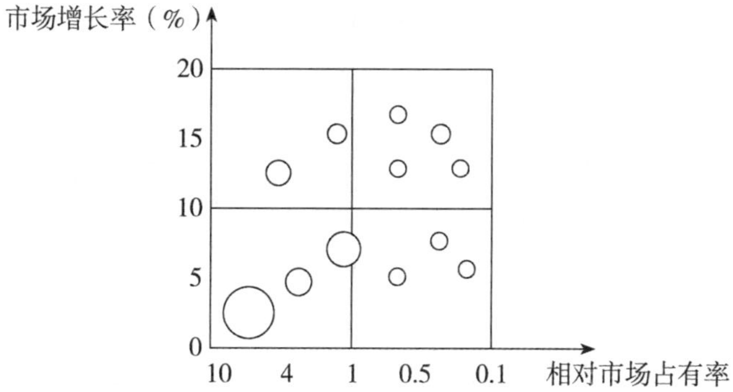


**图 3-4　某企业的波士顿矩阵分析**

波士顿矩阵尽管简单实用，也存在很大的局限性。第一，以市场增长率和相对市场占有率来决定经营单位的地位及战略未免过于简单，市场增长率指标并不能全面反映行业吸引力，市场占有率指标也不能全面反映企业实力，企业销售额的大小与企业盈利之间并没有绝对的关系。第二，扩大市场占有率，利用经验效应取得成本领先地位并不是经营成功的唯一途径。哈佛商学院教授哈默尼希（R. G. Hanernesh）在 20 世纪 70 年代后期进行的研究表明，低市场占有率的业务并非只有提高市场占有率或者退出市场两种选择。低市场占有率的小企业在低成本和处于成熟期的行业中同样有利可图，如果过分强调市场占有率，就无法解释市场占有率极低的小企业的竞争力。第三，理想的产品结构也不一定要求资金回收和资金投入的平衡，一个很有利的产品结构实际上在资金需求和供给上往往是不平衡的。第四，波士顿矩阵在实际应用时难以确定综合性产业的市场占有率。第五，在波士顿矩阵的法则下瘦狗业务不是被清算就是被放弃，但位于低利润区域的瘦狗业务也可以获得有价值的经验，这些经验对高盈利的经营单位（明星或金牛）同样有借鉴意义。

### 3.3.2 通用矩阵

通用矩阵是美国通用电气（GE）针对波士顿矩阵存在的问题于20世纪70年代开发的业务组合分析方法，它根据行业吸引力和经营单位的竞争能力，用矩阵来确定各经营单位在企业经营组合中的位置，进而做出不同的战略选择，因而通用矩阵又叫行业吸引力-竞争能力分析法。

如图3-5所示，通用矩阵与波士顿矩阵一样也是由两个维度构成，只不过通用矩阵用行业吸引力取代了市场增长率，用业务单位竞争力代替了相对市场占有率。行业吸引力和业务单位竞争力涵盖的因素更多，比波士顿矩阵所用的两个指标更加全面。并且，通用矩阵的横坐标和纵坐标等级划分更细，以加权值的3、6、9作为临界点就可以把所有的业务归入九个象限，分析结果更加客观准确。

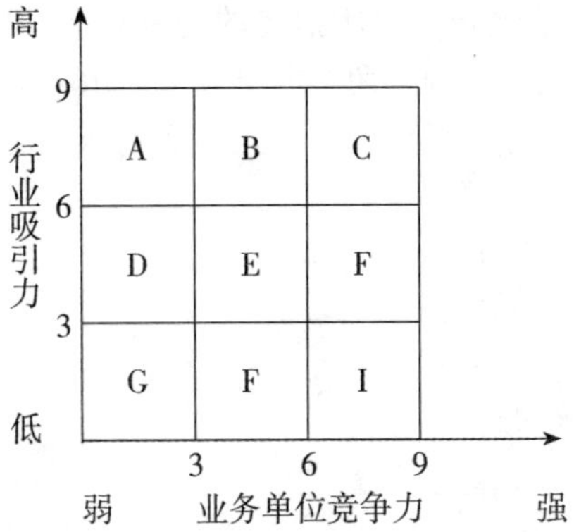


**图3-5 通用矩阵**

行业吸引力可以分为高、中、低三个档次，所考虑的外部因素包括市场规模、行业竞争、市场变化、产品和技术等。业务单位竞争力也可以分为强、中、弱三个档次，考虑的内部因素包括营销、生产、研发、原材料供应、质量、管理能力等多个方面。表3-2为某企业行业吸引力和业务单位竞争力加权值汇总。实际进行评价时的步骤是：首先选择行业吸引力和业务单位竞争力的具体因素，然后根据每个因素的相对重要性确定其权重，再根据具体情况估计每个因素的分值，最后用权重乘以分值得到每个因素的加权值，把各个因素的加权值汇总，即可得到行业吸引力和业务单位竞争力的加权值。

通过上述的评价过程，就可以把企业的每个业务单位归于矩阵中的某一象限。概括起来，企业所有的业务单位可以归结为三类，对不同类型的业务单位要采取不同的战略。

（1）发展类。这一类包括处于A、B和C位置的业务单位。对于这一类业务单位，公司要采取发展战略，即要多投资以促进其快速发展。因为这类业务很有前途，业务单位又具有较强的竞争地位，因此应该多投资，以便巩固业务单位在行业中的地位。

表 3-2　行业吸引力-业务单位竞争力评价

| 项目 | | 权重 | 赋值 | 加权值 |
|---|---|---|---|---|
| 行业吸引力 | 市场规模 | 0.18 | 4 | 0.72 |
| | 市场增长率 | 0.15 | 4 | 0.60 |
| | 利润率 | 0.20 | 3 | 0.60 |
| | 竞争强度 | 0.10 | 3 | 0.30 |
| | 周期性 | 0.10 | 2 | 0.20 |
| | 技术需求 | 0.07 | 1 | 0.07 |
| | 社会及环境需求 | 可接受 | — | — |
| | 机会 | 0.2 | 4 | 0.80 |
| | 总计 | 1.0 | | 3.29 |
| 业务单位竞争力 | 市场占有率 | 0.10 | 4 | 0.40 |
| | 销售额增长 | 0.15 | 4 | 0.60 |
| | 品牌知名度 | 0.10 | 5 | 0.50 |
| | 分销渠道 | 0.05 | 4 | 0.20 |
| | 促销效率 | 0.05 | 5 | 0.25 |
| | 生产能力 | 0.05 | 3 | 0.15 |
| | 生产效率 | 0.05 | 2 | 0.10 |
| | 产品质量 | 0.10 | 4 | 0.40 |
| | 单位成本 | 0.15 | 3 | 0.45 |
| | 原材料供应 | 0.05 | 5 | 0.25 |
| | 研究开发能力 | 0.10 | 4 | 0.40 |
| | 管理能力 | 0.05 | 4 | 0.20 |
| | 总计 | 1.0 | | 3.90 |

（2）选择性投资类。这一类包括处于 D、E 和 F 位置的业务单位。对于这类单位，公司的投资要有选择性，选择其中条件较好的单位进行投资，其余单位采取抽资转向或放弃战略。

（3）抽资转向或放弃类。这一类包括处于G、H和I位置的业务单位。这类单位的行业吸引力和经营单位实力都较低，应采取不发展战略。对一些目前还有利润的业务单位，采取逐步回收资金的抽资转向战略，而对不盈利又占用资金的单位则采取放弃战略。

与行业吸引力-业务单位竞争力分析法相类似的是由荷兰皇家壳牌公司所创立的政策指导矩阵法。根据行业前景和竞争能力，它也用矩阵来定出各业务单位的位置。行业前景分为吸引力强、吸引力中等、无吸引力三等，并以市场增长率、市场质量、市场（行业）的盈利稳定性以及其他环境因素（法规形势）等加以定量化。业务单位竞争能力分为强、中、弱三等，由市场地位、生产能力、产品研究和开发等因素决定。

如图3-6所示，根据行业吸引力和业务单位竞争力评价的结果，对不同区域的业务单位应该采取不同的战略。

| 业务单位竞争力＼行业吸引力 | 弱 | 中 | 强 |
| --- | --- | --- | --- |
| 弱 | 不再投资 | 分期撤退 | 加速发展或者放弃 |
| 中 | 分期撤退 | 密切关注 | 不断进化 |
| 强 | 资金源泉 | 发展领先地位 | 领先地位 |

**图3-6　战略选择**

资料来源　李维安．企业战略管理［M］．杭州：浙江人民出版社，2005.

这些战略可以概述如下：

- 领先地位。应优先保证该区域业务单位需要的一切资源，以维持其有利的市场地位。
- 不断进化。应通过分配更多的资源，努力使该区域业务单位向下一区域（领先地位区）移动。
- 加速发展或放弃。该区域业务单位应成为公司未来的高速飞船。公司应选择出其中最有前途的少数业务单位加速发展，对余下者采取放弃战略。
- 发展。这个区域中的业务单位一般会遇到少数几个强有力的竞争对手，很难处于领先地位，可以采取的战略是投入足够的资源，使之能随着市场的发展而发展。
- 密切关注。该区域业务单位通常都有为数众多的竞争者，可以采取的战略是促使其带来最大限度的现金收入，停止进一步投资。
- 分期撤退。对这些区域的业务单位，应采取的战略是缓慢地退出，以收回尽可能多的资金，投入盈利更大的业务单位。
- 资金源泉。对这一区域采取的战略是，用少量投资以求未来的扩展，并将其作为其他快速发展的业务单位的资金源泉。

• 不再投资。对这一区域的业务单位应采取放弃战略，将拍卖资产所得的资金投入到更有利的业务单位。

## 3.3.3 产品-市场演变矩阵

### 1. 产品-市场演变矩阵的概念

产品-市场演变矩阵也叫霍夫矩阵，是由美国的霍夫（C. W. Hofer）教授首先提出的，他扩展了波士顿矩阵和通用矩阵两种分析方法，把业务增长率和行业吸引力因素转换成产品-市场发展阶段，得到了15个方格的矩阵，如图3-7所示。

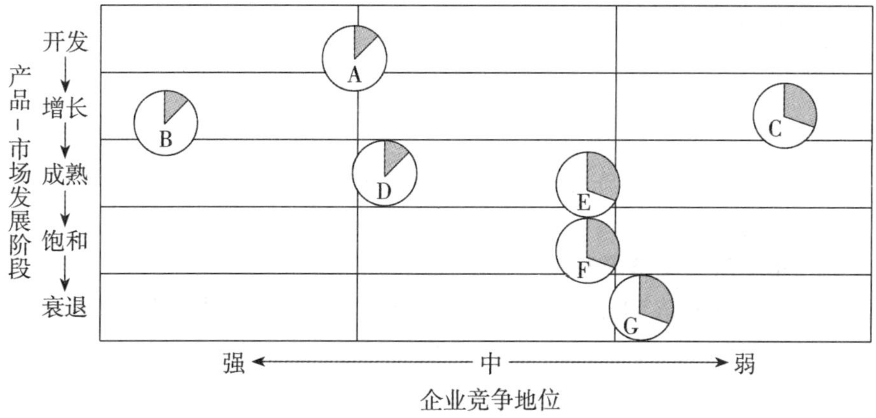


图3-7 产品-市场演变矩阵

资料来源 王方华，陈继霞. 战略管理［M］. 上海：上海交通大学出版社，2003.

霍夫矩阵是从所经营产品的市场发育阶段（生命周期）和企业竞争地位来分析企业各项经营业务的战略位置。该方法用纵坐标和横坐标分别表示产品-市场发展阶段和企业竞争地位，产品-市场发展阶段按产品的生命周期分为五个阶段，企业竞争地位与GE矩阵一样分为强、中、弱三个档，这样霍夫矩阵由15个象限构成，圆圈表示行业规模或产品/细分市场。圆圈内扇形阴影部分表示企业各项经营业务的市场占有率。

### 2. 产品-市场演变矩阵中的业务单位

（1）业务单位A

单位A看起来是一颗潜在的明星，它有相对较大的市场份额，加上它处于产品-市场发展的开发阶段以及它所具有的获得一个较强的竞争地位的潜力，使它成为接受公司资源支持的一个很有希望的候选者。

（2）业务单位B

在某种程度上看B有点像A，然而对B单位投资的多少将取决于为什么B部门相对于其强大的竞争地位竟然具有如此低的市场份额这一个问题的答案。为此，对单位B应当实施能够改变它的这一较低的市场份额的战略，以便为争取更多的投资提供依据。

(3) 业务单位 C

在一个增长空间相对较小的行业中，单位 C 占有一个较小的市场份额并拥有一个较弱的竞争地位，必须实行一种能够克服其低市场份额和弱竞争地位的战略，以争取未来投资。单位 C 很可能是一个有待脱身的对象，以便将其资源运用于单位 A 或单位 B。

(4) 业务单位 D

单位 D 处于一个扩展的阶段，占有一个相对大的市场份额，并处于相对较弱的竞争地位。对单位 D 应当进行必要的投资以保持其相对强的竞争地位。从长期来看，D 应当成为企业的“现金牛”。

(5) 业务单位 E 和 F

单位 E 和 F 作为企业的“现金牛”，应该用来创造现金。

(6) 业务单位 G

单位 G 类似于波士顿矩阵中的“瘦狗”，在短期内，如果可能的话它应该在严密的监控下用于创造现金，但长期来看更有可能实施脱身战略或者清算战略。

**3. 产品-市场演变矩阵的发展**

希尔和琼斯运用霍夫的方法，探讨了各个区域企业应当采用的战略，如图 3-8 所示。

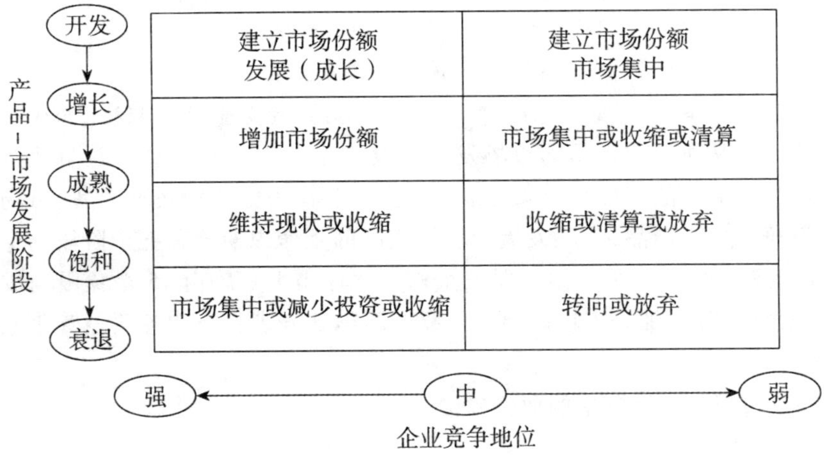


**图 3-8　战略选择**

资料来源　黄凯．战略管理：竞争与创新［M］．北京：石油工业出版社，2004.

这种方法的特点就是将竞争地位这个因素只划分为强、弱两档，而且使用产品生命周期的概念。从图 3-8 中可以看出，竞争地位弱的单位比竞争地位强的单位应当提早考虑紧缩或撤退的问题。当它们在行业中尚处于成长阶段时，就应当注意寻找较小的细分市场以求生存；而在行业进入扩张阶段后，就要考虑放弃或清算了。

**4. 霍夫矩阵的作用**

霍夫矩阵考虑了企业所经营产品的生命周期状态，它不仅反映了经营业务目前的战略位置，还预示着未来，这是霍夫矩阵的一个重要特点。另外，由于产品-市场发展阶段划分为5个等级，形成了15个象限的矩阵，能更加深入地反映经营业务的战略位置，有利于企业做出更有针对性的战略选择。

## 3.4 SWOT分析

SWOT分析是对企业外部环境中存在的机会与威胁和企业内部能力的优劣势进行的综合分析，通过对内外部环境相关因素的系统评价，选择适宜的竞争战略。SWOT中的S（strength）指企业内部的优势，W（weakness）指企业内部的劣势，O（opportunity）指企业外部环境中的机会，T（threat）指企业外部环境中的威胁。

SWOT分析的做法是：根据企业的总体战略的要求，列出对企业发展有重大影响的内部及外部环境因素，确定标准、进行评价，判断是优势还是劣势，是机会还是威胁。

相对于竞争对手，企业内部的优势和劣势可以表现在资金、技术、设备、产品、市场、管理和职工素质等方面。判断企业内部的优势和劣势有两项标准：一是单项标准，如市场占有率低表示企业在市场上存在问题，处于劣势；二是综合标准，对影响企业的一些重要因素根据其重要程度进行加权打分评价，如表3-3所示。

表3-3　企业内部因素分析

| 关键内部因素 | 权重 | 分数 | 加权值 |
|---|---|---|---|
| 产品质量位于上游水平 | 0.18 | 4 | 0.72 |
| 利润率超过行业平均水平 | 0.10 | 3 | 0.30 |
| 流动资金充足 | 0.15 | 3 | 0.45 |
| 组织结构不完善 | 0.30 | 1 | 0.30 |
| 员工积极性不高 | 0.22 | 2 | 0.44 |
| 缺少研究开发人员 | 0.05 | 2 | 0.10 |
| 总计 | 1.00 | | 2.31 |

企业外部的机会是指环境中对企业有利的因素，如政府支持、高新技术的应用、良好的供应及销售关系等。企业外部的威胁是指环境中对企业不利的因素，如新竞争对手的出现、市场增长率减缓、供应者和购买者讨价还价的能力增强、技术老化等影响企业目前竞争地位或未来竞争地位的主要因素。表3-4是企业外部因素分析的实例。

根据上述分析，就可以帮助企业选择应该采取的战略，如图3-9所示。

SWOT分析为企业提供了四种可能的战略选择：扩张（攻击）战略（SO）、转型战略（WO）、收缩（防御）战略（WT）和多元化战略（ST）。

在机会-优势这个象限，企业拥有强大的内部优势和众多的外部机会，可以采取开发市场、增加产量等扩张战略。奔驰汽车公司利用自己技术先进和质量上乘的声誉扩大豪华型汽车的生产，抓住市场对豪华型汽车需求增长的机会实现了企业的增长。

表 3-4　　**企业外部因素分析表**

| 关键外部因素 | 权重 | 分数 | 加权值 |
|---|---|---|---|
| 政府政策放宽 | 0.30 | 3 | 0.90 |
| 信息系统网络化 | 0.20 | 1 | 0.20 |
| 贷款利息降低 | 0.20 | 4 | 0.80 |
| 主要竞争对手采取扩张战略 | 0.20 | 2 | 0.40 |
| 劳动力向东南沿海转移 | 0.10 | 4 | 0.40 |
| 加权总分数 | 1.00 | | 2.70 |

**图 3-9　SWOT 分析与企业战略选择**

位于机会-劣势象限的企业有外部机会但缺少内部条件，可以选择转型战略，改变企业内部的不利条件。位于威胁-优势象限的企业自身拥有优势，外部环境是威胁多于机会，战略方向就会倾向于多元化战略，以避免或减轻外在威胁的打击，分散风险，寻找新的发展机会。位于威胁-劣势象限的企业既面临很大的外部威胁，内部状况又不佳，就要采取防御型战略，以避开威胁、弥补劣势。

在 SWOT 分析过程中，必须把内外部因素有机地结合起来，需要企业决策层具有敏锐的洞察力、崇高的理想、远大的抱负以及高超的决策艺术。美国汽车制造商克莱斯勒 20 世纪 80 年代的 SWOT 战略组合就很好地说明了这一点。在这个战略组合中，克莱斯勒把多种因素结合在一起形成了多个可供选择的战略。这个战略组合中的战略选择的陈述不是抽象的，而是具体明确、可以操作的，如表 3-5 所示。通过 SWOT 分析，克莱斯勒提出了在 SO 战略中“收购一个航天工业中的公司”“增加 50% 的小型面包车出口量”这样清晰的战略目标，理清了企业的发展思路。

表 3-5　　**克莱斯勒公司的 SWOT 战略组合**

| | | |
|---|---|---|
| 企业内部条件 | 优势（S）<br>1. 1985—1987 年产品质量提高 35%<br>2. 劳动力成本比福特和通用低<br>3. 在航天工业中处于领先地位<br>4. 盈亏平衡点从 240 万辆降为 150 万辆<br>5. 拥有 50% 的小型面包车市场 | 劣势（W）<br>1. 购买美国汽车公司负债资本比例升为 60%<br>2. 固定资产占 40%<br>3. 缺少合资企业<br>4. 经营区域仅局限于美国、加拿大、墨西哥 |

续表

| | | |
|---|---|---|
| 企业外部环境 | 机会（O）<br>1. 美元贬值<br>2. 航天工业每年增长20%<br>3. 消费者税后收入每年增加5%<br>4. 利率下降 | 威胁（T）<br>1. 外国汽车增加了对美国市场的占有<br>2. 中东局势不稳定使油价上涨<br>3. 福特公司有一种节油型的新车推出 |
| SWOT战略组合 | WO战略<br>1. 建立一个航天工业的合资企业<br>2. 在欧洲建立一个生产小轿车的工厂<br><br>WT战略<br>收缩投资、剥离不良资产 | SO战略<br>1. 收购一个航天工业中的公司<br>2. 增加50%的小型面包车出口量<br><br>ST战略<br>增加广告费50% |

**迟暮索尼：谁毁了索尼**

# 第4章 业务层战略

开篇案例

## 丰田的成本领先战略

日本的国情决定了其企业的生产经营只能是“两头在外”（原材料来自国外、产品销往国外）。在20世纪六七十年代的世界汽车业，通用、福特、大众等欧美汽车制造商经过多年的发展具有明显的竞争优势，作为后来者的丰田在进入国外市场时，面对很高的进入壁垒最终采用成本领先战略成功打开了欧美乃至世界市场。

丰田的经营思想是以“干毛巾也要拧一把”的精神去节约一切成本，认为“浪费就是最大的犯罪”。经过研究，丰田发现企业对原料成本的控制是有限的，汽车制造商无法把握钢材等汽车生产主要原料的价格变化，在这方面各个企业之间成本控制的差别不大，而生产流程的成本控制则有巨大的潜力，企业能够发挥的空间是无限的。早在1953年，当时的丰田副总裁大野耐一综合单件生产和批量生产的优点，创造了独具特色的多品种小批量混合生产方式下高质量、低消耗的生产方式，即准时生产（JIT）方式。

准时生产制的基本思想是“只在需要的时候，按需要的量，生产所需的产品”，这就是 just in time（JIT）一词所要表达的含义，其核心是追求一种无库存生产系统，或者使库存降到最小的生产系统，为此丰田开发出包括“看板管理”在内的一系列行之有效的方法，把供、产、销紧密结合起来，最终实现按订单生产，大大降低库存成本。

JIT 生产方式的基本手段有三个方面：

（1）适时适量生产，也就是严格按照市场需要的量生产产品，因为当时已经进入了一个“只能生产卖得出去的产品”的时代。对企业来说，各种产品的产量必须要灵活适应市场需求的变化，否则就会造成浪费。在以销定产的同时又要提高生产效率。JIT 通过对象专业化布局来减少排队时间、运输时间和准备时间，运用月计划、日计划并根据需求变化及时调整计划的方式实现均衡化生产，使物流在各个作业点之间均衡地流动，最终大大压缩了生产时间，降低了生产过程中的库存。

（2）弹性配置作业人数，即根据生产量的变化，随时增减各生产线的作业人数，尽量用较少的人力完成较多的生产。实现这种“少人化”的具体方法是实施独特的设备布置，以便能够在需求减少时将各作业点减少的工时集中起来，以整数削减人员。为了适应这种变更，作业人员必须是具有多种技能的“多面手”。

（3）质量保证。JIT生产方式把质量管理贯穿于每一道工序中来实现提高质量与降低成本的一致性，具体方法是“自动化”。所谓自动化是指融入生产组织中的两种机制：

①使设备或生产线自动检测不良产品，一旦发现异常或不良产品可以自动停机的运行机制。

②在生产第一线的工人发现产品或设备有问题时，有权自行停止生产的管理机制。

1990年MIT（麻省理工学院）就JIT生产方式发表了一个研究报告。MIT的一个专门研究小组用了5年时间组织日、美及欧洲国家50多位专家对世界上17个国家的90多个汽车制造商进行了深入的调研，根据他们的研究结果，与大量生产方式相比，JIT生产方式的优越性体现在：

（1）所需人力资源——无论在产品开发、生产系统还是工厂的其他部门——均能减至1/2。

（2）新产品开发周期可减至1/2～1/3。

（3）生产过程中在制品库存可减至大量生产方式下一般水平的1/10。

（4）工厂占用空间可减至大量生产方式下工厂的1/2。

（5）成品库存可减至大量生产方式下工厂平均库存水平的1/4。

（6）产品质量可提高3倍。

进入21世纪，丰田继续推行设计、生产、采购和固定费用这四个方面的“大规模压缩成本运动”，希望通过成本控制在激烈的市场竞争中争取主动。这种做法虽然也是丰田后来陷入“脚踏门”危机的主要原因之一，但从20世纪70年代直到21世纪初全球汽车业的竞争中，丰田一直拥有明显的竞争优势，不仅成功进入了全球市场，而且最终取代了通用汽车公司（GM）成为世界第一大汽车制造商。

2017年6月，WPP和Kantar Millward Brown共同发布“2017年BrandZ全球最具价值品牌100强”榜单，丰田排名第30位。2017年7月，财富中文网与全球同步发布最新的《财富》世界500强排行榜，丰田以254.694亿美元的营业收入排名第5位，稳居汽车行业第1位。

资料来源　刘冀生．企业战略管理［M］．2版．北京：清华大学出版社，2003.

上述案例充分说明了企业的生存和发展离不开有效的竞争战略。竞争战略是针对特定的业务（产品）来说的，不仅多元化经营的公司下属的每个业务单位都要制订具体的产品、市场竞争战略，而且单一业务的企业也有如何建立自己的竞争地位（竞争优势）的问题，所以我们把竞争战略也叫作业务层战略。

在特定产品（业务）市场上，每一个参与方都会尽力通过建立竞争优势来争得自己的地位。只有拥有竞争优势的企业才能在市场竞争中获得持续稳定的收益，但竞争优势的获得并非轻而易举。日本著名战略家大前沿一认为，残酷的竞争要求企业在战略三角即企业、顾客和竞争对手之间进行非常严谨的换位思考，也就是在生产经营中很好地平衡企业、顾客、竞争对手三者之间的关系。企业向顾客提供产品和服务，通过交换来获取收益。这种交换能否成功并不取决于企业，而是取决于顾客如何看待企业的产品或者服务。也就是说，只有顾客感知到了企业所提供产品或服务的价值，他们才会购买。在激烈的市场竞争中有多个企业提供相同或相似的产品或服务，顾客就会在不同企业之间进行选择，依据就是谁能给他们提供更高的价值。顾客价值虽然体现为多种形式，但本质上还是顾客消费某种产品或服务所获得的收益与付出的价格（代价）之间的比（性价比）。从这个角度出发，战略三角关系要求企业通过给予顾客更高的价值谋求对竞争对手的优势。

## 4.1 一般竞争战略

一般竞争战略也叫通用竞争战略或基本竞争战略。波特在《竞争战略》一书中指出，企业在与五种竞争力量的抗争中，有三种基本竞争战略——成本领先（低成本）战略、差异化战略和集中（聚焦）战略，其中集中战略又可以分为集中低成本战略和集中差异化战略，这是被广泛接受的三种通用竞争战略。

### 4.1.1 成本领先战略

成本领先战略又叫低成本战略，这种战略的指导思想是，要在价值链的各个环节上使企业产品成本保持同行业中的领先水平，使企业在提供相同产品和服务时，成本明显低于主要竞争者或行业平均水平，或者说企业在一定时期内为顾客创造价值的全部活动的累计总成本明显低于主要竞争者或行业平均水平。价格是最有力的竞争手段，比如沃尔玛的“天天平价”、纳爱斯“雕牌”肥皂的“不让家庭主妇掏过多的钱”等做法的背后都是因为这些企业所推行的成本领先战略使其能够以较竞争对手更低的价格为顾客提供产品或服务。而福特当年之所以能够生产“人人买得起的汽车”也是因为严格的成本控制，在很长一段时间内通过全面成本管理，大幅度压缩企业的成本开支。

推行成本领先战略首先要把握如何获得成本优势，其次要认识成本领先的适用性以及可能遇到的问题。

**1. 成本优势的获得**

低成本能够给企业带来更高的回报，企业不仅在相同的价格水平上能够获得更高的利润，还可以利用成本优势以更低的价格来吸引顾客，扩大自己的市场份额，提高总体利润水平。

要获得成本优势，企业的着眼点主要有两个：一是控制成本驱动因素；二是重构企业的价值链。

（1）成本驱动因素

企业只要进行生产经营活动就会发生成本，其成本驱动因素有很多，但归结起来主要有以下几个方面：规模经济效应、学习曲线效应、投入成本、生产能力利用和生产过程管理、产业整合与资源共享、进入时机选择，以及外在的政治、社会因素。

①规模经济效应

在很多企业中，价值创造活动的成本往往取决于规模，也就是第2章谈到的规模经济效应。

在固定成本比较高的“重资产”企业中，规模的扩大能够减少每生产一个单位的产品所分摊的厂房建设、设备购置等固定成本；而在高技术企业中，规模的扩大使得每单位产品分摊的研发费用大幅度降低。采购和产品销售规模的扩大通常可以带来更高的折扣和更高效的营销从而降低采购成本和单位产品的销售成本。

在微波炉行业中，从生产的角度看，年产1万至10万台之间的规模经济效应最明显，单台生产成本可以降低20%以上，年产10万至50万台的规模单台生产成本可以降低15%左右，年产50万至100万台的规模单台生产成本可以降低10%左右。而从销售的角度看，年产100万台以上的规模经济效应更显著。为了获得成本优势，就需要进行权衡，使得整个产品价值链能最大限度地发挥规模经济效应。

②学习曲线效应

学习曲线效应是由于经验和专有技术的积累所带来的成本优势，不断重复的价值创造活动也是一个学习过程，企业通过组织体系的改进、流程的优化和员工经验的积累提高整个企业的生产运营效率，增强各个环节和岗位的协调性，缩短生产时间，降低消耗并消除浪费，最终削减成本。

③投入成本

任何一个产品或者服务都有资本、劳动力、土地、原材料等各种要素的投入，投入成本受到地理因素、企业的市场地位和物流配送水平等因素的影响。不同的国家和地区劳动力、土地和原材料价格差异很大，这就是为什么跨国公司会把纺织、服装等劳动密集型产品的生产转向发展中国家以及产品的生产要尽可能靠近原料供应基地的根本原因。在制造业产品生产中，原材料成本占了很大的比重，商业企业的采购成本在成本控制中更是起到决定性作用。在采购过程中，企业的市场地位不同决定了其议价能力的差别，大公司往往采用集中采购的方式增强自身的议价能力，中小企业则采用与供应商建立长期合作关系的方式在稳定原材料、零部件来源的同时控制采购价格。开篇案例中的丰田之所以要借助于JIT生产系统控制库存，其根源也是为了降低投入成本。沃尔玛正是依靠高效的物流配送体系实现了很低的经营投入成本。沃尔玛在美国的总部拥有仅次于美国联邦政府的计算机系统。其计算机与卫星通信系统构成了整个集团的神经中枢，集团的几大公司、3 000多家商店、数十座配送中心和10万多种商品，每天发生的一切与经营有关的购销、库存等详细信息，都通过主干网和通信卫星传送到数据中心，集中在总部的订货和商品策划人员以及经营主管就能够依靠准确及时的数据做出科学的决策。沃尔玛的配送中心从收到店铺的订单到向生产厂家进货并配送到位只需要两天时间，当时其主要竞争对手凯马特和达格特却需要5天时间，这使得沃尔玛的物流费用率比竞争对手低60%以上。

④生产能力利用和生产过程管理

在固定成本不变的情况下，充分利用生产能力可以大大降低生产成本。生产能力的利用不仅与规模有关，还与生产的波动性有很大的关系。有些产品消费本身就具有季节波动性（如冬季的啤酒消费会大幅度减少）或者一天当中不同时段的波动（如发电厂需要应对夜间用电量的下降），这就需要企业通过峰谷调控或者在淡季的时候保持一定的产品销量来充分利用生产能力。此外，现代个性化消费趋势对产品生产的影响很大，这就是为什么要利用先进制造系统以实现大规模定制的原因。以 CIMS（计算机集成制造系统）为核心的灵捷制造系统的引入使得企业在兼顾批量和品种的同时把生产成本控制在较低的水平上。

⑤产业整合与资源共享

纵向一体化作为重要的产业整合手段在某些行业中也是控制成本的主要措施。在存在强大的供应商和重要原材料价格波动剧烈的行业中实施纵向一体化可以避开供应商的压力，为企业节约大量的成本。我国钢铁行业的众多企业面临澳大利亚必和必拓和巴西淡水河谷等主要铁矿石供应商的威胁，纷纷试图进入上游的采矿业，就是通过纵向一体化来实现产业整合的典型。除了产业整合，企业内部各个相关业务单位之间的资源共享也能获得规模经济和范围经济效应，加快学习曲线的形成，提高企业运营效率，降低运营成本。这里所说的资源共享不仅指机器设备等物质资源，更重要的是管理诀窍、技术知识、操作技能的转移和扩散所带来的效率提高能够大大节约企业的各项成本投入。

⑥进入时机选择

在一个产业（市场）的萌芽时期存在很多不确定性，如果企业在这个时期作为领先者进入往往要投入大量的研发费用和市场开发费用，承担很大的风险。而如果采取追随战略，待发展前景明朗之后再进入，则可以较少的投入获得稳定的收益。不仅中小企业会采取追随战略，作为行业巨头的李嘉诚的长江实业也有一个重要的经营理念就是“不为最先”。李嘉诚认为，透过对前人的观察，可以掌握事物变化的规律，能比较准确的判断决策的结果。并且等待一段时间之后，随着领先者的不断开拓，消费者（顾客）逐渐接受新产品，大大降低了后动者的市场开拓成本。反过来，如果是为了建立品牌差异化优势，则需要先动。“先入为主”的惯例往往使第一个进入市场的企业更容易建立和维持品牌，新兴网络公司的发展充分证明了这一点，如亚马逊、雅虎、易趣等所获得的强大品牌认知主要是由于率先进入市场所形成的。

⑦政治、社会因素

政府政策、法规（如税收、环保、劳动保障、进出口政策）和社会因素的变化（如人口老龄化带来的人工成本上升）也给企业成本造成很大的影响。如政府对某些行业（企业）的特殊保护会使企业具有成本优势，而政府出台的某些政策又会加大企业的成本。企业需要做的就是影响政策制定使其朝有利于经营成本下降的方向发展，这往往是大企业政府公关的重点。而为了应对劳动力成本的上升，企业就会大量采用自动化机器设备来取代人工。

（2）价值链重构

除了在价值链的各个环节设法降低成本之外，企业还可以通过重构价值链来控制成本。所谓价值链重构就是重新设计价值链构成，寻找新的途径来改造业务活动过程，消除无效活动或者低效活动，更加经济地为顾客提供价值。

价值链重构的着眼点主要有：

①改进产品设计

产品的性能、质量和特色以及产品组合是企业在权衡成本领先和差异化战略时首先要考虑的，产品设计是控制生产运营成本的基础。成本领先通常意味着生产大众化的产品，使用标准化的零部件、廉价的（或新的成本更低的）原材料，产品只具备基本功能，通过价值工程消除产品设计中的过剩功能以实现功能与成本的匹配，在满足顾客需求的同时压缩成本。

②优化流程

流程再造在 20 世纪 90 年代曾经风靡一时，它的一个重要目标就是通过对现有流程进行综合分析与统筹考虑，抛弃陈规陋习，创造新的业务处理流程，通过流程的优化实现成本目标的根本性改善。企业的业务流程存在大量可以改进的地方，流程的优化既着眼于效率的提高，又要消除那些不能创造价值的活动，也就是通过价值链重构剔除价值创造少而成本高昂的活动以获得成本优势。流程的优化在生产过程中更多地表现为使用新技术或新工艺提高生产效率；在经营中的重点是尽可能缩短经营周期以及实行渠道扁平化，典型的例子如戴尔的直销模式，近年来快速发展的电子商务；而管理活动中流程优化的出发点则是"消肿"，去除不必要的环节和手续以精简机构和人员。

**2. 成本领先战略的适用性以及可能遇到的问题**

通过上述分析我们可以看到，成本领先战略并不适用于所有的企业。具体来说，企业要实施成本领先战略通常要具备以下条件：

第一，企业所处的行业生产的是标准化或同质化的产品，不同品牌或不同企业生产的产品在质量、性能等方面几乎没有差异，实现产品差异化的途径很少，顾客使用产品的方式相同，使得顾客具有很强的讨价还价能力。在这样的行业中，购买决策的决定性因素是价格。

第二，顾客从一个销售商转向另一个销售商的转换成本很低，具有很大的选择余地和购买灵活性，这样顾客就会特别倾向于价格最优惠的产品。

第三，企业能够消化成本压力。通常具有规模经济效应的产品在达到一定的批量之后就能够控制成本。规模经济不仅取决于产品本身，还要求企业必须具有一定的市场份额，产品达到一定的销量，同时能够像丰田一样严格控制各项成本支出，才能真正实现成本领先。

成本领先有其优越性，比如使企业能够以低成本实现市场扩张或者市场渗透，增强企业对顾客（购买者）讨价还价的能力，更能应对供应商涨价的压力，以低成本制约潜在进入者从而形成进入壁垒，在与替代品的竞争中可以用低价格来抵御替代品的入侵。

但是成本领先战略也有自身的问题。首先，成本领先企业为了提高效率和成本，往往会进行大量的固定资产投资，这种做法一方面加大了企业的风险，另一方面又会使企业排斥新技术的引入，丧失对市场变化的预见能力，造成企业很容易受外部环境的影响，不但通货膨胀会大大提高企业的投入成本，而且技术和市场的变化也会降低企业资源的效用。其次，新进入者通过模仿、借鉴获得更低的成本从而直接威胁企业的成本优势。

**3. 成本领先与价格战**

降价促销（价格战）是企业最常用的竞争手段，有人认为追求成本优势实际是谋求价格领先，这种认识并不全面。成本领先与价格战既有区别又有联系。企业拥有成本优势就有资本发动价格战，也不惧怕竞争对手的价格战。无论在什么情况下，成本领先的企业总是能获得更大的收益。

**【战略聚焦 4-1】　　格兰仕的成本领先**

著名的家电制造商格兰仕起步于1978年，最初是一个生产羽绒制品的乡镇企业，1992年改名为格兰仕，从日本东芝引进生产线，转产微波炉。经过6年的努力，格兰仕在1998年就以450万台的销售规模跃升为全球最大专业化微波炉制造商。到2008年，格兰仕已经连续11年蝉联微波炉销量冠军，占有全球50%以上市场份额。2014年格兰仕被评为中国家电十大畅销品牌。在中国品牌力指数SM（C-BPI®）品牌排名中，格兰仕连年保持微波炉行业领先。截至2017年5月，格兰仕已在全球143个国家和地区申请注册了自主商标，格兰仕产品和服务从中国广东供应到全球近200个国家和地区。今天的格兰仕是拥有近5万名员工的跨国白色家电集团，也是我国家电行业最具影响力的龙头企业之一。

格兰仕成功的奥秘在于其“薄利多销”的市场战略，以低价格快速占领市场。价格战不仅侵蚀竞争对手的市场份额，使企业迅速获得规模经济，也让许多竞争对手退出微波炉行业，还能构筑阻止潜在进入者的进入壁垒，同时因为产品降价还推动了微波炉市场的快速成长。在历次价格战中，格兰仕每次降价的幅度基本上都在25%以上，一般降价幅度都达到30%～40%，最高达70%，因此格兰仕被称为“价格屠夫”。但也正是由于格兰仕的价格战才让微波炉的价格在很短的时间内从高达4 000～5 000元降到了300～400元，微波炉也从高端电器变成了寻常人家都能接受的大众产品。

价格比拼必须有成本优势作为支撑，如果不具备低成本，单纯的价格战势必把企业拖垮。格兰仕在当初战略转型的时候，就已经明确了作为一个后来者必须通过成本领先获得竞争优势。

1991年，格兰仕最高决策层认为，羽绒服装及其他羽绒制品的出口前景不佳，并达成共识从羽绒制品行业转移到一个成长性更好的行业。当时，格兰仕所在地广东顺德及其周围地区已经是中国最大的家电生产基地，聚集着美的等一大批家电制造商。经过市场调查后，格兰仕很自然地选择家电业作为新的经营领域，但当时大家电的市场逐渐成熟，竞争日益激烈，因此最终选定小家电为主攻方向。

20世纪90年代初，国内微波炉市场刚刚开始发育，生产企业只有4家，其市场几乎被外国产品所垄断。微波炉在中国还处于引入期，市场潜力很大。中国城镇每百户拥有率只有3～4台，远远低于美国的80台，日、韩的50～60台，以及西欧的40～50台。

在发达国家的市场上，微波炉已经进入成熟期，技术也已相对成熟，成功的关键因素取决于低成本。因此，美、日等国不得不将生产基地转移到劳动力成本较低的国家和地区。格兰仕在进入该领域时，就清楚地认识到了这一点——要击败竞争对手，只能依靠成本优势。

归结起来：格兰仕的成本优势有三个来源：规模经济、劳动力成本优势和完善的供应链管理。

1. 规模经济

微波炉产品的规模经济效应非常明显，格兰仕一直在努力寻求规模经济以获得成本领先。1995 年，其年产能力达到 50 万台，1996 年达到 100 万台，1997 和 1998 年分别达到 200 万和 450 万台。100 万台是单间工厂微波炉生产的经济规模。从 1996 年开始，格兰仕一方面迅速扩大自己的生产能力，另一方面又在获得规模经济的基础上，通过降价和立体促销来扩大市场容量，提高市场占有率，从而在短期内使自己的实力获得了迅猛增长。

格兰仕的价格战也是服务于规模经济的获得。规模每上一个台阶，就大幅下调价格。格兰仕降价的特点之一是消灭散兵游勇的目标十分明确。当自己的规模达到 125 万台时，就把出厂价定在规模为 80 万台的企业的成本价以下。此时，格兰仕还有利润，而规模低于 80 万台的企业，多生产一台就多亏一台，除非对手能形成显著的品质技术差异，在某一较细小的利润市场获得微薄盈利。但技术来源相同又连年亏损的对手又怎能轻易地做出差异来呢？当规模达到 300 万台时，格兰仕又把出厂价调到规模为 200 万台的企业的成本线以下，结果规模低于 200 万台且技术无明显差异的企业陷入亏本的泥淖，使对手缺乏追赶上其规模的机会，在家电业创造了高达 74.1% 的市场占有率。尽管价格压得很低，别的企业很难盈利，但规模绝对领先的格兰仕 1997 年、1998 年的销售利润率分别为 11%、9%。

微波炉的规模经济主要来源于四个方面：生产、销售、研发和管理。

从微波炉的生产来看，10 万台以下是不经济的，而在 10 万台到 100 万台之间，规模经济效应极为明显，单台成本可以降低 30% 以上。这时生产上规模经济的来源除了学习曲线之外，还有固定成本摊销的减少和主要元器件采购成本的降低。

对处于成长期的产品来说，由于市场容量在不断扩张，销售方面的规模经济效应非常显著。销售成本主要来源于渠道的维持、销售管理、运输、维修和服务网点的建设、促销等费用。其中，促销费用所占比重最大。规模越大，单位产品所分摊的促销费用越少，如果单位产品的促销费用不变，那么大企业的总促销费用相对较多，促销效果就可能更好。更为重要的是，消费者往往会产生从众心理，销售出去的产品本身就是一种非常好的免费广告。

尽管价格很低，格兰仕的研发投入却并不少。1999 年，格兰仕就已经有 1.5 亿多元的技术净投入，大大超过一般企业，但因为规模优势，分摊到每台微波炉上的研发成本仅为 25 元。2001 年，格兰仕更是投入了 4 亿元加强技术创新。巨额的投入，换来的是优质的产品和极高的生产效率。

格兰仕通过引入竞争机制、增强与其他企业的合作、减少管理层次、塑造企业文化等措施来降低内部的管理成本，提高劳动效率。平均来说，其管理费用只有同类企业的一半左右，而工人的劳动生产率要比同类企业高50%以上。

2. 劳动力成本优势

改革开放释放出的人口红利让格兰仕具有国外企业不具备的劳动力成本优势。不同于法国等发达国家的工人每天只工作6小时，格兰仕的工人每天三班制，24小时连续开工，整个格兰仕就像一个巨大的蜂房。员工一天的工作时间等于法国工人一周的工作时间，一条生产线等于欧美企业的6～7条生产线。双方在工资水平、土地使用成本、水电费和劳动生产率等方面的差别也非常大，这样就使得欧美和日韩等发达国家的企业在劳动力制造成本上很难与格兰仕相比。

3. 完善的供应链管理

格兰仕实现成本领先的第三个法宝是完善供应链管理，实现“零库存、大流水、产供销平衡”。微波炉产品虽小，却是由很多零部件组成，为了实现零部件采购的低成本，格兰仕建立了一个高效的供应链管理体系，微波炉的关键部件自己不生产而是进口或合作生产，不但确保了高质量，还能降低成本；有些辅件，自己生产成本更高，就从国内采购。

在供应链管理中，格兰仕通过对生产计划和物料的系统规划，实现材料和产品的库存都按照计划来流动，只保留少量的合理库存。格兰仕一方面自己坚定地推行零库存策略，另一方面要求供应商保证在最短的周期内交货。同时，根据产供销平衡的要求，在“以销定产”的操作中，格兰仕充分发挥了内销和外销两个市场的优势，最大限度地做到零库存。

格兰仕在降低成本的同时，对服务和质量的要求也非常严格。格兰仕的质量目标是要求优等品率为100%。“努力，让顾客感动!”是格兰仕的企业宗旨，从中也折射出格兰仕的经营哲学和服务理念。格兰仕认为竞争不在于企业能生产什么，而在于产品为社会、消费者提供多少附加值。为了能为消费者提供最优质的服务，格兰仕在全国各地建立数百个售后服务网点，以用户为中心，建立和完善服务系统，用“四心”(精心、细心、安心、诚心)服务感动每一位格兰仕的用户。

格兰仕的价格战固然是其迅速成长的直接推手，但总体来看，以顾客为中心的成本领先战略才是促进企业发展、提高竞争力的真正动力。

20多年来，格兰仕让微波炉从“奢侈品”成为现代家庭必需品，并且不断引领微波炉向节能化、智能化、艺术化、一体化等方向创新发展。从白色到彩色，从方形到圆形，从微波技术到光波技术，从微波变频到光波变频再到双模变频，从侧开门式、下拉门式到上开门平台式，格兰仕持续引领微波炉产业技术升级和消费升级。

资料来源　作者根据相关文献整理.

### 4.1.2　差异化战略

在大竞争时代，唯一的成功之道就是进入顾客的心智。而进入顾客心智的唯一方式，就是做到与众不同。

——杰克·特劳特

企业为顾客创造价值除了着眼于价格之外，能够形成与竞争对手的差异也是一个重要手段。所谓差异化战略是指企业在价值链的某些环节上所提供的产品与服务在产业中具有独特性，也就是具有与众不同的特色，这些特色可以表现在产品性能、质量、技术特性、品牌、服务、销售方式、促销手段的某一方面，也可以同时表现在几个方面。差异化战略的目标就是通过开发独特的产品或服务把自己与竞争对手区别开来，从而在获得竞争优势的同时也获得更高的收益。

**1. 差异化的取得**

从价值链的角度看，差异的来源体现在基本活动和辅助活动的各个方面。但归结起来，企业要突出自己与竞争对手的不同，还是要通过产品实现。劳力士手表作为身份的象征所具有的卓越质量和性能使其与竞争对手之间有显著的差异。劳力士 1926 年开发了世界上第一款防水表——劳力士蚝式手表，能适应从海洋深处到高原地区等各类不同的地区，南极和北极零下几十度的严寒、撒哈拉沙漠的酷暑等各种极端恶劣的自然条件。

产品的差异有些是自然天成的，如新疆哈密瓜、涪陵榨菜、南非钻石等，由于地理因素，这些产品具有优于其他地方出产的同类产品的独特品质，但我们这里强调的是企业通过自身的努力所构建的产品在性能、款式、可靠性、服务等方面的差异。

有些产品如汽车、建筑物、家具等产品差异化比较明显，但更多的产品却需要企业通过产品和技术开发、品牌策划和经营来创造差异。即使是看起来标准化程度很高的产品仍然可以形成差别，开发具有不同特征的产品。比如洗发水，所有产品的基本功能都是清洁头发，而宝洁旗下的洗发水品牌通过长期努力都呈现出明显的不同，最终形成了个性鲜明的差异化品牌：

飘柔——丝质般柔滑

海飞丝——强力去屑

潘婷——特效修护

沙宣——专业定型

伊卡璐——天然中药

从营销的角度来看，除了核心产品也就是产品本身的差异如产品性能（特有的功能）、品质（可靠耐用、易于维护和修理）之外，还有形式产品（如款式独特的外观设计和优异的包装）以及延伸产品（如售后服务）的差异。产品本身具有同质化特征的企业往往要依靠服务来凸显与竞争对手的不同。例如，海尔冰箱在质量和性能上与其他品牌相比并无明显的差别，但通过优质服务使海尔树立起了名牌产品的形象，从而把自己与竞争对手区别开来。美国工程机械制造商卡特彼勒公司不但可以设计生产适应当地特殊要求的各类工程机械，而且可以在 24 小时内把配件送到任何地点，最大限度地减少顾客由于设备故障导致的停工损失，在为顾客创造价值的同时也形成了与小松等竞争对手之间的差异，优异的产品性能和优质的服务给卡特彼勒带来了更高的产品售价。

需要指出的是，差异的最终评价标准是顾客价值，而不是产品或服务客观存在的不同，也就是说企业的差异化必须与顾客价值相吻合才能实现其市场价值。因而，差异化战略成功的关键是顾客对差异的感知，如果不能让顾客感觉到差异或者在错误的方向上创造差异，不但不会取得成功，还可能把企业多年苦心经营积累的良好声誉毁于一旦。例如，当年可口可乐曾经试图以可乐的口味创造差异，开发新配方可乐，但实际上不同品牌可乐的口感本身并没有什么不同，重要的是品牌的差异，最终新配方可乐不被顾客认可，可口可乐被迫又重新回归传统配方。实际上，可口可乐品牌已经被广泛接受，顾客心目中已形成对产品良好的品牌形象认知，即使主要竞争对手百事可乐长期不断努力赶超，也始终无法撼动可口可乐世界第一碳酸饮料品牌的地位。

**2. 差异化战略的适用性以及可能遇到的问题**

并不是所有的产品都适合采用差异化战略，通常消费品更容易创造差异，而生产资料企业则较难实行差异化战略。现实中，大众化消费品有日益同质化的趋势，使得生产家电等产品的企业越来越难以创造差异。

产品差异化战略培养了顾客对产品或服务的信赖和忠诚，降低了顾客对产品价格的敏感性，不但能让企业以更高的价格获得更高的收益，还在行业竞争中形成一个缓冲，建立较高的进入壁垒，在特定领域形成独家经营的市场，避免竞争对手的侵害，保持本企业的优势地位。因而，差异化战略的根本在于通过顾客价值的创造形成顾客忠诚，如果不能拥有忠诚的顾客群体，也就谈不上差异化。忠诚顾客群体的培育既需要时间，也需要投入，更需要企业能够不断地为顾客创造价值。

差异要被顾客认可需要付出长期的努力，要形成差异往往要在研究开发、品牌塑造、服务等方面投入大量的资源，使得企业通过差异化所获得的高收益很大程度上被高成本所抵消。同时，实行差异化战略的企业所提供的产品和服务的价格通常比实行成本领先战略的企业要高，使得差异化战略很难在短期内迅速提高企业的市场占有率。同时，如果这种价格差达到一定程度，就可能促使顾客放弃差异所带来的更高的性能、更好的服务或品牌形象，转而选择物美价廉的商品。根据营销统计研究，在普通消费品市场上，20%的价差就会导致差异化产品（服务）失去竞争优势。所以，差异化战略更适用于对价格不敏感的中高端客户。差异化战略可能遇到的另一个问题是顾客对产品差异感知的下降。当顾客对产品越来越熟悉，或者竞争对手的模仿使得本企业的产品差异不被顾客认可的时候，差异化竞争优势就无法实现。

### 4.1.3 集中战略

**1. 集中战略的内涵**

集中战略又称利基战略（niche strategy），指把有限的资源集中于某一特定细分市场，其竞争优势来自企业的专业性。由于长期在某一细分领域经营，企业在成本（集中成本领先）或产品（服务）特色（集中差异化）等方面体现出优于竞争对手的能力，最终成为某个领域的领先者。

从所面向的顾客（市场的）角度来看，实施集中战略的企业通过满足特定消费者群体的特殊需要，或者集中服务于某一特定的市场来建立企业的竞争优势。对应于公司战略中的单一业务发展战略，这种特定的市场聚焦可以按照产品的专业性来界定，典型的如远大中央空调和格兰仕微波炉在行业中的成功。远大在成立之初发展思路就非常清晰，即在直燃式中央空调行业内成为可以在世界范围内竞争的公司，而格兰仕在进行战略转型之后3年成为中国微波炉行业的老大，5年成为世界微波炉行业的龙头。除了上述远大、格兰仕针对产品（业务）的聚焦战略外，还有顾客集中战略和地区集中战略。顾客集中战略比较典型的是奢侈品如江诗丹顿手表、LV包等，瞄准高收入阶层和时尚一族，又如海澜之家、七匹狼等服装品牌专门针对男性顾客。即使在全球化趋势日益明显的今天，地区集中战略仍然适用。有些企业只在特定的区域经营，如地区性银行或者区域性连锁经销商，这些企业对当地顾客的需求和偏好更加了解，所提供的针对性产品与服务以及与本地顾客所建立的良好关系都能给企业带来竞争优势。此外，有些行业的产品由于运输成本高或储存困难往往也采取地区性经营，如水泥、硫酸、啤酒等行业的企业把经营范围集中在特定地区之内是有利的。

从顾客价值创造的角度同样可以把集中战略进一步划分为集中成本领先战略和集中差异化战略两种。

实行集中成本领先战略的企业在特定细分市场上有能力把成本控制得更低。地区聚焦使得企业与那些全国性甚至世界性竞争对手相比能采购到价格更低的原材料，更接近市场从而不需要更多的销售投入，更了解市场从而能更快地开发新产品。实行集中成本领先战略的企业，另一个竞争优势来源是它所经营的独特的或定制化的产品很难实现规模经济，让竞争对手难以节约成本，从而在这一细分市场上具有成本优势。

集中差异化战略把企业有限的资源集中于某一点上，为特定的目标顾客群提供“量身定做”的专业化产品或服务，在这一细分市场上实现突破，往往能战胜强大的竞争对手。例如，保时捷只在运动汽车和豪华SUV市场上与通用汽车（GM）竞争并具有明显的竞争优势。适用于广泛差异化的策略同样适用于集中差异化，但集中差异化由于专注于特定的细分市场而具有更多的专业知识和技能，有利于企业更好更快地开发新产品和新技术，从而更好地满足特定顾客群体的需求。

**2. 集中战略的适用性以及可能遇到的问题**

集中战略的聚焦要求企业必须具备足够的资源和能力在特定的细分市场上寻求突破，同时不能有战略上的摇摆，也就是定位必须准确，通过长期的努力在某一细分市场赢得竞争优势。实施集中战略如果定位失败，给企业带来的打击往往是致命的。集中战略所选定的市场必须有足够的吸引力，也就是说具有相当的增长潜力和获利可能，企业必须在这个市场上持续投入才能建立竞争优势。此外，对实力较弱的中小企业来说，还要求这一细分市场的竞争比较和缓，往往是强大的竞争对手所忽视或者无暇顾及的。

毫无疑问，集中战略会给企业带来相当大的风险。由于企业的全部力量和资源都投入到了一种产品（服务）或者一个特定的市场，当顾客偏好发生变化、新技术导致行业发生更替，或者强大竞争对手进入并采取优于企业的集中战略的时候，就会大大削弱企业的竞争优势，甚至可能使企业陷入困境。因而，对实行集中战略的企业来说，要更加关注行业和市场的变化，以持续的创新和改进培育企业核心能力，构筑技术、品牌、渠道、文化等壁垒以保持持续的竞争优势。

### 4.1.4 最优低成本——成本领先和差异化的整合

最优低成本战略是在同等的价格下为顾客提供更多价值的战略，它兼具成本领先和差异化战略的优点，目的是使企业的产品或服务相对于竞争对手拥有最优的价格和特色。对于高度理性并且关注价值的市场来说，竞争的最高境界就是最优低成本战略（物美价廉）。实际上，一味追求差异而不计成本并不是一个真正可行的战略，创造差异所引起的成本上升最终只能由企业自己来消化；同样，一味追求低成本就可能削弱企业的创新能力，只会让企业陷入低水平的价格竞争，最终导致企业的衰败。有调查显示，只有28%的企业仅仅强调差异化，3%的企业仅仅关注成本领先，而51%的企业追求的是以差异化为主结合成本领先，14%的企业追求的是以成本领先为主结合差异化。[①] 因而，企业应该追求的是综合成本领先和差异化所形成的优势，让企业达到一个更高的竞争层次——最优低成本，如图4-1所示。

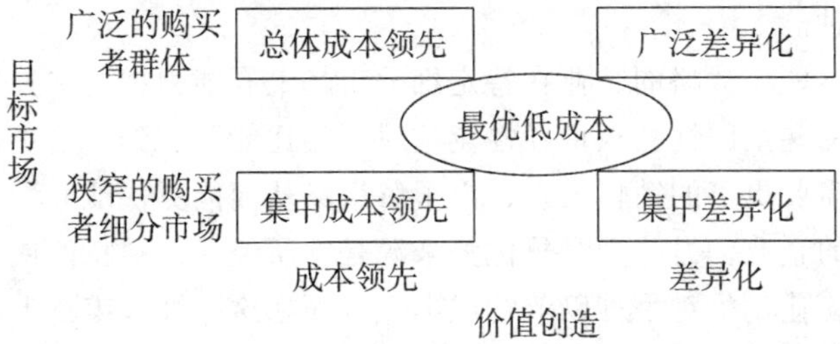


**图4-1 成本领先和差异化的整合**

开篇案例告诉我们丰田赖以起家的法宝是成本领先战略，但单纯的低成本并不能给丰田带来持续的竞争优势，让它获得更高的收益。今天的丰田实际上奉行的是广泛差异化战略。丰田通过对市场和消费群体的深入研究，不断开发外观独特、操控性能良好的各类新产品，来满足不同顾客群体的需求，同时借助成本优势把大部分产品的价格控制在2万美元以内。从产品设计到制造，新产品开发周期控制在两到三年是丰田的另一项独特的竞争力。今天的丰田不但有各种满足大众市场的车型，也有高端的雷克萨斯等车型。所以，丰田的成本领先事实上已经转向了差异化或者说通过成本领先和差异化的整合使其成为世界上最大、最赚钱的汽车制造商。类似的例子还有瑞典的家具巨头宜家公司。尽管宜家是低成本领先者，在价格优势之外，它同时还向顾客提供很多与众不同的产品和服务以创造差异，如独特的家具设计、店内的儿童游乐场、供顾客使用的轮椅以及延长营业时间等。宜家认为这些做法更能满足作为目标顾客群的那些经济不宽裕、有小孩、由于工作只能在晚上购物的年轻顾客的需要。[②] 这说明宜家的成本领先同样包含了差异化的内容。同样，航空业中实施差异化战略的新加坡航空也不遗余力地控制成本，巨额投资以及健康的现金流是航空公司品牌塑造的必要条件。新加坡航空建立了一个财务及固定成本的基础结构保证企业收益稳定，强

---

① 张文松．战略管理：获取竞争优势之道［M］．北京：机械工业出版社，2010：267.
② EVANS G. Why some stores strike me as special［J］. Furniture Today，2003，27（24）：91.

大的现金流使新加坡航空能从内部筹资购买新设备和飞机，节约利息支出，而不断更新的飞机能大大降低使用和维修成本。针对航空公司另一个主要的成本支出——燃油，新加坡航空通过提前签订供油合同来避免油价的大幅度波动给企业带来冲击。

最优低成本战略既可以让企业获得更高的收益，又可以让企业拥有持续的竞争优势，是企业竞争的更高境界。但因为低成本与差异化存在的内在矛盾使得兼顾二者的竞争战略难度很大，要求企业具有更高的管理水平和更强的技术实力。

## 4.2 动态竞争战略

战略正变得越来越动态化，一个非常好的战略或策略完全可能被对手的行为所破坏。一个特定的战略或策略的力量不是由最初所采取的措施所决定的，而是取决于它对竞争者行为反应预测的准确程度和随时间变化而变化的消费者需求状况。

——乔治·S. 戴伊

戴伊的看法指出了一般竞争战略的致命缺陷。一般竞争战略隐含的前提条件是，行业结构等外部因素是既定的，也不考虑竞争对手的反应，在这种情况下探讨企业如何通过价值创造获得竞争优势。但现实中不但外部环境会发生变化，企业的竞争战略还会受到竞争对手的影响。在一个经常发生变化的（动态）环境中，如何更好地进行竞争？如何引发竞争结构的变化并从中获益？这就需要对行业结构的变化和竞争对手的动向做出预测和判断，更好地把握变化趋势，实施恰当的竞争战略。

### 4.2.1 动态环境的挑战

在动态的竞争环境中，企业面临的是更大的不确定性，包括竞争边界日益模糊、竞争优势持续的时间越来越短、外部环境的影响逐渐增大等。

**1. 竞争范围更加广泛，环境更难预测**

随着科技进步、经济全球化和消费行为的剧烈改变，企业的竞争领域和范围不断打破，新的竞争对手不断进入，对现有的产业结构和竞争规则形成冲击。企业常常会遭遇意想不到的竞争对手的冲击，如当年格兰仕从羽绒制品行业进入微波炉市场、吉利从摩托车制造商迅速成为汽车行业的后起之秀，都从根本上颠覆了原有的产业竞争格局。

**2. 竞争优势创造和削弱（消失）的过程越来越快，优势维持的时间越来越短**

这既可以为后来者提供成为行业领先者的机会，也使得竞争优势变得更不可靠。

动态环境中竞争优势的取得要从单纯关注外部的行业结构转向内部，更加注重企业自身所拥有的资源和能力，构造能带来持续价值的难以模仿、不可复制的竞争性资产。这种资产不能通过交易获得，而是要立足企业自身的长期积累与学习才能形成。

动态环境还要求企业具有动态的思维，扬弃原有的优势，通过创新与变革不断塑造新的竞争优势，因而动态环境下创造和保持竞争优势是一个不断循环的过程。

**3. 政府管制与干预、技术变革、市场需求的变化**

波特的五力模型是基于产业结构的分析，但产业结构会因为宏观环境的变化而发生变化，在戴伊看来，主要是政府管制与干预、技术变革、市场需求的变化等几个方面，如图 4-2 所示。

- 政府的管制和干预会对产业结构产生重大影响。如房地产行业中若干年前“招拍挂”政策的实施、土地储备政策的变化一直到融资成本不断上升和政府抑制房价的举措（如“限购令”的出台），不仅提高了房地产行业的进入壁垒，最终也会让一大批实力较弱的开发商退出这个行业。
- 科技进步引起的技术变革使得行业竞争环境变得日益动荡，产品和工艺技术的更新换代越来越快。具有“创造性毁灭”效应的新技术的大量涌现往往会从根本上颠覆一个行业，让柯达这样的昔日行业龙头沦落到破产的境地。
- 市场需求的增长或下降会对产业结构产生完全相反的影响。快速增长的市场会大大缓和行业的竞争，而日益萎缩的市场则会加剧行业竞争，同时使原有的优势变得毫无价值，企业必须面对新的需求在新的领域中建立竞争能力。

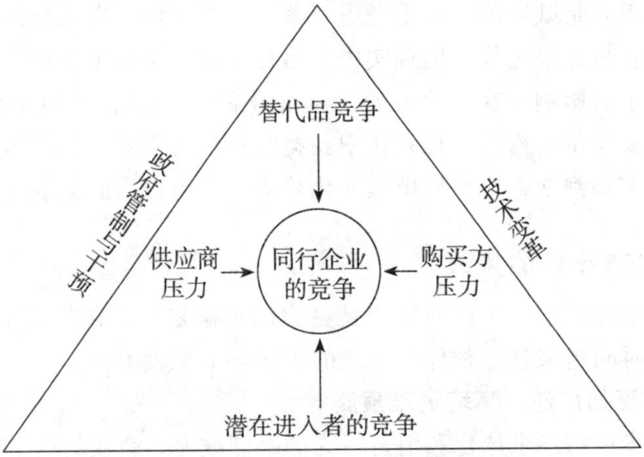


**图 4-2 竞争分析的宏观与微观结构因素**

资料来源 戴伊．动态竞争战略［M］．孟立慧，顾勇，龙炼，译．上海：上海交通大学出版社，2003.

动态环境中技术或市场的变化使得企业原有的竞争优势有可能限制企业的战略转型或变革，使企业陷入“资产刚性”的困境。也就是，企业为了追求竞争优势所投入的大量资源以及为了增强竞争能力所构建的管理模式、技术能力，在外部环境发生变化时成为毫无价值的负担，并且企业长期形成的惯性使其很难摆脱对这些资产的依赖，最终这些巨额投入反而成为企业进一步发展的束缚。尤其是占据市场主导地位的领先企业，受到环境变化的威胁更大，其遭受的损失可能更大，反应能力更弱。例如昔日的彩色胶卷巨头柯达由于摄影技术数码化而陷入困境。

动态竞争与静态竞争完全不同，企业需要建立新的竞争观。首先，静态竞争不考虑或者很少考虑竞争对手的反应，但是在动态竞争条件下企业制定战略时必须把握竞争对手的反应能力。其次，静态竞争的出发点是以自己的优势打击对手的弱点，但如果行业变化很快或者对手具有很强的学习能力，这种竞争策略就不可能持续。最后，在静态竞争中，管理者把主要精力放在对宏观环境和行业竞争结构的分析上。在动态竞争中，企业必须通过自身的战略行为为自己创造一个有利的外部环境，如通过自己的战略行为改变行业竞争的关键制胜因素。

面对动态的竞争环境，企业首先需要新的视角，战略目标要兼顾现在和未来的利益，不以打击竞争对手为最终目的，而是要超越单纯的市场竞争，培育行业市场价值。其次，动态竞争观必须关注行业市场和技术的发展变化，通过与相关利益主体的合作构建企业的价值网。最后，动态竞争战略的着眼点不是保持既有优势，而是以创新和变革创造持续的竞争优势，通过自身的资源和能力与外部环境的结合创造独特的商业模式，在这个过程中需要平衡控制力与应变力。

### 4.2.2 动态环境中的企业竞争战略

在动态加剧的竞争环境中，企业之间的竞争对抗受到多种因素的影响，不同行业的竞争速度（动态性）也不相同。

**1. 动态环境中的竞争对抗**

显然，从动态的角度来看待企业之间的竞争，任何一个企业所采取的竞争行动都会引起竞争对手的反应，最终成为两个或者多个企业之间的互动。这样，企业竞争战略的成功不仅取决于自身的行动，还取决于能否预测竞争对手的反应以及企业如何把握竞争对手的行动和反应。

如图 4-3 所示，Chen（1996）提出的动态环境中的竞争性对抗模型阐释了特定企业与其竞争对手之间的一系列竞争行为，企业可以运用这个模型来预测竞争对手的行为以争取有利的市场地位，改善财务业绩。

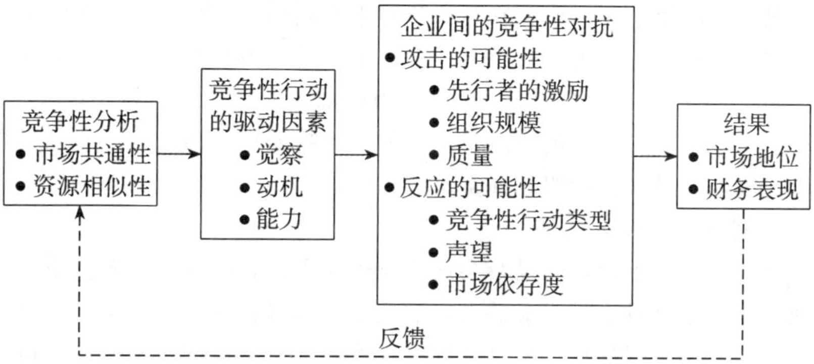


**图 4-3　动态环境中的竞争对抗模型**

资料来源　CHEN M J. Competitor analysis and interfirm rivalry: Toward a theoretical integration [J]. Academy of Management Review, 1996, 21 (1): 100-134.

（1）竞争性分析

竞争性分析是企业预测自己和其他竞争对手之间竞争关系的第一步。

竞争对手之间往往不止在一个细分市场对抗，市场共通性关注的是企业与竞争对手共有的市场数量以及单个市场的重要程度。市场共通性的典型是麦当劳和汉堡王在全球的多个区域市场进行竞争。在几个市场同时开展竞争的对手之间不仅有可能在竞争发生的市场直接对抗，也可能在其他市场竞争，形成一种复杂的竞争状况。在多个市场经营的企业通常不太可能率先发动攻击，但在受到攻击的时候反应更加激烈，所以总的来看在多个市场竞争的对手之间直接对抗较少。[①] 资源相似性是指企业拥有的有形、无形资源在类型和数量上与竞争对手的相似性。资源相似的企业更可能采用相似的战略。[②] 拥有相似的资源，又在多个重要的市场上竞争的企业是直接的并且相互提防的竞争对手。

（2）竞争性行动的驱动因素

按照图 4-3 的逻辑，市场共通性和资源相似性影响竞争行为的驱动因素——觉察、动机和能力。同时，这些驱动因素又会作用于企业的竞争行为。

觉察是企业采取竞争性行动的先决条件，反映了竞争对手之间对相互依存度的认识，这种相互依存性源于市场共通性和资源相似性。沃尔玛和家乐福作为世界上最大的两个零售商在世界上多个市场占据主导地位，同时利用相同的资源，彼此之间的觉察程度非常深刻，能准确地理解对方的行动。缺乏觉察可能会引起企业之间的过度竞争。

动机指企业采取行动和对竞争对手的攻击进行反制的意向，与企业对行动的收益与损失的估计有关。如果企业认为即使采取行动也于事无补，或者不进行反击也不会受到影响，企业就不会采取直接对抗行动。市场共通性对企业行为动机的影响体现在，如果其他条件不变，企业更可能向市场共通性较低的竞争对手发起攻击，而不是向在多个市场均存在竞争的对手发起攻击，主要原因是通过与共享多个市场的对手竞争来获得优势地位非常困难。这种竞争可能导致双方不能把资源集中于核心市场，直接竞争所投入的资源是对双方的削弱。

有些情况下，即使企业觉察到它与竞争对手共同享有大量市场，在竞争对手发动攻击的时候它也有充分的动机进行反击，但由于缺乏能力却也无可奈何。能力与资源密切相关，如果企业没有必要的资源（如人力资源、财务资源、技术资源等），就没有能力对竞争对手的攻击做出反应。市场上的恃强凌弱现象非常普遍，反过来也提示企业在发起进攻之前必须权衡双方的实力。

（3）企业间的竞争性对抗

前面的分析概括了企业之间是否会成为竞争对手的影响因素以及竞争行为的驱动因素，在现实当中竞争对手是否真的会采取攻击行动以及对攻击行动做出反应还受到其他因素的制约，下面就从攻击的可能性以及反应的可能性两个方面来探讨。

①攻击的可能性

先行者的激励、组织规模和质量是企业是否会发动攻击的重要因素。

---

① GIMENO J. Reciprocal threats in multimarket rivalry: Staking out "spheres of influence" in the U. S. airline industry [J]. Strategic Management Journal, 1999, 20 (2): 101-128.

② GIMENO J, WOO C Y. Hypercompetition in a multimarket environment: The role of strategic similarity and multimarket contact in competitive de-escalation [J]. Organization Science, 1996, 7 (3): 322-341.

• 先行者的激励

先行者（行业领先者）打破了既有竞争结构，建立了新的竞争优势，提高了企业的市场地位，可能会获得巨额收益。在技术发展迅速、产品生命周期短的行业中持续不断的创新尤其重要。先行者不但可以获得比跟随者多 4 ~ 10 倍的价值和收入①，还能获得忠诚的顾客群体，占据更大的市场份额，从而比后来者有更高的生存几率②。行业和市场中的先行者通常都有胆识承担风险，拥有足够的资源投入技术和市场开发。

跟随者通过模仿先行者可以用较少的投入进入新的市场，先行者的经验教训让跟随者能更好地把握竞争的性质和反应的时机。跟随者对技术、流程的改进可以给顾客创造更多的价值，更好地对市场做出反应。在先行者和跟随者获得成功之后，还会有部分后来者进入市场，但他们必须提供与先行者和跟随者相当的顾客价值才能获得平均利润。由于进入的是成熟的市场，后来者总是处于劣势，很少能获得成功。

• 组织规模

组织规模是影响企业采取竞争行动的可能性以及行动方式和时机的重要因素。③通常大企业拥有更多的资源，更具有攻击性，但大企业由于长期依赖特定的资源进行竞争形成了自身的惯性，竞争行动受到了很大的限制，也使得竞争对手很容易预测其行为。而小企业的灵活性使其竞争手段更加多样化，反而有助于战胜竞争对手。对大企业来说，在多样化的竞争中保持自身的灵活性是一个重大的挑战。

• 质量

质量不仅表现为零缺陷，更重要的是企业所提供的产品或服务满足顾客预期的程度。有研究表明，质量是满足顾客最重要的组成部分。④ 对于不同的产品和服务，顾客追求的质量指标也不相同。虽然质量是基本要求，但如果企业的产品达不到必要的质量水平就意味着将在竞争中出局，因而质量是竞争优势的必要非充分条件。如果发生了质量问题，必然会造成销量的下降和销售收入的减少，如“瘦肉精”事件对双汇的影响和“脚踏门”事件对丰田的影响。陷入“质量危机”时，企业不但不会采取攻击性的行动，反而会成为竞争对手的靶子。

②反应的可能性

任何一个企业发动的竞争行动都会受制于竞争对手的反应，这一反应的类型及作用在很大程度上影响着企业的竞争行动能否取得成功。竞争对手做出反应一方面是为了更加充分地利用竞争能力，获得更强的竞争优势，另一方面也是因为如果不采取行动就会损害自己的市场地位。

---

① SUAREZ F F, LANZOLLA G. The role of environmental dynamics in building a first mover advantage theory [J]. Academy of Management Review, 2007, 32 (2): 377-392.

② COTTRELL T, NAULT B R. Product variety and firm survival in the microcomputer software industry [J]. Strategy Management Journal, 2004, 25 (10): 1005-1025.

③ DOBREV S D, CARROLL G R. Size (and competition) among organizations: Modeling scale-based selection among automobile producers in four major countries, 1885-1981 [J]. Strategic Management Journal, 2003, 24 (6): 541-558.

④ CROSBY L B, DEVITO R, PEARSON J M. Manage your customers' perception of quality [J]. Review of Business, 2003, 24 (1): 18-24.

• 竞争性行动类型

战略性和战术性攻击所需要的资源和作用的时间存在差异，引起反应的可能性也不相同。战略性行动需要大量的资源投入，一旦实施就很难改变，但其作用更加缓慢，如一个航空公司决定提升品牌影响力，需要付出长期的努力才能见效，但不会立刻引起竞争对手的反应，而像开辟新航线或者降价等战术性行动虽然立即可以实施，但可能会招致竞争对手的迅速反击。需要强调的是，如果战略性行动导致竞争对手市场份额大幅下降、员工大量流失，同样会引起激烈的反应。

• 声望

在市场中处于领导地位的企业所发起的行动由于其具有较高声望而更有可能引起竞争对手的反应。① 这些企业的行动特别是战略性行动会很快引来追随者。尽管在20世纪80年代IBM进入PC（个人电脑）市场时是一个跟随者，但当IBM取得成功时，戴尔、康柏等企业马上也进入了PC市场，这是IBM的声望带来的反应。时过境迁，到了2004年联想收购IBM的PC业务时却并未引发连锁反应。这一方面是因为PC业务本身的变化，另一方面也是因为联想缺乏国际市场影响力。

即使是在我国的市场中，竞争行为复杂且难以预测的“价格屠夫”的行为现在已经很少引起反应了，因为这些企业的行动很难把握，对于竞争对手来说这些企业缺乏信誉。

• 市场依存度

市场依存度指企业从特定市场获得收益的程度，反映了企业对该市场的依赖性。可以预见的是，高市场依存度的竞争对手在受到威胁的时候会做出强烈的反应。

**2. 动态竞争市场**

竞争的动态性不仅是竞争对手之间的互动，还反映了企业所处的不同市场的竞争速度有很大的差异。企业能否获得持续竞争优势，取决于企业的产品是否容易被模仿，因此要研究不同的市场类型。根据产品模仿性的不同，可以把市场分为三种类型：长周期市场、短周期市场和标准周期市场。

（1）长周期市场

长周期市场也叫作慢周期市场，指在市场中企业的竞争优势很难被模仿，对竞争优势的模仿需要很长的时间并且代价高昂②，因而在这类市场中竞争优势具有可持续性。

在长周期市场中，产品具有垄断性，如迪士尼的主题公园市场、微软的操作系统市场以及辉瑞的医药产品市场。在长周期市场中，竞争优势的持续时间很长，如图4-4所示。

由图4-4可以看出，建立竞争优势需要一段时间（即OA段），建立竞争优势后，企业会采取各种措施，包括不断地修正其战略、努力维持其竞争优势（即AB

① FERRIER W J, SMITH K G, GRIMM C M. The role of competitive actions in market share erosion and industry dethronement: A study of industry leaders and challenges [J]. Academy of Management Journal, 1999, 42 (4): 372-388.

② WILLIAMS J R. How sustainable is your competitive advantage? [J]. California Management Review, 1992, 34 (3): 29-51.

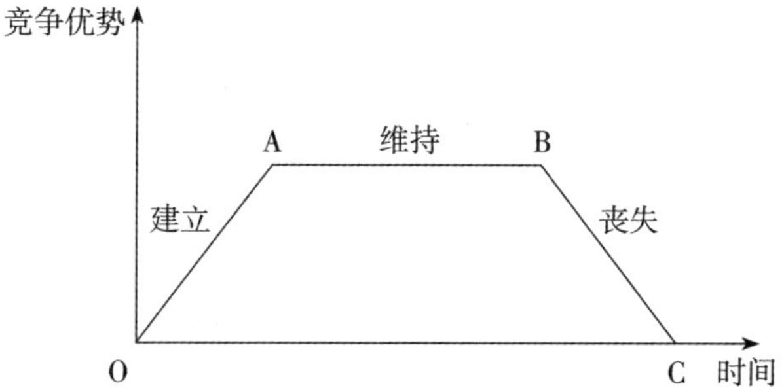


**图 4-4　长周期市场**

段)，最后企业遭到了竞争对手的进攻，企业竞争优势被削弱（即 BC 段）。

这种长期竞争优势的形成一方面是路径依赖、因果关系模糊和企业长期投入的结果，另一方面也与知识产权保护以及垄断等外部原因有关。迪士尼卡通人物形象具有独特的历史发展过程，来自迪士尼电影，通过主题公园等途径进行销售，同时迪士尼动画人物又受到专利权保护，从而使竞争对手无法模仿。迪士尼和微软的长期竞争优势主要是其自身努力所带来的，而我国中石油、中国移动和国家电力公司等企业的长期优势则是垄断的结果。

（2）短周期市场

短周期市场也叫快周期市场，在这类市场中，企业所形成的竞争优势很快就会被模仿并可能被超越。竞争对手模仿的成本不高，这样企业就很难保持竞争优势。在短周期市场中，速度非常重要，时间是宝贵的资源，高速变化的环境给战略决策者带来了很大的压力，迫使他们迅速做出恰当的选择。既要有高效率，又要保证决策质量，这是很大的挑战。

短周期市场的技术变化非常快，竞争对手通过反求工程等手段可以迅速实现技术和产品的模仿，大幅度缩短了产品生命周期，产品价格下降很快。处于这种市场中的企业不可能拥有持续的竞争优势，这就迫使它们必须在竞争对手的模仿实现之前完成产品的更新换代。这一点与长周期市场有很大的不同，企业不是要投入大量的资源去保护、扩展已有的竞争优势，而是要学习如何快速形成和不断发展新的竞争优势。

如图 4-5 所示，在短周期市场中企业的竞争行动和反应是以快速、持续地开发新的产品和服务以培育系列竞争优势为基础。一种产品投入市场之后所带给企业的竞争优势是暂时的，企业在充分挖掘了其潜力之后就必须立即开发新的竞争优势。因此，在短周期市场中创新是成功的关键，企业必须赶在竞争对手的前面，借助持续不断的新产品开发保持自己的市场地位。

（3）标准周期市场

标准周期市场的竞争优势持续时间介于长周期市场和短周期市场之间。企业的竞争优势得到适当的保护以阻止竞争对手的模仿，并且模仿的成本比较高，因而企业的竞争优势在一定程度上可以维持，但必须不断改进产品质量和性能，具有自我更新的能力，才能实现动态的竞争优势。大多数消费品制造业、服务业企业都属于这类市场。

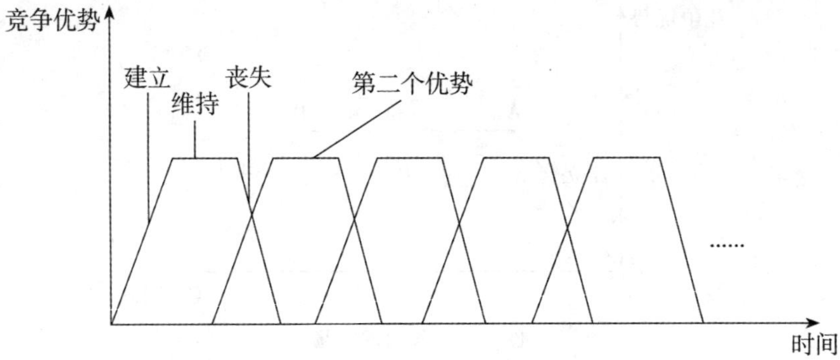


**图 4-5　短周期市场**

标准周期市场主要是大众市场，产品数量巨大，产品需求差异小，规模经济效应比较明显。标准周期市场的进入壁垒虽然较低，企业通过持续的努力也能够建立持久的竞争优势，典型的如可口可乐等世界级企业。在标准周期市场中创新也很重要，但由于竞争周期较长，更多地表现为渐进性创新，而不是短周期市场中更常见的根本性创新或突破性创新，如食品行业中的企业改变包装而不是改变口味或配方。

## 4.3　竞争战略与产业环境

在现实中，行业的集中与分散使得企业的竞争策略有很大的不同，处于行业生命周期不同阶段的企业会采用不同的竞争手段。显然，产业环境会影响企业的竞争战略。不同的产业环境代表着不同的机会和威胁，企业的竞争战略必须适应产业环境。

这一节首先讨论分散型产业的竞争战略，然后分析产业生命周期不同阶段建立和保持竞争优势所面临的挑战。

### 4.3.1　分散型产业的竞争

分散型产业由众多中小企业构成，大多数服务业如餐饮、酒店、干洗、健身等行业都是分散的。分散型产业中企业的竞争战略有其特殊性。

**1. 产业分散的原因**

产业的分散是多种原因造成的。通常随着产业生命周期的演化，产业的分散与集中相应地也会发生变化。此外，产业市场需求、进入和退出壁垒、经营范围等产业经济特征也是造成产业分散的重要原因。

如果不考虑产业的其他经济特征，只考察生命周期的话，一个产业一般会经历从分散到集中的演化过程。当一个产业处于萌芽期时，由于新产品被市场逐步接受，产品销售额的增加吸引新进入者加入，产业趋向于分散。当产业进入成长期时，市场迅速扩大，产品价格上升，利润丰厚，大量的企业纷纷加入，产业进一步趋向分散(产业内企业数迅速增加)。当产业进入成熟期时，产品销售额增长率逐步下降，竞争加剧，一部分实力较弱的企业被迫退出，在产业成熟期的前期出现明显的集中趋势(企业数减少)；进入成熟期后期，由于留下来的企业都具有较强的实力，虽然竞争进一步加剧，但产业内的企业数量仍然比较稳定。产业进入衰退期后，还会有企业退出，产业再度呈现集中趋势。当然，即使产业已经进入成熟期，如果市场发生了变化也可能会趋于分散。例如，我国的钢铁行业早已进入成熟期，产业集中度也相当高，但2003年前后钢材市场需求上升，钢材价格上涨，促使很多地方纷纷投资建设新的钢铁厂“大炼钢铁”，出现了分散化趋势。目前，我国钢铁企业数量众多、高度分散，存在行业恶性竞争。2016年11月，工业和信息化部印发《钢铁工业调整升级规划（2016—2020年）》，重点强调了钢铁行业去产能、促整合、调结构等主要思路，推动行业龙头企业实施跨行业、跨地区、跨所有制兼并重组，形成若干家世界级一流超大型钢铁企业集团。由此，钢铁行业将再一次走向集中。

除了产业的动态变化会造成分散与集中之外，还有大量的产业本身就是分散的，这些产业无论怎样演化都不会出现垄断或者高集中度的产业结构。这是由产业的经济特征决定的。分散型产业的基本经济特征是需求多样化和个性化、缺乏规模经济效应、进入壁垒低。比如，顾客到餐馆就餐除了追求优雅的氛围之外最看重的是独特的风味，顾客的口味千差万别，每个人都有自己的需求，使得餐饮业无法实现标准化（麦当劳等的标准化食品只能作为快餐），难以标准化就谈不上规模经济。同时，进入壁垒低，不断有新企业加入，也导致餐饮业的分散化。此外，有些产业运输成本高或产品难以保存也是分散的原因。比如水泥搅拌、硫酸等化工产品的制造商经营地域通常在几十到几百公里以内，超过这个范围就无法保障产品的正常供给。

**2. 分散产业中的企业竞争战略**

分散产业中的企业无疑要选择集中战略，在特定的细分市场上深耕细作，更加适合的是集中差异化战略。分散型产业中服务往往是关键，这正是小企业的优势。人员的服务质量和顾客的感觉因人而异，当企业规模达到某一界限时，提供服务的水平就要下降，因而分散产业主要是依靠差异进行竞争。

另一方面，产业的分散并不等于企业无法扩大自己的规模、扩展价值创造边界。现实中的很多竞争策略如连锁经营、特许经营等在分散产业中有特别重要的意义，现代信息技术的应用也为分散产业的整合提供了强大的支持。

（1）连锁经营

沃尔玛、国美等零售商依靠连锁经营不仅获得了成本优势，更重要的是在行业内确立了领导者的地位。它们在全国甚至全球范围内建立众多密切联系的零售商店，如同一家大型企业一样进行经营。商业零售业从单体店到连锁经营的业态变化从根本上改变了产业结构，许多小型零售商因此退出了市场。

连锁经营给企业带来了规模经济，强大的市场地位大大增强了企业对上游供应商的讨价还价能力。早期的沃尔玛通过建立分销中心绕过批发商直接从制造商处进货，大宗采购还能获得更高的折扣。沃尔玛还借助信息系统实现库存最优化。从1991年起，沃尔玛就用SKU系统向供应商提供商店销售的实时信息，使制造商得以优化自己的生产过程，配合沃尔玛的销售，改善产量控制和减少库存，大大提高物流配送效率，降低库存成本。沃尔玛的连锁经营不仅降低了经营成本，还拉大了与小型零售店的差异化水平。

（2）特许经营

特许经营是企业（许可方）收取一定的费用，授予其他企业（被许可方）使用本企业的商标、商誉、产品或服务以及经营方式的权利。一方面，特许经营减轻了许可方扩张所需要的资源投入负担，有利于许可方快速成长。许可方不仅可以获得稳定的收入，而且可以通过被许可方扩大自己的影响。另一方面，特许经营中许可方与被许可方各自保持独立，被许可方也有很强的激励借助特许经营发展自己，大规模的特许经营拥有广告、采购、管理和分销的优势，最终实现许可方与被许可方的“双赢”。

特许经营通常出现在服务业，成功的典范有麦当劳、肯德基等快餐店，如家和锦江之星等快捷酒店。顾客通过统一的标识、店堂布置和标准化的产品与服务认可并接受企业的品牌。因而，特许经营的前提条件是许可方具有品牌优势，能够控制被许可方使其不会损害企业的声誉，一旦被许可方不能达到规定的标准，就要解除许可。

（3）分散产业中的其他竞争战略

分散产业中的企业除了连锁经营和特许经营之外，还可以通过并购实现水平整合，获得规模经济，实现成本领先或差异化。

### 4.3.2 产业生命周期不同阶段的竞争战略

如同人要经历不同的生命阶段，产业也要经历不同的生命周期阶段。从萌芽期、成长期、成熟期直到衰退期，产业结构和市场需求会发生很大的变化，企业也必须对竞争战略做出相应调整。

**1. 产业萌芽期的竞争战略**

新产业是以全新的产品为基础建立的。如 20 世纪 50 年代的计算机、90 年代的手机，随着产品创新的成功开辟一个全新的产业。产业的萌芽期意味着新产品刚刚推向市场，存在很大的不确定性。这种不确定性主要来自以下几个方面：

第一，顾客的需求不明确。新产品能否被顾客接受？是暂时被接受（昙花一现）还是能够被长期接受，最终成长为一个有价值的市场？新产品的市场有多大？只能被少数人所接受还是能成为大众产品？萌芽期的市场开拓最重要的是吸引顾客的初次购买，促使顾客建立对产品的信任。

第二，产品技术不确定。这种不确定不仅表现为企业现有技术水平不足以开发成熟的新产品，还体现在技术的快速发展可能使得新产品所应用的技术在还未真正实现商业化时就已经被更新的技术取代。此外，这时的产品没有普遍认同的技术和服务标准，虽然最终会形成一个行业标准，但这个过程所耗费的时间和成本都不确定。

第三，缺乏新产品的经营管理基础。处于产业萌芽期的企业不但要建立生产体系和原材料供应体系，还要从零开始建立销售渠道。企业生产新产品还需要具备相应的组织和管理体系，可能会给企业造成很大的冲击。

第四，萌芽期最大的不确定性来自竞争对手。它们的战略企图是什么？是希望成为领先者还是追随者？它们有什么优势和不足？它们的竞争行为会对市场造成什么影响？这些问题都不是企业所能回答的，但是又对新产品市场有决定性的意义。

归结起来，处于产业萌芽期的企业对竞争状况、顾客特征、产业结构和产业链等相关信息了解有限，在产品、市场、技术、服务策略上有很大的选择余地，这依赖于决策者的主观判断，使企业的竞争战略具有短期性和随机应变的特点。

萌芽期企业的竞争战略选择有两个关键因素：资金投入与进入时机。由于产业刚刚起步，市场状况和产品与技术信息都不清楚，也就难以估计市场和技术开发的资金投入。很多企业不能度过萌芽期的原因就是缺乏资金，最终只能撤资或者被并购。另一个重要的选择是要成为领先者还是追随者。当然，在现实中这个选择并没有太多的实际意义，因为新兴产业往往已经有先进入者，所以大多数企业只能成为后进入者，所面临的问题实际上是何时进入该产业。

先进入者常常能获得先入为主的优势，从而成为领先者，在顾客心目中形成创新者的印象，把企业与该新产品联系起来，如同20世纪80年代的苹果与个人计算机以及今天的苹果与 iPhone 之间的关系。先进入者所采用的技术也更容易被同行认同，从而成为产业标准。先进入者还能更好地发挥学习曲线效应，具有成本优势。

但先进入者需要投入更多的资源（资金），付出更大的努力来开拓市场。先进入者为了抢占先机，会把还不成熟的产品推向市场从而导致顾客的不满，这反而为后进入者提供了学习借鉴的机会。先进入者要投入大量研发费用和市场推广费用以及渠道建设费用，让后进入者以“搭便车”的方式更便捷地进入市场。

当然，在现实中无论是先进入者还是后进入者都有成功和失败的先例。Teece（1987）认为有三个决定性的因素影响先进入者和后进入者进入新兴市场的成败：

一是主流设计。企业作为领先者能否在新兴市场上取得成功的关键在于能否开发新产品或服务的主流设计。主流设计不一定是技术的领先或独占，但一定要成为市场的主导。例如苹果的 iPhone 利用的都是成熟技术，但其产品设计的新颖性使之成为智能手机的主流设计，为苹果公司带来了巨大的收益。

二是不易模仿性。如果某项产品或服务的创新很容易模仿，那么先进入者就很难保持优势，与后进入者就不会有太大的差异。即使有专利的保护，后进入者也可以在技术上回避专利的障碍，最终达到模仿的目的。施乐是世界上第一个发明复印机的公司，并试图用各种技术专利来保护其领先地位，但佳能还是设法避开了专利壁垒，最终打败了施乐，成为世界上最主要的复印机生产商。

三是互联性。所谓互联性就是导入一项新产品或新技术能够获取相关资源和能力。资源和能力的关联是决定领先者或跟随者成败的另一个关键因素。进入新产业市场的时间不重要，重要的是互联性的资源和能力。苹果在20世纪80年代第一个进入个人计算机（PC）领域，但由于 IBM 在相关资源和能力的互联和整合上具有优势，得到了用户的认同，最终成为被广泛接受的个人计算机制造商。而乔布斯回归苹果之后，正是依靠产业整合才开发了风靡一时的 iPad 和 iPhone。

**2. 产业成长期的竞争战略**

产业成长期不仅表现为市场的快速增长，还会引来大量的竞争者加入，竞争压力日益明显，尤其是随着市场需求的扩展和新顾客群体的出现，竞争战略的选择面临着巨大的挑战。处于成长期的企业会竞相开发优良的产品和服务来争取顾客，努力使自己的设计和产品规范成为产业标准。由于销量激增，成长期可能出现产能不足。建设新产房、生产线以及流程的改进都是企业关注的焦点。同时，在这一阶段，固定资产投资很大，必须有足够的销量来支撑。

成长期的企业还会大量投资于品牌建设，促使顾客形成对品牌的感觉与偏好，这是企业追求差异化战略的最好时机。20 世纪 80 年代的海尔正是利用了冰箱制造产业成长期的机会成功地塑造了自己的品牌。由于产业存在足够的成长与获利空间，企业不会采取直接对抗的竞争方式。此时，质量往往是能够有效区分竞争者以吸引和维持顾客的主要手段，当年的海尔正是依靠质量取胜。

成长期企业面临的主要问题是如何处理潜在的超额产能以及如何维持持续成长。面对兴旺的市场，企业对未来的估计往往过分乐观，常常导致过度投资，当产业增长趋缓，逐步进入成熟期之后，产能过剩将给整个产业带来很大的伤害。为了持续的成长，处于成长期的企业必须寻找产品或服务的新用途。此外，随着产业的成长，顾客对产品的认识逐渐深入，加上产品的新颖性已经降低，顾客会把注意力转移到品牌上，这就意味着企业必须投入更多的资源、花费更大的力量来维持其差异性。

**3. 产业成熟期的竞争战略**

进入成熟期的产业市场需求停滞或者趋缓，盈利下降，加上过剩的产能导致企业对市场占有率的争夺，很容易陷入价格战。成熟期加剧产业竞争，可能会引发同行竞争对手之间的并购，但那些没有并购价值的企业会被迫离开产业，就产生了退出壁垒的问题。产业退出壁垒与资产专用性有很大的关系。资产专用性高，意味着企业之前的投资很难转到其他产业，因而即使业绩不佳的企业也无法顺利退出，导致多余产能无法消化，促使产业内竞争更加激烈。

在这样的产业背景下，企业的竞争战略需要注意以下几点：

一是不进行盲目的投资。在成熟期的买方市场中要想扩大市场份额已经非常困难了，为保持和扩大市场占有率而盲目追加投资必然会使企业陷入被动。即使是为了利用过剩的生产能力，也要在确实找到了新的出路的情况下再进行投资。

二是进入新市场。在现有市场趋于成熟之后，企业可以利用现有市场形成的品牌、商誉和竞争优势进入新的市场。例如，海尔当年利用自身的品牌优势逐步从冰箱扩展到洗衣机、空调、彩电等领域。开拓海外市场进行国际化经营也是一种切实可行的选择。

三是保持现有地位。成熟期的产品和市场已经非常完善，新产品的开发难度大为增加，很难使企业的产品在技术性能、系列、款式、服务等方面有根本的变化，企业必须调整研究开发策略，转向以工艺和流程的创新为主，在节约成本、提高质量上下功夫。在市场营销上以市场渗透为主，发现产品的新用途（如自行车从交通工具向休闲、健身方式的转变），开发新的销售渠道，改进促销策略，保持企业市场地位。

此外，重新审视价值链，开发新的经营模式也是成熟期企业常用的竞争手段。通过对价值链各个环节及其相互关联的认真分析，企业可以专注于能够产生最大顾客价值的价值链活动或者环节，舍弃或者外包那些低价值活动，如耐克只做产品设计和营销，而把制造外包给发展中国家的制鞋厂。重新审视价值链也让许多企业发现了新的价值创造方式。戴尔进入的是已经饱和的 PC 市场，但采取了有别于主流厂商的经营方式，通过直销而不是门店销售的方式来销售个人计算机，不但降低了成本，还实现了个性化定制，最终获得成功。

**4. 产业衰退期的竞争战略**

产业进入衰退期后整个市场开始萎缩。造成产业衰退的原因很多，主要有市场的改变以及技术进步等。不同产业其衰退的速度有很大的不同，有些产业衰退很快，如彩色胶卷和火柴，有些产业衰退速度较慢，如电影产业。市场的萎缩毫无疑问会加剧产业竞争。产业衰退速度越快、退出壁垒越大、固定成本越高、产品同质化越严重，产业的竞争越激烈[①]。

衰退期的企业有四种竞争战略可供选择。这四种战略的关系可以从竞争程度与相对优势两个方面来看，竞争程度指产业中企业相互竞争的激烈程度，相对优势指相对于同行竞争者企业所拥有的竞争优势。在这四种状态下，企业的战略选择如图4-6所示。

| 相对优势 \ 竞争程度 | 大 | 小 |
| --- | --- | --- |
| 大 | 利基战略<br>或收获战略 | 领导战略<br>或利基战略 |
| 小 | 撤资战略 | 收获战略<br>或撤资战略 |

**图4-6　产业衰退期企业的竞争战略**

资料来源　HILL C W L，JONES G R. Strategic management theory：An integrated approach［M］. 7th Edition. Boston：Houghton Mifflin Company，2007：223.

领导战略借助吸收那些被淘汰的企业所留下的市场来获得进一步的成长。虽然整个产业在衰退，但采取领导战略的企业却在增长。当企业具有独特竞争优势时，适合采用领导战略。另外，当产业衰退速度和竞争程度都是中度的时候，也比较适合采用领导战略。领导战略常用的手段是以攻击性的定价和营销来争夺市场份额，或者通过并购竞争对手来巩固企业在产业中的地位，以及继续投入资源开发市场，以显示企业对该产业的高度承诺，让其他竞争对手明白，企业将继续强化在该产业的竞争，从而促使竞争力较弱的厂商加速退出，最终获得更强的竞争地位。

利基战略指企业把重心放在衰退较慢或是需求较为稳定的顾客群中，该战略比较适合企业在该顾客群中相对其他竞争对手具有较强竞争优势的情形。

收获战略的出发点是不再留恋该产业，希望取得尽可能多的现金从而退出该产业。实施收获战略表明企业认为该产业市场的需求会快速下降，同时也认为自己缺乏有力的竞争优势来面对激烈的竞争。采用收获战略促使企业减少在促销、产能以及研发等方面的投入，虽然会导致市场占有率和销量减少，但由于投资减少和费用缩减，现金流反而

① HILL C W L，JONES G R. Strategic management theory：An integrated approach［M］. 7th Edition. Boston：Houghton Mifflin Company，2007：223.

可能为正。但当现金流减少到一定程度，开始由正转负时，应该进行清算，彻底离开该产业。收获战略在实施过程中并不一定如意。当顾客知道企业有彻底退出的企图时，可能会加速丧失顾客忠诚度，导致销售额的下降速度大大超出原先的预期。此外，采用这一战略还会使员工丧失斗志，影响工作质量，导致业绩迅速下滑。

采用撤资战略的企业希望在产业衰退进一步恶化之前通过尽早处置该业务来回收投资。该战略适合于相对竞争对手来说处于劣势并估计未来的产业竞争还将加剧的企业。该战略的关键在于经营者能否把握出售业务的时机。采用撤资战略的企业大多会被采用领导战略的同行企业所收购。

**【拓展阅读 4-1】　价值网竞争**

动态的竞争环境在加剧竞争强度的同时也给了顾客更大的选择自由，科学技术的发展和社会分工的深化也给企业利用外部资源提供了更多的机会，这些因素催生了新的业务层战略——基于价值网的竞争战略。

苹果的成功，就在于通过价值网实现了产业和市场的融合，让企业成为市场的统合者。苹果在搭建一个具有竞争力的内部价值网的基础上，以完美的产品设计为核心，吸引大量合作伙伴积极参与构建外部价值网，把资源能力互补的合作伙伴整合在一起，共同创造价值，为顾客提供由完美的产品和丰富的内容服务组成的体验式消费平台，创造了全新的商业模式，最终让苹果在很短的时间内迅速超越了诺基亚等行业领先者，一跃成为世界上最有价值的公司。①

面对日益复杂多变的外部环境，单个企业难以满足顾客的多重需求。斯莱沃斯基认为，为了更好地实现价值创造，传统的供应链需要转变为价值网。价值网是由其成员之间相互合作而联系起来的，通过资源共享和优势互补共同为顾客提供服务。D. M. Lambert（2001）等也认为，价值网是一种以顾客为核心的价值创造体系，它把战略与供应链管理结合起来，取代传统的供应链模式，以满足顾客所要求的便利、速度、可靠与定制服务。②

从根本上说，价值网建立在社会化专业分工的基础上，通过一定的价值传递机制，在相应的治理框架下（主要是通过股权和契约协调合作伙伴之间的关系），由处于价值链上不同环节和拥有某种专用资产的企业及相关利益主体组合在一起，共同为顾客创造价值。价值网是由利益相关者之间相互影响而形成的价值生成、分配、转移和使用的关系及其结构。价值网为企业提供了获得信息、资源、市场、技术以及通过学习实现规模经济和范围经济的可能性。③

波特的价值链理论把企业的价值活动看作线性的链条，企业和外部的联系被看作成对的利益相关者之间的点对点联系。价值网理论对价值链理论进行了拓展和提升，认为价值网络赋予了供应商、合作伙伴、顾客等利益群体对企业资源的进入权，企业

---

① 张丹．基于价值网的苹果公司商业模式研究［D］．郑州：郑州大学，2013.

② DOUGLAS M L，TERRANCE L P. Supply chain metrics［J］. International Journal of Logistics Management，2001，12（1）：1-19.

③ 胡大立．基于价值网模型的企业竞争战略研究［J］．中国工业经济，2006（9）：87-93.

价值网络是通过网络中不同层次和不同主体之间的互动关系而形成的多条价值链在多个环节上网状的联系和交换关系。信息和知识等可以沿多条路径在网络中流动。当多个参与人（企业）之间的交换关系存在上述交错关联时，由这些关系形成的网络会带来网络效应，处于每个网络节点上的个体或组织可以从这种聚合作用中创造或者获取更多的价值。①

价值网与价值链的区别主要体现在以下六个方面：

（1）价值链关注供应、生产的环节，目的是降低成本、提升效率；价值网关注如何为顾客创造更大的价值，并改善与供应商等利益相关者的合作关系。

（2）价值链注重企业自身的竞争优势；价值网的着眼点是整个网络成员的合作共赢。

（3）价值链关注的是生产资料的流通；价值网注重价值网络的信息流通，通过知识的共享为网络成员创造价值。

（4）价值链仅仅把供应商看作交易关系，公司与供应商的关系是对立性的，常常以供应商利益为代价以实现降低成本、提高利润的目的；价值网则把供应商看作经营一体化的合作伙伴，努力打造网络的共享价值观。

（5）价值链将顾客看成推销对象，通过营销向他们推销产品；价值网则把顾客作为企业经营的参与者，营销成了价值网的组成部分，有效地降低营销成本、强化与顾客的沟通方式的目的是与顾客共同创造价值。

（6）在价值链模式下，企业竞争优势的来源主要是成本领先或差异化。由于成本与差异本身的矛盾性，降低成本往往意味着减少顾客价值，而追求高的产品或服务品质以实现差异化又会增加成本。因而，在价值链模式下企业很难兼顾成本与差异。在价值网模式下，既能够为顾客提供个性化产品和服务，体现出来差异，又可以通过业务流程设计让每位成员都实现低成本运作。因而，在价值网模式下，企业可以实现最优低成本。

价值网竞争体现了现代企业之间的竞争-合作关系，作为一种新的竞争观，已经被广泛地应用于企业实践。价值网模式比价值链模式能够实现更低的成本控制、更快速的需求反应和更敏捷的制造。价值网经营要求企业对业务进行重新划分，把业务模块化，界定核心业务，外包非核心业务，寻求并协调、管理合作伙伴。企业还需要从组织结构、企业文化、经营战略、业务流程和渠道管理等方面进行系统升级。

**佳能是如何打败施乐的**

① 胡大立．基于价值网模型的企业竞争战略研究［J］．中国工业经济，2006（9）：87-93.

# 第5章 公司层战略

**开篇案例** 雅戈尔的纵向一体化

雅戈尔集团创建于1979年，2008年集团实现销售收入214亿元，利润总额23.69亿元，出口创汇7.7亿美元，实现税收14.8亿元。2014年，集团实现销售收入590亿元，利润39.35亿元（同比增长30%），实现税收28亿元，位列中国企业五百强第221位、中国民企五百强第30位。2016年8月，雅戈尔集团在“2016中国企业500强”中排名第219位。

品牌服装是雅戈尔集团的基础产业，1979年从单一的生产加工起步，经过不断努力，到2008年已经形成以品牌服装经营为龙头的纺织服装垂直产业链。雅戈尔服饰公司在全国拥有100余家分公司，400多家自营专卖店，共2 000余家商业网点。

在企业发展过程中，雅戈尔积极向服装产业的上下游拓展，不但扩展到了商业零售领域，组建庞大的连锁分销网络，还向上游的纺织面料行业进军，建立自己的纺织面料城。雅戈尔采用纵向一体化战略，投入巨资打造了一条坚实的纺织、服装和分销零售网络商业链条。

2004年以来，雅戈尔集团把品牌服装进一步延伸至棉花种植、纺织等服装上游产业，随着2008年并购美国Kellwood公司旗下核心男装业务——新马集团，雅戈尔获得了强大的设计开发能力、国际化运营能力以及遍布美国的分销网络，成为全球最大的男装企业之一。同时经过3年的努力，雅戈尔与解放军总后勤部合作研制的自主创新产品——汉麻服饰——成功面世，逐步形成了一条从汉麻种植、纤维加工、织造、产品创意设计到成衣制造的产业链，迈出了汉麻产业发展的第一步。

2016年10月在第20届宁波国际服装节期间，雅戈尔集团与欧洲五大顶级面料商签约，携手打造雅戈尔旗下顶级服装定制品牌MAYOR。

2016年年底雅戈尔集团董事长李如成宣布了一项超级计划——“用5年时间再造一个雅戈尔”。新材料、新面料、新工艺、新品牌和新服务——李如成宣布，他将在3年时间内，投入100亿元，启动科技与创新战略。

面料生产既可以供应本公司的下游，又可以供应国内外其他服装厂家；生产成衣所需的面料既可以来自自己的工厂，也可以从国内外其他面料厂采购或者来料加工；成衣生产后既可以供应自家的分销网络，也可以供应国内外其他服装分销商；分销商网络的服装既可以来自本公司，也可以由其他厂商代工或者代销其他品牌。如此庞大的一个纺织服装分销网络（每一个环节内部还有很多子环节，如面料生产环节包括染纱、织布、印染、后整理等，而且每一个子环节都是一个复杂的子系统）的平衡与协作使得雅戈尔面临非常复杂和具有挑战性的局面。

那么，雅戈尔的发展之路是一片坦途还是布满荆棘呢？让我们拭目以待。

资料来源　张文松．战略管理——获取竞争优势之道［M］．北京：机械工业出版社，2010.

雅戈尔通过纵向一体化的产业整合实现了快速发展。公司层次的战略选择当然不止一体化，还有多元化、国际化、并购和战略联盟等多种方式。本章的内容主要包括公司战略概述、一体化战略和多元化战略，国际化战略和并购与战略联盟留待第 6 章和第 7 章讨论。

## 5.1　公司战略概论

公司战略也叫总体战略，是针对企业未来发展所做的整体谋划。战略层所做出的决策和采取的行动会影响整个企业。公司战略可以概括为通过配置、构造和协调企业在多个市场上的活动来促进企业的成长和发展。它主要关注两个问题：首先是根据企业的目标选择企业经营范围，也就是决定企业应该在哪些领域进行生产经营活动；其次是选择适当的路径，合理配置企业经营所需要的资源，使各个经营业务相互支持、相互协调，促进整个企业的发展壮大。

对于快速发展的企业来说公司战略更有意义，而对于成立时间比较长并且没有新的扩张计划的企业来说要把重点放在竞争战略上。

### 5.1.1　公司战略类型

如图 5-1 所示，为了加深对公司战略的认识，可以从发展方向、发展力度、发展途径几个方面来分类。

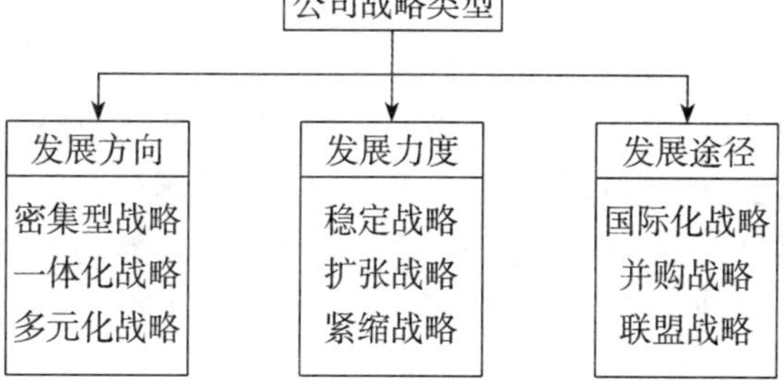


**图 5-1　公司战略类型**

资料来源　黄旭．战略管理——思维与要经［M］．北京：机械工业出版社，2007.

**1. 根据发展方向分类**

从发展方向的角度来看，公司战略可以划分为密集型战略、一体化战略和多元化战略。市场开发、产品开发和市场渗透战略都是立足于原有的市场和产品，通过进入新的市场、开发新的产品和增加促销力度来扩大产品销量和提高市场份额，迪士尼乐园进入上海，苹果开发 iPhone 系列产品，都是市场开发和产品开发战略的体现。20世纪 90 年代山东秦池酒厂依靠大规模的广告投入迅速扩大影响则是市场渗透战略的典型。一体化和多元化则是立足于产业链和市场的扩张。如沃尔玛开发自有品牌、首钢收购国外矿山的举动都是一体化战略的典型，而贝因美除了奶粉之外还生产婴幼儿服装、玩具等则是多元化战略的体现。在本章的第二节和第三节我们还要进一步讨论一体化和多元化战略。

**2. 根据发展力度分类**

从发展力度的角度来看，可以根据战略态势把公司战略划分为稳定战略、扩张战略和紧缩战略三类。

稳定战略强调的是投入少量或者中等程度的资源，保持现有产销规模和市场占有率，稳定和巩固现有的竞争地位，这是一种偏离现有战略起点最小的战略态势。实施稳定战略的企业满足于过去的业绩，预计未来的业绩会以与过去大致相同的比例增长，因而继续追求相同的或相似的目标，并以现有的产品或服务满足顾客需求。

扩张战略注重的是如何充分利用外界环境中的机会避开威胁，发掘和运用企业内部资源，求得企业的快速发展。扩张战略具有不断投入资源、连续开发新产品和新市场、市场占有率和企业规模急剧增长等特点。

紧缩战略是指当企业外部环境与内部条件的变化都对企业十分不利时企业只有采取撤退措施，才能抵挡对手的进攻，保存企业实力，以便转移阵地或者积蓄力量，准备东山再起。紧缩战略表现为企业对现有的产品、市场实行调整、收缩和撤退，同时严格控制企业资源和各项费用支出，往往伴随着裁员和业务部门的裁撤。“发展才是硬道理”，撤退是为了更好地前进，紧缩战略具有短期性，如果不能及时找到新的出路，一味退缩将会导致企业的衰败。此外，不仅在遇到困境的时候企业会收缩，战略变革的推行也会促使企业主动进行调整，如韦尔奇的“数一数二”原则让他在主持 GE 期间剥离了许多非核心业务，大力实施“归核化”战略。无独有偶，万科也在 20 世纪 90 年代推行了“减法理论”，关、停、并、转大量的非核心企业，专注房地产核心业务。

**3. 根据发展途径分类**

从企业发展的途径来看，除了可以依靠自身的力量内部创业以及面向国内市场寻求发展机遇之外，还可以采取国际化战略、并购战略和联盟战略等。全球一体化为企业的国际化经营带来了前所未有的机会，不仅国外的跨国公司纷纷进入中国，中国企业也纷纷开始走出国门，参与国际竞争。并购作为资本运营的主要手段，不仅能给企业带来高收益，也是企业混业经营的重要途径。借助并购，企业可以从“卖产品”转向“卖企业”。联盟战略作为“借力”的重要手段近年来得到了广泛的应用。战略联盟是不同企业间的长期稳定合作关系，借助联盟关系中其他企业的资源和能力，企业可以实现仅依靠自己的力量达不到的战略目标。

与竞争战略相同，公司战略的出发点同样是为了提高企业的盈利能力，保证企业的长期稳定发展。在国内外企业多年的实践中，公司战略曾经有过多元化的热潮，也曾经出现“归核化”趋势，但无论何种业务模式都必须有利于企业保持持续的竞争优势，最终为企业创造更高的价值。

### 5.1.2 公司战略选择的影响因素

内外部环境都会对公司战略的选择形成制约，战略选择的影响因素也可以分为内部因素和外部因素两类，一个企业最终做出的战略选择往往是内外部因素共同作用的结果。

**1. 战略决策者**

如同第1章指出的，董事会是战略决策的核心，董事会的组成和运作决定了企业的战略决策机制，董事会内部结成的“权力联盟”往往会左右企业的战略选择。同时，战略选择又依赖于决策者的理解和偏好，面临同样的环境，由不同的决策者进行战略选择，最终的结果可能会截然不同。决策者的价值观特别是对风险的态度决定了企业在进行战略选择时会遵循不同的判断准则，使得企业可能会选择进攻型的战略或稳健（保守）型的战略。现实中很多企业的战略选择是决策者远见和魄力的体现。

在计算机刚刚问世的时候，几乎所有的人包括IBM总裁都认为只有硬件才能赚钱，而比尔·盖茨却看到了计算机软件市场的巨大潜力，创办了微软公司开发计算机软件，其发展远远超过了“蓝色巨人”IBM等当时的大型计算机公司。

**2. 企业过去战略的影响**

对大多数企业来说，新战略的选择往往是建立在已有战略的基础上。企业在实施原有战略时投入了大量的时间、精力和资源，组织的惯性使得企业在面临新的战略机遇时会倾向于选择与过去相似的战略。

明茨伯格对德国大众汽车公司1934—1969年的战略变化和美国1950—1968年越南战略的选择变化进行研究后指出，现在的战略是从过去某一有影响的领导者所制定的战略演化而来的，当目前战略由于环境变化而失效时，企业总是试图把新的战略嫁接到过去的这个战略上。这说明过去的战略与企业未来的战略选择有很强的相关性，战略选择在很大程度上是一个战略演变的过程。

**3. 利益相关者的影响**

企业的战略选择必然会受到股东、员工、政府、供应商等内外部利益相关者的影响。就各个利益相关者而言，政府和社会团体希望企业承担更多的社会责任，顾客希望得到物美价廉的产品和服务，股东希望采取扩张型战略以获得更大的收益，员工则希望采取稳健的战略保证工资待遇的提高。各个利益主体都会在一定程度上利用自己的权利来影响企业的战略选择，企业最终选定的战略并不是纯粹理性的选择，而是各个利益主体相互博弈的结果。

**4. 外部环境的制约**

外部环境对企业的战略选择有很强的制约作用，企业产品开发必须遵循特定的技术经济范式，市场开拓必然受制于市场规模、消费习惯、政府管制等。总的来看，企业对外部环境的依赖性越强，战略选择的范围越小，这就解释了为什么小企业的战略空间比较小。小企业对外部资源的依赖性很高，战略选择往往比较被动，不能采取主动的战略行为。

**5. 竞争对手的反应和合作伙伴的支持**

企业的战略选择必须考虑竞争对手的反应，特别是进攻性战略，应该全面考察竞争对手反击的强度以及影响。如果企业贸然进入一个新市场，遭到竞争对手的猛烈反击被迫退出，会给企业造成很大的损失。反过来，企业也可以寻求合作伙伴的支持，以联盟、并购等方式开发新产品和新市场，促进企业实现战略意图。

**6. 时间因素的影响**

时间对战略选择的影响体现在三个方面：一是某些战略必须在某个特定的时限之前做出，受信息不充分和决策能力的影响，这种选择往往是很急促的；二是战略出台的时机，现实中的很多例子说明一个本来很好的战略如果出台时机不当，也不会收到很好的效果，甚至会适得其反；三是战略产生效果的时间是不同的，企业越是着眼于长远，战略选择越是超前，难度越大。

## 5.2 密集型战略

密集型战略是企业利用现有业务内的市场机会发展的一种战略。如图 5-2 所示，我们可以从产品和市场这两个方面来对密集型战略作进一步的分类，把它划分为市场渗透、市场开发、产品开发和产品市场开发四种不同的战略。

| | 老产品 | 新产品 |
|---|---|---|
| 现有市场 | 市场渗透 | 产品开发 |
| 新市场 | 市场开发 | 产品市场开发 |

**图 5-2　密集型战略**

市场渗透是指企业利用现有的产品，在现有的市场扩大产品销售量的一种战略。实施市场渗透战略可以通过促销、开发现有产品的新功能等措施来促使现有的顾客购买更多的产品，吸引竞争者的顾客购买本企业的产品，或者刺激没有使用过本产品的顾客加入到购买本产品的行列中。

市场开发是指企业把现有的产品推向新市场，以扩大产品销售量的一种战略。市场开发可以通过扩大或者转移市场领域来实现，如从只在国内或者一个地区销售转向国际贸易或者在全国市场上销售，还有就是寻找产品的新用途，典型的如杜邦开发尼龙最初是为了满足军方生产降落伞等产品的需要，后来转向尼龙袜等民用产品的生产。

产品开发是指企业开发新产品以满足现有市场需求的一种战略。开发新产品可以采取对老产品更新换代，增加产品品种，对产品的特色、外观等进行更新等方式，以更好地满足现有市场的顾客需求。

产品市场开发是以新产品或服务打开新市场，即使仍在原有业务范围，也可能使用新的技术生产新的产品面向新的市场。

以上四种密集型战略，从对企业资源投入的要求来看，市场渗透战略要求的资源投入最少，其次为市场开发战略和产品开发战略，要求资源投入最多的是产品市场开发战略。

## 5.3 一体化战略

一体化战略是从产业扩展的角度谋求企业的发展，也可以称为产业整合。根据产业扩展的方向可以把一体化战略进一步划分为横向一体化和纵向一体化两类，其中纵向一体化又可以进一步分为前向一体化和后向一体化，如图 5-3 所示。

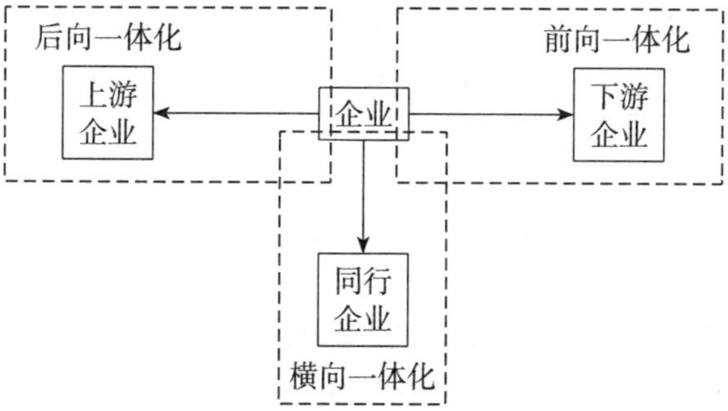


图 5-3 一体化战略中的产业整合

### 5.3.1 横向一体化——水平整合

麦当劳和沃尔玛专注于快餐和零售业表明其主要通过在一个产业中竞争实现自我发展。面对市场容量巨大、快速成长的产业，把全部资源投入到单一产业中有利于企业建立竞争优势和获得长期稳定的收益。单一产业经营可以让企业专注于最擅长和最了解的领域，充分利用自身的资源发挥自己的能力，不会因为贸然进入新的产业遭遇无法预测的威胁。

横向一体化的实质是水平整合，也就是通过并购同行企业获得更大的收益。20 世纪 90 年代美国兴起的并购浪潮主要是同行企业之间的合并，1996 年共有 31 起超过 30 亿美元的企业兼并，例如美国波音公司与麦道公司合并，并购金额为 133 亿美元；世界电信巨头 MCI 电话公司与英国电话公司合并，并购金额为 220 亿美元；太平洋贝尔电话公司与纽约-新英格兰电话公司合并，并购金额为 230 亿美元等。近年来我国企业间的并购也有很多发生在同行企业之间，如国美并购永乐和大中、青岛啤酒收购各地的小啤酒厂等。借助水平整合，这些企业实现了各自的战略意图。

从产业的角度看，同一个产业中企业之间的并购最终提高了产业集中度，改变了分散的产业结构。目前我国绝大多数产业还很分散，为企业的水平整合提供了很大的空间，下文提到的青啤横向一体化就是我国企业水平整合的典范。

水平整合的最终目的是为企业创造价值，带来经济利益。通过水平整合可以提高企业效益的原因主要有以下几个方面：(1) 规模经济效应带来的成本降低；(2) 范围经济效应带来的差异化；(3) 复制商业模式带来的快速扩张；(4) 减少竞争对手，控制产业竞争。

**1. 削减成本**

水平整合无疑能够扩大企业的规模，规模经济效应带来的单位成本节约是企业并购的重要原因，尤其是在固定成本很高的“重资产”行业中更是这样。在通信产业中，铺设光纤和建设无线网络的成本极高，为了获得投资回报，必须争取更多的顾客，因而在市场容量相对稳定的情况下收购其他电信公司以扩大市场份额就是必然的选择。同时，合并使得企业规模增大之后能够增强对供应商和购买者讨价还价的能力，从而一方面降低采购成本，另一方面稳定（甚至提高）产品价格。

除了获得规模经济效应，企业之间合并，还可以节约管理成本和销售成本。惠普与康柏合并，把两个公司总部合并为一个，惠普公司宣称仅仅裁撤多余职能部门一项每年就能节约25亿美元的开支。同样，合并以后的公司共用一个销售渠道，还能大大降低销售费用。

**2. 提高产品差异化**

水平整合不仅可以降低成本，还可以通过提高产品差异化为企业带来更高的收益。很多企业通过把合并企业的产品线组合到自己的产品线中向顾客提供捆绑在一起的范围更广泛的产品，实现范围经济。把产品捆绑在一起，顾客只需跟一家企业打交道，比分散购买省时省钱。20世纪90年代初，微软在文字处理（Word）、电子表格（Excel）和演示软件（PowerPoint）这三个产品类别中分别排名第二或第三，落后于文字处理软件领先的WordPerfect公司、拥有最畅销电子表格软件的Lotus公司和在演示软件领域最出色的Harvard Graphics公司，但微软将三种软件整合为Office之后加大了与三个主要竞争对手的差异，通过为顾客创造更大的价值迅速扩大市场份额。这种捆绑也称为“一揽子解决方案”，是计算机产业进行水平整合的重要原因①。2001年惠普与康柏合并的一个主要动机就是通过向顾客提供满足信息技术需求的一揽子解决方案（包括硬件和服务）来谋求竞争优势。中国联通与中国网通合并后，中国联通在推广宽带上网业务时把宽带、固定电话和手机业务捆绑销售，也是以水平整合形成的差异谋求竞争优势。

**3. 复制商业模式**

水平整合不仅可以带来差异化和低成本，还有助于企业把成功的商业模式复制到新并购的企业中，实现快速扩张。2006年7月25日，国美以52.68亿港元收购永乐，2007年12月16日又“全面托管大中电器”。此举不仅让国美消灭了两个竞争对手，而且通过复制商业模式实现了规模的迅速扩张。完成这两项收购之后，国美门店数量激增为117家，而苏宁当年仅有39家门店，国美在极短的时间内完成了门店建设，同时形成了与竞争对手的巨大差距。

**4. 控制产业竞争**

水平整合在两个方面控制产业竞争。首先，并购减少了竞争对手，抑制了产业中过剩的产能。如同近年来我国家电行业的情况，过剩产能往往会诱发价格战，造成产业的恶性竞争。其次，产业集中度的提高也使得竞争对手之间比较容易实现价格协

---

① 希尔，琼斯，周长辉．战略管理（中国版）［M］．孙忠，译．北京：中国市场出版社，2007.

调，最终稳定产品价格。惠普收购康柏的动机之一就是希望消除当时计算机产业已经过剩的产能，遏制与戴尔的价格战。

虽然横向一体化会给企业带来明显的效益，但也会遇到一些问题，其中主要的是合并之后因企业文化、管理方式等的差异带来的内部冲突，以及并购之后的业务、组织、人事和财务重组与整合等问题，我们将在后面的有关章节就这些问题进一步展开深入讨论。

**【战略聚焦 5-1】　　青啤的横向一体化**

1999 年，青岛啤酒年产量刚刚突破 100 万吨，而大洋彼岸的美国 AB 公司啤酒年产量达 1 400 万吨，占有美国 48% 的市场。我国国内啤酒市场中小企业林立，市场集中度很低。

青岛啤酒 1999 年下半年在时任总经理彭作义的主导下开始延续一年多的横向一体化扩张，运用零兼并、收购破产企业和合资控股等多种方式兼并了几十家中小啤酒企业。青岛啤酒看中的企业，在人才、设备、技术方面都有一定实力，负债率不高，而且不需要注入很多资金。

青岛啤酒收购这些企业之后常用的做法是：向新加盟的企业派出财务总监，建立财务预警系统；派出行政总监，导入青啤管理模式，改造原有管理系统；在过渡工作完成后，业务基本交给原企业人员负责。

通过实施水平整合，青啤在不到 3 年的时间里成功收购了 30 家啤酒生产企业，年产量增至 180 万吨。

### 5.3.2 纵向一体化——垂直整合

本章开篇案例中的雅戈尔通过向服装产业上下游的扩张充分说明沿着产业链垂直整合不但可以为企业开辟新的发展方向和发展空间，而且能增强企业的竞争优势。

垂直整合的企业要么向后进入原材料、零部件供应商所在的产业，要么向前进入顾客所在的产业。实现产业整合的途径可以是自己投资建立运营体系和价值链，也可以是收购上下游产业中已有的企业。

**1. 纵向一体化的优点**

促使企业实施纵向一体化的动机通常是加强原有核心业务的竞争地位，也就是借助垂直整合建立进入壁垒、促进专用资产投资、改善运营效率、提高产品质量，最终获得更高的收益。纵向一体化的优势也体现在这几个方面。

（1）建立进入壁垒

纵向一体化带来的规模经济效应以及所形成的差异化优势会成为潜在竞争对手的进入壁垒，通过前后向整合企业也可以加强对上下游的控制，从而抑制竞争对手的进入。如钢铁企业收购铁矿，一方面保证了自身的原材料供应，另一方面这种对原材料的垄断也是对潜在进入者的限制。

（2）促进专用资产投资

专用资产是为了完成特定的任务（生产特定的产品）而构造的，借助这些专用资产能够降低价值创造的成本，向顾客提供独特的产品或服务。然而，也正是这种专用性，在市场或技术发生变化时会给企业带来经营风险，因而供应商通常不愿意投资专用性资产。

例如，某汽车制造商A开发了一种高性能的能够提高燃油效率的喷油系统，这一系统因为其独特的设计能够让A公司的产品区别于竞争对手的产品。为了生产这一喷油系统，A公司有两个选择：一是寻找一个外部的供应商；二是自己投资。对供应商来说，一旦它进行了投资，就会依赖于该汽车制造商，因为A公司是其唯一的客户，供应商在讨价还价中将处于劣势，从而担心A公司可能会利用有利地位压低它所生产的喷油系统的价格。这样，外部供应商就不会进行这一专用投资。反过来从A公司的角度来看，如果它通过合同把这一系统外包给一个供应商，它就可能过于依赖该供应商来提供这一重要的零部件。因为需要专用设备来生产喷油系统，A公司不可能轻易转向没有这些设备的供应商，这会增加该供应商讨价还价的力量，可能导致供应商利用这一点来索要高价。在双方缺乏信任的情况下，专用资产投资可能引起的相互依赖使A公司很难决定是否把喷油系统的生产外包，也让供应商很难进行这种投资。由于这种风险，A公司会认为唯一可行的途径是自己生产这种新式喷油系统①。

这种现象概括起来就是专用性投资由于挟制风险的存在使得双方的交易很难实现，为了防止这一损失，企业就会垂直整合进入价值链的相关环节。

（3）改善运营效率

纵向一体化形成的垂直整合的另一个优势是能够改善产品（业务）的运营效率，在规划、协调相邻工序方面更加迅速和便捷。纵向一体化本身是内部控制，企业统一管理价值链的各个环节，与外包等市场交易相比不但能节约交易费用，还能稳定企业的供应链，从而实现高效率、低成本运营。

纵向一体化提高运营效率的典型例子是钢铁联合生产，把钢铁生产中的炼铁、炼钢和轧钢各个环节联合起来在一个企业中完成，生产连续进行，不但节约了能源（不必反复加热），而且节省了运输成本，让生产效率大大提高。

（4）提高产品质量

为了提高产品质量，企业往往需要进入价值链的其他环节以提高核心业务产品的品质。这在我国的某些行业中有特别重要的意义。三鹿集团的悲剧固然有其他原因，但直接诱因是奶源。我国农产品的农户个体生产方式使得食品行业的企业普遍面临着原料质量难以控制的问题，双汇即使拥有严格的质量控制体系也未能避免“瘦肉精”事件的发生。因此，对某些特定产业中的企业如食品企业来说，纵向一体化是保证原料品质的必要措施。

早在2007年，京东就开始建设自有的物流体系。2009年初，京东斥资成立物流公司，开始全面布局全国的物流体系。截至2016年6月30日，京东在中国范围内拥有7大物流中心，234个大型仓库，6 780个配送站和自提点，覆盖中国范围内的

---

① 希尔，琼斯，周长辉．战略管理（中国版）［M］．孙忠，译．北京：中国市场出版社，2007.

2 646个区县，仓储设施占地面积约550万平方米。这种向下游延伸的纵向一体化的主要动机是为了提高服务质量，保证货物能够安全及时送达，以提高顾客的满意度。自建仓储配送体系9年后，消费者评价京东时，有两个特质必被提及——没有假货、送货快。这是属于京东的“标签”，也是用户对于京东品牌的认可。

**2. 纵向一体化的局限性**

通过纵向一体化实现垂直整合也有自身的局限性，主要表现在：

（1）过于依赖内部资源，增加了企业的固定资产投资，这种“资源绑定”使得企业难以适应客户需求的变化，不能及时转向新业务、新市场，在技术变革来临时更加被动。

（2）价值链上各环节业务需要完全不同的技能和业务能力，零配件的生产、装配、批发、分销、零售都是不同的业务，给管理带来了更大的挑战。如果企业的管理跟不上，反而会降低运营效率，导致运营成本上升。同时，价值链各个环节不可能完全匹配，如果某一环节不能满足生产经营的需要（某个环节生产能力不足）就需要向外部购买，或者把过剩的生产能力生产的成品外销。因而，纵向一体化并不意味着价值链的所有环节都由企业完成，而是要把某些环节外包，也就是在合作中实现垂直整合。

**3. 在合作中实现垂直整合**

价值链中的某些环节由外部的专业厂商来做不仅效率更高，而且可以让企业更好地应对技术和市场的变化，降低风险。对竞争优势并不具有重要意义的活动由企业来做反而会削弱企业的核心能力。

现在，很多企业倾向于把“非核心”或“非战略性”的活动外包。思科从事路由器和交换机业务，但它自己并不制造路由器和交换机，而是由Flextronics和Jabil公司等合约制造商制造。

前面我们分析了专用性投资不利于双方建立合作关系。在缺乏信任和担心被挟制的情况下，两家企业怎么才能建立持久的合作关系呢？企业可以采取下列措施来确保长期合作关系的建立：①

一是进行专用资产投资，与合作企业相互抵押。相互抵押意味着两个企业之间存在相互依赖关系，这种相互依赖成为抵押品。如诺斯罗普公司是波音商用航空产品的主要分包商，为波音747和767飞机提供零部件。围绕着波音的特殊需求，诺斯罗普进行了大量的重要资产投资，使其形成了对波音的依赖，如果波音违背协议，这些投资就会成为沉没成本。但实际上波音本身也是诺斯罗普军用战斗机的重要供应商，这两家企业是互相依赖的，互为供应商使得彼此都拥有抵押品，波音就不会违约。

二是通过信用承诺来建立长期的信任关系。一次性交易或者短期契约显然不足以建立信任，长期合同才是最有效的信任承诺。很多企业采用竞标的方式管理供应商，每年都要与供应商谈判签约，双方互不信任、互相怀疑，无法建立长久的信任关系。

从根本上说，还是要建立稳定的联盟关系才能借助外部力量实现产业整合。如何

---

① 希尔，琼斯，周长辉．战略管理（中国版）[M]．孙忠，译．北京：中国市场出版社，2007：10.

建立联盟以及对战略联盟如何管理在第 7 章中将会进一步讨论。

**【拓展阅读 5-1】　全产业链经营的利与弊**

苹果公司作为世界上最著名的 IT 企业引起了广泛的关注。苹果的强大不仅在于它超前的产品理念和技术设计，更在于它对全球范围内产业链的充分利用和有效整合。

iPad、iPhone、iPod 等产品的设计由苹果公司完成，零部件供应和代工生产企业却遍布世界各地，这些地区要么拥有技术优势，要么拥有低廉的劳动力，要么拥有区位优势等。iPod 产业链上的收益分配大致为组装加工、经销代理和苹果公司自己获取的收益，这三项占增加值的比率分别为 5.5%、20.6%和 73.9%。iPad 的产业链与 iPod 高度相似。美国权威市场调查机构 iSupply 的调查显示，iPad 所有零部件的成本仅为 219.35 美元，还不及零售价格的一半，平均成本为 260 美元左右。苹果公司在 iPad 的产业链中的收益占增加值的比率为 50%以上，富士康等代工生产企业只得到增加值的 3%左右。

通过产业整合，苹果的 iPad、iPhone、iPod 等产品不但具有成本和价格优势，可以在短时间内迅速突破研发瓶颈、生产瓶颈并投入市场，而且因为占据产业链的高端获得了丰厚的利润。

在我国，很多企业在战略转型中积极"打通产业链"，推行全产业链经营，典型的如中粮集团、招商局和东方希望等。但是与苹果的产业整合以外包的方式充分利用社会资源不同，我国企业的全产业链经营往往是通过纵向一体化（垂直整合）的方式实现。截至 2015 年，雅戈尔集团在全国拥有 700 余家自营专卖店、2 600 多个商业网点，从面料生产、设计到成衣生产，再到销售终端，构成了一条完整的价值链；奥克斯有 90%以上的零部件是由自己的分公司生产的；比亚迪汽车除了轮胎、玻璃和少数标准件之外，几乎所有配套产品如发动机、减震器、座椅、车灯、雨刮器等，都由自己来制造。

这种纵向一体化经营在国外也曾经流行过。上一代纵向一体化的典范是 19 世纪末美国的钢铁巨头卡耐基，它的业务范围包括生产钢材的钢厂、供应原料的铁矿、供应能源的煤矿、运输铁矿的船队、运送煤的火车、加工煤的炉等。这种"大而全"的做法主要是为了确保企业能够完全控制价值链。在当时的商业环境下，最有效的管理原材料供应风险的方法，就是拥有生产所有原材料的能力。但随着垂直整合的隐性成本超过上游供应商不稳定的风险防范成本，垂直一体化开始变得"得不偿失"。

近年来，日本的消费类电子产品制造商如索尼、松下纷纷陷入巨亏的困境，其中的一个重要原因就是垂直一体化的业务模式。这种模式的出发点是独占价值链中的全部价值，如索尼从半导体到终端产品整个价值链都由自己完成，所有的产品零部件以及所有的核心技术都由一家公司从上到下牢牢把控。这种模式给日本家电企业带来成功后又使它们陷入了困境。索尼的生产至今仍然依赖于日本国内，因此丧失了成本优势。就产值而言，索尼约一半的产品是在日本生产，而它在日本的销售却仅占销售总额的 15%左右。垂直的产业链不仅加重了成本负担，也影响到对产品开发的资源投入，造成索尼、松下等企业“船大不好调头”。

中粮集团近年来开始推行全产业链经营，其业务链条很长，涵盖了从种植到B2C消费品的全部食品链——上游的种植采购，中游的贸易物流、食品原料和饲料原料、养殖屠宰、食品加工，以及下游的分销物流、品牌推广和食品销售等，但是没有一个环节称得上有强大的控制力。原因是，这样的一字长蛇阵中，中粮能掌控的稀缺资源居然很有限。比如在粮食领域，关键的资源如农业技术等，中粮无法掌握。相比之下，四大国际粮商的链条要短很多，其核心在于控制种植、物流和贸易，以获得大宗农产品的国际定价权。而中粮在这些高集中度的环节控制力不够，只能往下游不断伸展，直接面向消费者，打造终端产品的品牌和营销网络。这种做法如同张开了五指，形不成拳头，只是把企业的规模做大了，整个产业链很难形成协同效应。

产业链本质上是社会分工的体现，产业链的开发就是对社会分工网络的利用。与比亚迪的纵向一体化思路相反，自20世纪90年代以来，世界主要汽车厂商如通用、福特等纷纷“去配套”化，转向“外包、专业化分工”横向发展的供应链模式。那些专注于价值链上某一环节专业化核心辐射点的企业，具有更高的生产效率，令垂直一体化的企业开始在竞争中相形见绌。于是，专业化、模块化、分拆外包等反垂直一体化的做法开始兴起。以IT业为例，硬件、软件厂商泾渭分明，大多数厂商都在整个价值链中占据其中一环而不是上下游通吃。

在全球化时代，企业面临的是日趋激烈的竞争，竞争对手层出不穷，能够占据产业链中的关键环节，形成“核心辐射”，意味着企业具有全球竞争力。这种排他性的关键环节往往体现为核心技术以及企业拥有的专利与产业标准。为了提升自己的全球竞争力，世界级企业都费尽心机努力在技术、专利、标准方面获得排他性的突破，以成为全球化时代的“超一流企业”，而不是一味追求全产业链经营，也就是纵向一体化。

资料来源　作者根据相关资料整理。

## 5.4 多元化战略

多元化战略不仅指企业同时生产或提供两种以上不同的产品或服务，还意味着企业在多个不同的产业中发展，是多元业务模式。多元化注重以企业独特的竞争力在新进入的产业中扩展产品价值。

规模较大的企业大多都实行多元化经营，如李嘉诚的长江实业，其业务范围就从港口、房地产、零售直到通信，涉及多个行业。内地的很多企业也是多元化的经营模式，业务跨度很大。即使是格力这样的专注空调的专业化家电制造商旗下也有格力地产等企业。这一方面反映了改革开放为企业提供了大量的发展机遇，另一方面也说明我国企业的投资比较随意，大多是机会主义的投资，或者跟风而动，如大量的企业进入房地产行业就是看中了其高收益。与所有的战略行为一样，多元化经营既能促进企业的发展，也会给企业带来风险。

### 5.4.1 相关多元化与不相关多元化

按照企业涉及的各个业务之间的相互关系的不同，可以把多元化战略分为相关多元化和不相关多元化两类。

**1. 相关多元化**

所谓相关是指企业新进入的业务领域在技术或者市场的一个方面或者两个方面与企业的主业（核心业务）存在关联，如宝洁的系列产品包括洗发水、洗衣粉、牙膏等，这些产品尽管用途不同，运用的是不同的生产技术，但都是日化产品，面向相同的顾客，经过相同的销售渠道，采用同样的促销策略，这种关联使得企业可以通过资源共享更好地开发多种产品或业务。

相关多元化可以进一步区分为技术相关多元化和市场相关多元化两类。

(1) 技术相关多元化

顾名思义，技术相关多元化就是企业新开发的产品（业务）与原有产品（业务）之间在研究开发、原材料、生产技术、生产设备及工艺等方面存在较强的技术关联性，能够获得技术上的协同作用，使新产品在产品质量、性能和生产成本方面都具有一定的竞争力。20 世纪 80 年代四川长虹、陕西黄河、南京熊猫等军工电子企业转而生产彩色电视机等民用产品，借助企业原有的电子产品技术优势可以很快把新技术转化为强大的生产能力。

技术相关多元化的问题是，新产品与老产品在市场营销方面差距较大，其销售渠道、促销手段都大不相同。且不论 20 世纪 80 年代的军工企业毫无市场意识，即使是今天的企业如一家造纸企业同时经营包装纸箱、印刷用纸，产品的差异要求使用不同的销售渠道和促销手段，也对企业的营销提出了很大的挑战。

(2) 市场相关多元化

市场相关多元化即企业的多元业务（产品）在技术上不存在相关性，其基本经济用途或目的不同，但面向相同的市场和顾客群体，如某农业生产资料公司原来只生产农用机械，现在还生产农药和化肥，这些产品都是农业生产资料。

市场相关多元化充分利用了企业原有产品和新产品之间在销售渠道、销售对象、促销方法、品牌等方面的市场关联性，产生营销协同作用，使新产品能迅速进入市场并具有先天的竞争优势。市场相关多元化的典型是海尔。借助冰箱带来的品牌效应，采用“海尔文化激活休克鱼”的策略，海尔以低投入、高效率快速进入了洗衣机等白色家电和彩电等黑色家电市场。

这种战略的问题是新产品和老产品在研究开发、原材料供应、生产技术、生产设备等方面没有相同之处，需要企业具有更强的生产技术能力。如前面提到的农业生产资料企业，其产品的技术差别非常大。农机是零部件装配生产方式，农药、化肥是连续生产方式，企业生产组织非常复杂，很难适应环境的变化。另外，由于市场是相同的，企业也不易规避所有产品可能同时进入衰退期的风险。

此外，有些企业的多元化既是技术相关的又是市场相关的，比如海尔从冰箱进入空调行业。相比技术相关或市场相关，这类多元化经营更有优势，可以发挥技术和营销的协同效应。

**2. 不相关多元化**

如果企业的多元化业务与原有业务在技术和市场上没有关联，就属于不相关多元化，如通用电气（GE）就涉足电气、航空发动机、医疗器械、金融等多个行业。实行不相关多元化的企业大都是企业集团，母公司旗下的多个子公司分别从事不同的业务。

如果能处理好多种业务之间的关系，不相关多元化能够分散企业的风险，把多个目标市场和多个方向的新产品有机结合起来，为企业开辟新的发展空间。但不可忽视的是，不相关多元化要求企业具备更强的资源和能力，能够驾驭复杂的经营局面。

### 5.4.2 选择多元化战略的原因

企业选择多元化经营的原因很多，归结起来主要有以下几个：

**1. 宏观原因**

随着宏观经济的快速增长和人们消费水平的日益提高，市场需求呈现多层次、多方位、多元化的特点，为企业提供了大量的市场机会，促使企业进行多元化经营。尤其是当一个行业收益率很高的时候，会吸引众多的企业进入。比较典型的是，近年来我国的很多企业进入地产业，就是看重了这个行业的高收益。

企业多元化经营的规模起点，与其所在国的市场经济发达程度基本上是正相关的。在发达的市场经济条件下，企业通常要达到很大的规模才开始多元化经营，多元化经营的规模起点很高。如果企业所在国的市场经济不发达，企业在规模不大时就会进行多元化经营，也就是多元化经营的规模起点低。美国通用电气公司是在企业销售额达到1亿美元时才开始多元化经营的，而我国的很多企业在销售额只有几十万元人民币时就开始多元化经营了。

**2. 产业原因**

在高集中度产业中经营的企业想要获得更高的成长性和收益性时就会采取多元化战略，因为处于高集中度产业内的企业要得到更高的成长率，就必然会挤占其他企业的市场，这种与竞争对手的正面冲突往往要依靠降价、广告促销、开发新产品等手段，必然会引起竞争对手的直接反击，竞争的结果是两败俱伤。高集中度产业中的竞争不但代价高，而且风险大，企业要追求更高的成长性、收益性，多元化是一个更好的选择。

产业对企业多元化经营的影响除了集中度，还体现在产业生命周期中。如果产业进入成熟期甚至衰退期，企业也会通过多元化寻找新的出路。多元化经营的企业如果做得好，就可以在任何时候都拥有处于成长期的产品，从而保证企业的长期稳定发展。

产业技术特征是影响企业多元化选择的另一重要因素。20世纪80年代的一项研究表明，全球最大的11家电气公司中，在某个行业内的销售额占总销售额的比重最大的为松下公司（占61%），其他公司的每项业务销售额占总销售额的比重都低于50%，说明这些公司都是多元化经营程度很高的企业。这些公司至少在3个以上行业从事经营活动，且大多数公司在各行业中销售额的比重相差不大，说明这些公司多元化经营的范围很广泛。而全球11家最大的汽车制造商的经营领域都集中在汽车及零部件制造，销售额占总销售额比重最低的德国大众也占到了68%，最高的法国雷诺达到了97%，说明这些公司都是专业化程度很高的企业。这项研究表明电气行业适合多元化经营而汽车行业适合专业化经营，这种差异的原因就在于企业所在产业的技术特性不同。

一般来说，如果行业的技术结构呈收敛型（也就是产品是由众多的、不同种类的技术组成），该行业的企业较适合专业化经营，如飞机、汽车、计算机等，尤其是主导技术变化快、产品更新周期短的行业更是如此；如果行业的技术结构呈发散型（也就是产品技术可用于较多领域），该行业的企业就适合多元化经营，如电气、化工等行业。①

**3. 竞争的需要**

在寻求差异化的过程中，越来越多的企业进入相关产业来扩大产品线以满足顾客的需求。如中国联通与中国网通合并后不但进入了固定电话市场，还经营互联网业务，把手机、固定电话和宽带上网业务捆绑销售，以此与中国移动和中国电信竞争。如果没有多元化，中国联通就很难体现它与中国移动有什么不同。

多元化不仅有助于实现差异化竞争，企业还可以通过多元化进入另一个产业来达到牵制主要竞争对手或者潜在进入者的目的。例如，一个原本在另一产业经营的企业B试图进入A公司的主要市场，以降价等方式赢得市场份额，A公司可能会做出同样的反应，实行多元化进入B公司所在的产业，同样进行价格竞争，以针锋相对的方式向竞争对手B发出明确的信号，从而阻止竞争对手的进入。

**4. 资源的利用和共享**

企业要充分利用富余资源时，就会进行多元化经营。企业的经营资源富余越多，多元化经营的刺激因素就越强。如有些企业在生产的过程中产生了副产品，企业通过上市等途径募集了大量的资金，主业又缺乏机会或利润率较低，往往会诱使企业选择多元化战略。

多元化的协同效应有利于企业的资源共享也是促使企业进行多元化经营的重要原因，如前述的海尔借助已有的品牌影响力和销售渠道进入其他白色家电、黑色家电和小家电市场。多元化经营的企业还能够形成资本和人力资源的内部市场，便于企业内部融资和培养人才。

除了上述的原因，企业的多元化经营与人的因素有很大的关系。孙俊华和陈传明（2009）的研究表明，企业家的社会网络规模越大、动员能力越强，企业越倾向于提高多元化程度、选择不相关多元化和通过并购来实施多元化战略②。此外，企业的领导人对某一行业的偏好或者商业直觉会促使他决定要进入某个新的行业，或者为了避免内部人事矛盾、安置某些人员而进行多元化经营；还有在内部人控制的情况下，高层管理者出于营造个人帝国的目的而进行多元化经营。

① 刘冀生．企业战略管理［M］．2版．北京：清华大学出版社，2003：10.

② 孙俊华，陈传明．企业家社会资本与多元化战略：一个多视角的分析［J］．科学学与科学技术管理，2009（8）：176-181.

【拓展阅读 5-2】 **中国企业的多元化选择**

改革开放给中国企业提供了前所未有的发展机遇，市场机会的拉动和政府的推动，使众多的企业纷纷实施多元化发展战略，开展多元化经营。归结起来，中国企业的多元化经营可分为两个阶段。

第一阶段是改革开放初期到 20 世纪 90 年代中后期。改革开放初期，长期实施的计划经济使一些家用消费品市场供需处于极度不平衡状态，许多产品市场供给短缺，外部市场存在着大量的企业成长机会，一些获得了自主经营权的国有企业的决策者凭借其敏锐的洞察力，利用企业的资源、技术进入了家用消费品市场。以家电产业三巨头长虹、海尔、TCL 为例，长虹集团在 1984 年引进国外彩电生产线，海尔集团在 1984 年从德国引进冰箱生产线，TCL 集团在 1985 年与中国香港企业合作生产电话机。这些先入为主的优势造就了企业在该领域的领导地位并延续至今。进入 20 世纪 90 年代，中国进入市场经济初期，民营企业不断涌现，随着国企改革的不断深入，国有经济从 146 个竞争性行业退出，许多企业纷纷通过多元化战略实现自身的快速成长，这种状况在 90 年代中后期达到顶峰。伴随着新一轮经济政策的调整，政府的银根紧缩，信贷政策从紧，一些行业的竞争结构恶化，许多采取多元化经营的企业开始回归主业，还有一部分企业如巨人、爱多等则因为没有看清市场变化而盲目多元化，导致企业破产。这一阶段的企业多元化扩张与当时中国的市场结构、政府政策支持有关，是市场驱动的主动多元化阶段。

第二阶段从 2002 年开始，一直延续到现在。作为主动融入全球经济一体化的标志，中国在 2001 年年底加入了 WTO，中国企业集团又开始了新一轮的多元化经营。经过第一阶段的多元化发展后，一方面，一些有实力的中国企业形成一定规模后，往往遇到缺乏核心技术或市场空间有限的瓶颈，为了进一步扩张不得不转向其他行业。例如家电业在 2002 年由于原有市场饱和，加之开拓国际市场不力，利润率已经下降到 2.1%，为各行业最低，这迫使家电企业不得不调整企业产品结构，进入新的行业，拓展利润空间。另一方面，中国加入 WTO 后，国内市场逐步对外国企业开放，西方一些跨国企业利用其先进的技术、管理经验迅速在中国一些市场占据了优势。为了抗衡外国大企业的竞争，宏观层面不断做出政策调整，国有企业不断整合，组建大的企业集团成为趋势，“国进民退”迫使一些民营企业从一些产业集中度高的行业退出，转而在一些细分市场开拓出路。这一阶段的中国企业多元化发展与当时的宏观调控政策和外来竞争密切相关，是市场驱动的被动多元化发展阶段。

资料来源　张永安，张献锋．中国企业多元化经营进入时机的选择研究［J］．商业时代，2010（15）．

### 5.4.3 多元化战略的利弊

多元化意味着企业要进入新的业务领域，面临新的风险。进入到一个陌生的业务领域，企业不了解行业特性，往往不具备在该业务领域经营的经验，缺乏必要的人才、技术资源，得不到客户的认同，导致企业很难在短期内取得竞争优势。从国内外企业的实践来看，实施多元化战略成功的少，失败的多。大量的学术研究表明，过度多元化会降低而不是提高企业的盈利能力。① 我国学者的研究也证实，多元化与企业业绩之间没有明显的相关性。② 正是因为多元化的这些不足，20 世纪 80 年代美国兴起了“归核化”浪潮，进而提出核心能力理论。

即使多元化战略存在很多问题，还是有很多企业选择多元化经营，说明多元化战略有其内在的优势。如前所述，多元化的优点表现在为企业开辟新的发展空间、实现资源共享、增强企业的竞争力，同时有利于企业分散经营风险，降低企业收益的波动性，最终促进企业的可持续发展。

另一方面，多元化战略的弊端也不可忽视。多元化战略可能具有协同效应，但同时也为企业带来复杂的管理问题，而管理也是需要成本的。企业管理的业务种类越多，越是难以驾驭每一项业务，高层管理者根本没有时间甚至没有能力处理每一个业务单位所需要的信息。这会导致经理们只能根据表面的分析来分配资源，有潜力的业务部门可能无法获得需要的资金，得不到必要的支持。多元化战略还会带来管理冲突，例如下属的两个业务部门分别采取成本领先战略和差异化战略就会大大增加管理难度。要控制成本就必须压缩开支，而要形成差异就要投入更多，企业在这两个业务领域内同时经营形成的管理理念冲突会使管理效率大大降低。

多元化战略还会分散企业资源。一个企业的资源是有限的，资源的分散一定会对企业主业的发展产生不利影响。如果企业在主业没有获得真正的竞争优势时就急于进入新的业务领域，不仅在新业务领域很难建立起竞争优势，还可能使主业由于得不到足够的资源支持而陷入困境。

多元化战略分散风险的作用是有条件的，只有在新业务能够很快成长起来，为企业提供利润和现金流支持，并且新业务与原有业务关联不大的情况下才能真正分散风险。当企业各业务密切相关时，都依赖共同的资源——技术、原料、顾客，一旦资源状况发生变化就会对所有的业务产生影响，那么多元化分散风险的作用就会降低或不明显。

针对多元化的弊端，有学者主张先做强再做大，但现实中影响企业多元化成败的因素很复杂，只要有很好的机会企业就会实施多元化，过去 30 多年中国经济的快速发展为企业提供了大量的商机，众多企业纷纷走向多元化是自然而然的。快速占领市场，精耕细作开发市场，是中国企业成长的必然选择。因而，不能笼统地评价多元化战略的优劣，重要的是企业在选择多元化战略时要很好地把握成长—收益—风险三者之间的平衡。

**【战略聚焦 5-2】　　五粮液的多元化经营**

作为与茅台齐名的白酒品牌，五粮液 1997 年组建集团之后开始从单一的酿酒业

---

① 可参阅 RAMANUJAM V, VARADARAJAN P. Research on corporate diversification: A synthesis [J]. Strategic Management Journal, 1989, 10 (6): 523-551. DESS G G, GUPTA A, HENNART J F, et al. Conducting and integrating strategy research at the international, corporate, and business levels: Issues and directions [J]. Journal of Management, 1995, 21 (3): 357-393. HYLAND D C, DILTZ J D. Why companies diversify: An empirical examination [J]. Financial Management, 2002, 31 (1): 51-81.

② 可参阅姚俊，吕源，蓝海林. 我国上市公司多元化与经济绩效关系的实证研究 [J]. 管理世界，2004 (11): 119-125. 朱江. 我国上市公司的多元化战略和经营业绩 [J]. 经济研究，1999 (11): 54-61.

务向相关多元化发展，逐步把产业链扩展到下游的印务、模具制造、塑胶加工等，这些业务都与主业酿酒业务有关，市场内部化程度高，协同效应很强。到 2000 年为止五粮液的战略转型是成功的。

2000 年以后，五粮液从相关多元化向不相关多元化转型，试图进入医药、电子、日化、汽车等行业，先后成立了制造中成药的宜宾制药公司，目标是成为亚洲一流的制药企业；组建研发和生产电子元器件与信息材料芯片的鹏程电子器材公司，目标是做中国的英特尔；组建日化公司，生产洗发水等日用化学品，目标是成为日化行业领导者；组建汽车配件公司，从柴油发动机起步，逐步延伸到整车制造；同时在酿酒业开发酒精威士忌、葡萄酒等产品，构建完整的酒系列产品。这一战略转型决策源于五粮液集团的中期战略目标：2010 年左右进入世界 500 强，打造饮料食品行业的航空母舰。五粮液集团规划实现这一目标的途径是经过产业整合、产业扩张进入多个产业，实现资产规模 1 000 亿元、品牌价值 1 000 亿元、销售收入 800 亿元、利润 80 亿元的目标。这一目标是宏伟的，但不符合五粮液集团所处的内外部环境，五粮液自身也不具备实施这一战略的实力。

从外部环境来看，五粮液对打算进入的各个行业的市场容量、发展趋势、竞争结构、进入和退出壁垒等都未进行认真深入的研究，这种盲目的多元化投资从一开始就蕴藏着巨大的风险。从五粮液自身具有的资源和能力来看，医药、电子、汽车等行业与酿酒行业完全不同，需要企业具有相应的技术和品牌，建立生产基地和营销渠道，打造人才队伍，具备市场和业务整合能力，而五粮液拥有的只是白酒品牌和酿酒技术，地处川南腹地，不仅缺乏市场辐射力，也缺少技术和人才，内部管理水平不高，领导者素质不足，又没有建立与国际接轨的治理结构，仅有雄心壮志不能保证多元化转型的成功。

五粮液这次转型的结局是“亚洲一流”的制药企业已经关闭，酒精生产线停工，威士忌项目停产，芯片制造项目胎死腹中，柴油发动机项目未建成就已经下马。五粮液的这次战略转型在付出了 10 多亿元投资的代价之后一无所获，只是让企业付出了高昂的“学费”。

资料来源　张文松．战略管理［M］．北京：机械工业出版社，2010.

**万科战略管理的加减法**

# 第6章 国际化战略

**开篇案例**　　**海尔的国际化战略**

作为我国最大的家电制造商，海尔在企业发展的初期阶段就意识到了国际化经营的重要性。早在20世纪80年代中期，张瑞敏在产品小有名气之后就把企业发展的视野扩展到了海外。他认为企业进军海外市场的目的并不仅限于出口创汇，更重要的是在国际上创造驰名品牌。

海尔早期的国际化经营主要是出口产品，从1986年第一次出口产品开始，海尔的出口额连年增加，并且主要出口到欧美发达国家，在国外产生了一定的影响力。1995年海尔就着手在海外投资建厂，1996年2月首先在印度尼西亚雅加达建立了海外第一家合资公司——海尔莎保罗（印度尼西亚）有限公司，它标志着海尔的国际化迈出了重要的一步。后来，海尔又陆续在菲律宾、马来西亚等国设厂，但海尔国际化的中心在美国。1999年在波士顿设立设计中心、在纽约组建营销中心、在南卡罗来纳州建立制造中心，意味着海尔开始进入美国市场。

海尔认为自身的品牌优势是进行跨国经营的内在动力，国内市场的优势促使企业能够积极向外扩张。张瑞敏希望海尔不仅成为中国的名牌，还要成为享誉全球的著名品牌。

海尔的国际化发展过程遵循的是独特的指导方针："先难后易"、"高起点"和"三个三分之一"。"先难后易"就是先进入发达国家，一旦在发达国家站稳脚跟，就可以顺势进入发展中国家。这一与众不同的进入方式要求海尔的国际化经营必须是"高起点"，按照最高的国家标准去做。张瑞敏认为，国际市场是检验产品质量和各方面工作的试金石。"三个三分之一"全球化战略指国内市场销售三分之一、海外市场销售三分之一、境外建厂就地销售三分之一。"三个三分之一"要求海尔的产品质量必须达到国际水平，科研开发保持与国际同步。

在上述方针的指导下，海尔的国际化经营采取了一些行之有效的措施。

首先是"优质优价"的定价策略。海尔始终坚持以优质优价创立自己的品牌。海尔的产品价格与国外名牌产品价格不相上下，这种定价策略更加符合发达国家消费者注重质量而价格相对次要的消费心理。虽然海尔的产品在初期不能马上被认可，但一旦被消费者接受他们就会带动更多的人购买。

其次是建立海外信息站和设计分部。为了了解国际家电市场的技术和市场动态，海尔建立了香港、东京、洛杉矶、纽约等多个信息站，海尔信息部每天把各个信息站发回的信息加以甄别和梳理后分门别类送给相关部门。除了信息站，海尔还设立了六个海外设计分部，它们帮助本部开发更加适合当地市场的家电产品，在国际化经营中发挥着重要的作用。

最后是构建广泛的国际技术联盟。海尔与日本的三菱重工、意大利的海梅公司、美国的 ESS 公司和朗讯公司、荷兰的飞利浦公司等众多的跨国公司建立了技术联盟关系，在冰箱、洗衣机、数字电视等许多领域进行技术合作与共同开发。借助这些技术联盟，合作双方实现了“双赢”，海尔从中不断获得先进的技术。

海尔的海外投资非常注重时机的选择。为了避免投资风险并控制投资成本，海尔进行海外投资遵循的是发展出口—售后服务—建立品牌—盈亏平衡点—投资建厂的顺序。也就是，先有市场，再建工厂。这种做法使企业在海外投资之前对目标市场已经有了深入的认识，同时海外消费者已经接纳了产品，这样投资建厂后才能获得稳定的收益。这一过程中盈亏平衡点是在当地投资建厂的重要参考指标。同时海尔的海外子公司都是采取合资的方式，一方面可以节约资金，另一方面可以减少各种法律事务的干扰。但为了保持主动，海尔的合资都是以海尔为主，在合资公司中绝对控股。海尔的海外子公司采取当地化的管理方式，不仅设备投资、原材料采购、产品设计是当地化的，人力资源也是当地化的，也就是张瑞敏所说的“融治”，海外企业的管理要融合于当地人才的管辖之下。当地化政策对于减少母公司的资金投入、与东道国政府建立和谐的关系、调动当地员工的工作积极性，最终实现海尔的国际化战略，具有十分重要的意义。

资料来源　作者根据相关文献整理。

## 6.1 国际化战略概述

在经济全球化的浪潮下，国际化经营是所有企业都要面对的挑战。即使大量的中小企业自己未能走出国门，也会受到跨国公司进入本国市场的冲击，因而国际化经营是所有企业都无法回避的一个课题。

国际化经营的根本特征是企业把全球视为单一的市场，打破国家界限，从世界各地获得原材料、设备、技术和人才，同时把产品和服务销往全世界。国际化经营的真正内涵不仅在于其产品由国内市场走向国际市场，更重要的在于企业的经营视野、经营范围是否摆脱国内市场的束缚，不是从本地市场而是站在全球市场的高度进行战略布局。正如开篇案例所表明的，国际化经营为企业开辟了广阔的发展空间，同时要求企业做出正确的战略选择。

### 6.1.1 企业国际化经营的动因

企业的国际化经营可以追溯到 16、17 世纪。从早期的产品出口到 20 世纪初跨国公司的出现，企业的国际化经营一直处于缓慢发展的状态。那时的世界市场是封闭的，由于贸易和投资壁垒的存在，绝大多数国家的市场互相隔绝，企业只需要关注本国市场，不需要考虑国际市场的变化。第二次世界大战以后随着国际交流的活跃和各国市场开放程度的提高，尤其是全球经济一体化的演进，企业国际化经营迅猛发展。20 世纪 50 年代以来，国际贸易与投资的壁垒大幅度下降，工业化国家之间制造业产品的平均关税税率从大约 40% 下降到了 4%，很多国家解除了对外资的限制，允许外国公司进入本国市场建立生产设施，或者收购本国企业，使得国际贸易与外国直接投资大幅度上升，1950 年以来世界商品贸易总量的增长一直高于同期世界经济的增长①。低关税促进了企业的跨国贸易和投资，为企业把生产过程分散到全球、实现生产过程的全球化创造了条件。生产全球化有利于企业利用不同国家间生产要素的不同降低成本，增加利润。波音公司的波音 777 飞机在制造过程中要用到 13 万个配件，这些配件来自全球的 545 家供应商，其中日本供应商制造机身、机门和机翼，新加坡企业生产前起落舱门，3 家意大利供应商提供翼瓣，这些供应商在各自的领域都居于全球领先地位，使波音公司最终可以生产出更好的产品②。

概括起来，国际化经营的外部驱动力主要有以下几个：

第一是市场因素，这是企业国际化经营最主要的驱动力。全球经济一体化构造了统一大市场，形成了需求同构现象，无论哪一个国家的消费者其需求内容和形态呈现出越来越高的相似性，典型的如苹果手机等消费类电子产品不仅在全球同步销售，而且各个国家的顾客对产品的要求和评价趋于一致。

第二是政府的推动。很多国家政府对企业国际化经营的鼓励是另一个重要的外部原因。政府通过补贴、税收优惠（退税）政策以及辅导等措施促使本国企业走向海外。

第三是竞争驱动，也就是当企业的主要竞争者纷纷走出国门的时候，对该企业会产生很大的推动作用，为了维持在全球市场上对等的竞争力量，企业必须进行国际化经营。

第四是技术进步。以互联网、卫星、光纤通信等为代表的现代通信和信息技术以及发达的航空、海运网络大大促进了世界范围内的沟通交流和人员流动，各个国家形成了前所未有的紧密联系，为企业国际化经营提供了极大的便利。

第五是成本的压力，特别是企业的产品和服务与竞争对手难以形成太大的差异时，价格就成了主要的竞争武器。为了有效地降低成本，企业不得不寻找要素资源最低的国家和地区，通过国际化经营实现低成本竞争。

总的来看，现代跨国公司出于获得垄断优势、在全球配置资源和价值链等多种动机，积极推行国际化战略，通过无所不包的全球战略和错综复杂的全球经营网络构造全球一体化的生产经营体系，在“无国界经营、全球竞争”的新时代占据竞争的制高点。

---

① World Trade Organization. International trade trends and statistics, 2003 [R]. Geneva: WTO, 2003. WTO press release. World Trade for 2003: Prospects for 2004 [EB/OL]. April 4, 2004, Available at www.wto.org.

② METTHEE I. Playing a large part [N]. Seattle Post-Intelligencer, April 9, 1994: 13.

### 6.1.2 国际化经营的优劣

国际化经营为企业开辟了新的发展空间，进行国际化经营主要可以得到以下利益：

第一是扩大市场规模。国际化经营可以让企业突破本地市场的限制，获得更大的发展空间。这对在本国市场面临激烈竞争或者市场趋于成熟以及市场规模有限（如日本和韩国）的企业来说特别重要。

第二是获得更大的投资回报。企业进行国际化经营如果能取得较大的市场规模就可以分摊产品研发和生产的巨大投资，提高投资收益率。因此，需要巨额研发投入的产业往往会走向海外，如半导体、航空、汽车等。如果产业技术更新速度加快，产品生命周期缩短或者很快被竞争对手模仿和超越，为了加速回收投资，企业只有借助于国际化经营。

第三是发挥区域经济优势。区域经济指把价值链的某个环节安排在最适宜的地点所产生的经济效益。例如，有些国家和地区的劳动力或原材料价格很低，具有某种要素成本优势，有些地方接近主要市场，便于就近服务重要的客户。如耐克公司的研发部门在美国，化纤、橡胶和塑料的生产在韩国、中国台湾及中国大陆等国家和地区，运动鞋和服装的生产在印度、中国大陆和东南亚国家，营销和配送则在美国、欧洲和其他富裕地区进行。这样就获得了典型的区域经济效应，当企业面对的竞争压力增大时，这种区域经济效应就十分必要。

第四是形成规模经济与学习曲线效应。这种效应尤其体现在生产中，全球巨大的市场规模使得企业可以把全部产品集中在某一个或少数几个工厂来生产，充分发挥学习曲线效应，最终为企业带来规模经济。

另一方面，国际化经营也会给企业带来很多风险和挑战，主要体现在：

第一是政治风险，即使某一地区以经济标准来衡量具有（成本和差异化）优势，但如果政局不稳或者实行专制统治，就不宜贸然进入。2011 年中国企业在利比亚政权更迭中遭受的巨大损失就是惨痛的教训。同样，如果当地政府实行的是排外的政策，或者社会动荡不安，都会给企业带来很大的风险。

第二是经济风险。虽然经济风险与政治风险相互依存，如东道国对待外资的政策和管制措施往往体现在市场准入、关税、汇率甚至可能的国有化等方面，但对企业影响最直接的是汇率的波动，汇率的变化直接决定了国际化经营的收益，还会极大地影响企业在全球市场的竞争力，例如人民币的升值会损害中国公司的出口收益。

第三是社会文化差异形成的障碍。国家之间不同的社会习俗和文化传统不但会给跨国公司的管理带来巨大的挑战，还可能成为进入当地市场的阻碍。文化差异使得跨国公司员工的态度、行为差别很大，只有兼顾全球化和当地化，才能形成真正的竞争优势。

第四是组织管理的难度。国际化经营的企业面临着经营地域分散、文化差异和业务众多造成的管理困难，如何协调各个业务单位以提高整个组织的管理效率是能否获得国际化经营收益的决定性因素。国际化经营的企业分权是必然的，但如何在分权的情况下保持统一管理是企业必须解决的问题。

**【拓展阅读6-1】 企业国际化经营的理论解释**

企业为什么要进行国际化经营？从理论上如何解释国际化经营？对这些问题的认识有一个不断深入和发展的过程。学术研究中对跨国公司和对外直接投资理论的研究主要沿着三条路线进行。

(1) 以产业组织理论为基础，以不完全竞争为条件的研究路线，有关理论有“垄断优势论”“内部化理论”“寡头均势论”等。

(2) 以国际贸易理论为基础，以完全竞争为条件的研究路线，有关理论有“产品生命周期理论”“比较优势论”等。

(3) 以企业管理、组织和战略理论为基础的研究路线，有关理论有“跨国公司组织理论”“战略管理理论”等。

除此之外，还有许多其他关于直接投资的解释和观点。

尽管跨国公司的理论学派很多，但远未达到系统和成熟，现在还没有形成一种被广泛接受的综合理论，并且现有理论中不少是相互排斥的，说明理论还不成熟。20世纪80年代以来，国际市场以及国际经营环境发生了巨大的变化，企业的国际化经营活动不断发展变化，引发了对跨国经营的进一步研究。

下面是对三种主要理论的概述：

- 垄断优势理论

垄断优势理论由斯蒂芬·海默在20世纪60年代首先提出。海默认为不能用证券投资理论来解释对外直接投资，企业的对外直接投资是市场不完全性和寡头垄断的产物。海默用产业组织理论解释企业跨国生产经营活动。他指出，市场的不完全性要求从事跨国生产经营的企业必须拥有优势，才能克服在经济、社会、文化、地理、语言等方面的障碍，从而赢得高于东道国当地竞争对手的利润。海默概括的优势包括专利和技术诀窍、商标和声誉以及产品差异和规模经济三大类。

海默认为拥有垄断优势才是跨国公司进行对外直接投资的主要动因。之后，金德尔伯格进一步研究了跨国公司的垄断优势，建立了垄断优势理论体系。该理论体系认为跨国公司的垄断优势主要表现在下列几个方面：一是市场垄断优势，如产品性能差别、特殊销售技巧、控制市场价格的能力等；二是生产垄断优势，如经营管理技能、融资能力、管理人才优势、掌握技术专利与专有技术等；三是规模经济优势，也就是通过内部的横向一体化或纵向一体化，在供、产、销各环节上提高效率；四是政府的课税、关税等贸易限制措施产生的市场进入与退出障碍，导致跨国公司通过对外直接投资利用其垄断优势。

垄断优势理论曾经具有很大的影响，但该理论也有不足之处：它不能很好地解释对外直接投资流向的产业分布或地理分布。此外，垄断优势理论以美国的跨国公司为研究对象，对发展中国家企业的对外直接投资缺乏指导意义。

- 产品生命周期理论

美国哈佛大学教授弗农及其同事运用微观经济学产品生命周期理论解释跨国公司

对外直接投资。他们把产品周期分为三个阶段，并以三种类型国家（即作为创造发明国的美国、其他发达国家以及发展中国家）在不同阶段的生产、进出口和消费特点分析跨国公司的对外直接投资。

第一阶段是新产品引入市场阶段。弗农认为这一阶段具有三个主要特征：一是新产品刚从试验转入商业实用，技术还不完善，产品没有定型，销量很不确定，要求企业对投入要素的调整具有高度的灵活性；二是各个企业产品的需求价格弹性较低，产品差异程度高，因而容易形成市场垄断；三是企业与顾客、供应商甚至竞争对手需要保持快速有效的信息交流，以便尽可能降低各种不确定因素带来的不利影响。

上述三个特征决定了新产品在进入市场的最初阶段只能在本国所熟悉的环境中生产和销售。美国企业在此阶段只能以满足本国市场需求为主，当生产有一定发展时才会有少量产品出口到其他发达国家。

第二阶段是成熟产品阶段。这时技术已经完善、产品已经定型，但还没有实现标准化生产。由于美国国内对产品的需求增长很快，生产企业增多，生产规模扩大，导致国内市场竞争激烈。顾客因选择余地增大对产品质量、价格、性能等要求更加苛刻，于是企业开始注重产品成本和质量。这一阶段虽然本国市场需求仍占重要地位，但国外市场需求在增大，加上国内市场日趋饱和，企业开始增加向其他国家出口，并逐步扩大对外直接投资，在其他发达国家建立子公司就地组织生产和销售。

第三阶段是标准化产品阶段。这时产品已经实行标准化大批量生产。这一阶段对生产者劳动技能的要求不像前两个阶段那么高，同时随着竞争的加剧，原新产品生产企业的技术垄断优势已完全丧失，成本及价格成为建立竞争优势的主要因素，在这种情况下选择生产成本最低的地点建立生产基地成为降低成本的最佳途径。于是，发达国家产品生产企业开始在发展中国家投资生产，再将产品返销到母国或其他发达国家市场，这些发展中国家成为产品净出口国，母国和其他发达国家成为产品净进口国。

弗农的产品周期理论是从动态的角度把寡占因素和区位因素结合起来分析特定国家的对外直接投资过程，也就是投资国具有特定垄断优势，包括生产技术、管理技能、知识信息、诀窍等，而东道国具有区位优势，包括丰富的自然资源和廉价劳动力等，这两组因素结合在一起，使跨国公司具有国际竞争力。

产品生命周期理论也有局限性。一方面，该理论只解释了以开拓新市场为动因的对外直接投资，却不能解释以获取资源、提高效率或实现某种跨国经营战略目标为动因的直接投资。另外，这一理论是针对美国向西欧发达国家和发展中国家投资的研究得到的，不具有普适性。另一方面，许多跨国公司对外直接投资并不符合产品周期模式，有的跨国公司在新产品创新时就在国外组织生产和销售，甚至通过东道国子公司研制新产品。

- 跨国公司的组织理论

现代组织理论起源于钱德勒关于企业与环境关系的研究。斯塔福德和威尔士是把钱德勒的研究成果第一次用于分析跨国公司组织的学者，并由此奠定了跨国公司组织理论的基础。此后跨国公司组织理论沿着两个方向演进：一个是关于公司战略与组织结构的关系研究；另一个是关于环境、战略与组织结构之间权变关系的研究。

斯塔福德和威尔士在1972年的研究是基于对美国187家跨国公司的调查，分析跨国公司组织战略、组织结构以及国外业务的所有权安排之间的关系，发现随着企业深入国际市场的程度的增加，其组织结构呈现一种规律性的变迁。

研究结果表明，随着国际化经营的逐步深入，跨国公司的组织结构日益复杂。斯塔福德和威尔士提出了跨国公司组织结构变化模型，该模型根据两个参数（海外生产的多样化程度和国外销售额占总销售额的比例）来度量海外业务和公司战略的复杂性。根据这一模型，随着公司海外活动和业务复杂性的增加，其组织结构也会由国际业务部演进到全球矩阵组织结构。斯塔福德和威尔士指出矩阵组织结构为网络组织的一种，其结构内各部门的边界可以模糊，组织可以从以层级关系为主变为以契约关系为主的合作关系网络，在管理者之间创造一种具有共同价值观的合作氛围，这种看法非常有远见。

资料来源 刘冀生．企业战略管理［M］．2版．北京：清华大学出版社，2003.

## 6.2 国际化战略选择

在国际市场经营的企业通常面临两种竞争压力：降低成本的压力和当地市场反应压力，也就是适应当地市场和客户需要的压力。这两种压力对企业的要求是相互冲突的。一方面，降低成本要求企业把生产经营活动（价值链）的各个环节配置在成本最低的地区，企业不得不向全球市场提供相同的标准化产品，以尽快实现学习曲线效应；另一方面，在全球不同的市场上经营，提高当地市场的反应能力又要求企业具备产品的差异化，以适应不同国家消费者的偏好、商业模式、竞争条件以及政府管制的需要，这种差异化通常会导致成本的增加。

如图6-1所示，针对成本压力和当地市场反应压力，企业的国际化战略可以分为四种基本的类型：全球标准化战略、多国战略、跨国战略和国际战略。

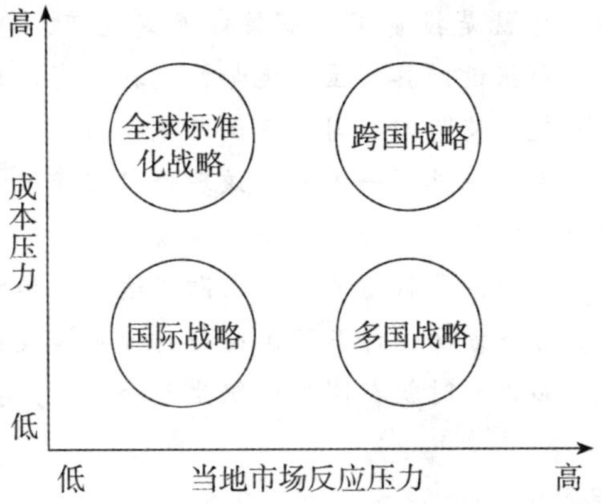


图6-1 国际化战略类型

### 6.2.1 全球标准化战略

许多日本企业成功地实施了全球标准化战略。[①] 全球标准化战略追求的是规模经济和区域经济以降低成本，也就是在全球范围内实现低成本，因而整体上更加集权，由公司总部确定竞争战略，把生产、营销和研发活动集中在少数几个地区，生产标准化的产品，以避免定制化生产导致的成本上升。

全球标准化战略适用于成本压力很大而当地市场反应压力不大的情形，例如半导体产业形成了全球性的标准，产生了巨大的市场需求，该产业中的英特尔等公司实施的就是全球标准化战略。

但全球标准化战略对当地市场的反应比较缓慢，汽车和食品加工等对本地客户的反应能力要求较高的产业不宜采用这一战略。同时，由于企业的产品针对性不强，很可能失去在当地市场的发展机会。实施全球标准化战略的企业还需要跨国界协调不同的业务部门，管理难度很大，必须通过总部的集中统一控制才能实现高效率的运营。

### 6.2.2 多国战略

多国战略要求企业以定制化的产品和服务更好地适应不同国家市场的偏好，它适用于不同国家和地区间市场差别很大而成本压力相对较小的情况。由于不同国家市场的竞争状态不同，公司总部授权给所在国的战略业务部门，允许其自行制定适合当地市场的战略，根据各国的竞争状况设计产品，针对每个市场的独特性来强化公司的竞争力。[②] 联合利华用高度分权的方法管理其国际业务，让各个地区（国家）的经理有权根据当地市场需求调整产品。多国战略使得分散在各个国家的业务单位独立性很强，往往无法实现资源共享和能力的转移。

通常多国战略可以实现较高的市场占有率，但难以获得规模经济效应。虽然成本压力不大，但企业仍然需要关注成本。实施多国战略的企业同样要提高效率，在全球市场中实现规模经济。许多汽车制造商一方面通过产品定制化满足本地市场需求，如为美国市场提供大型皮卡，为欧洲和日本开发经济省油的产品，同时在全球市场上力图通过不同车型共用平台和配件实现规模经济。这样，既实现了产品本地化，同时还保持了相当程度的运营效率以控制成本。

总的来看，各国市场的差异越大，越适合采用多国战略。母公司利用品牌与商誉建立共同的形象，在各国市场中调整产品，往往在当地完成主要的价值创造活动，由各个业务单位自行协调所在市场的销售。

### 6.2.3 跨国战略

如果企业既面临成本压力又面临当地市场反应压力就要实施跨国战略，这种战略

---

① 可参阅 HOPKINS H D. The response strategies of dominant US firms to Japaness challengers [J] . Journal of Management, 2003, 29 (1): 5-25.

② TAGGART J, HOOD N. Determinants of autonomy in multinational corporation subsidiaries [J] . European Management Journal, 1999, 17 (2): 226-236.

试图同时获得低成本与差异化的双重优势。跨国战略的主导思想是全球学习。由于独特的竞争力不仅存在于母国，还可能存在于在其他国家经营的业务单位（子公司），母公司同样可以从子公司的经验中获益。同时，应对成本降低和当地市场反应的挑战是为了更好地对当地市场做出反应，企业通常会增加成本投入。

跨国战略在实施过程中困难极大，需要企业具备弹性协调的能力，也就是通过网络整合兼顾全球效率与响应本地市场的压力。跨国战略要求企业采取全球视角做出战略决策，但在行动上采取当地取向。①

这一战略比较成功的范例是工程机械领域的卡特彼勒公司。为了降低成本，卡特彼勒重新设计了产品，采用大量标准化部件并在少数几个地点投资建立了大型零部件生产基地，既实现了规模经济又满足了全球的需求。同时，该公司还在全球各主要市场建立了组装厂，在产品的组装中加入本地特色，让成品可以满足本地需求，实现差异化。卡特彼勒 1979 年开始实施这一战略，到 1997 年成功地把每个员工的平均产出提高了一倍，从而击败了固守全球标准化战略的小松和日立，不断蚕食对手的市场份额。

### 6.2.4 国际战略

如果企业不需要应对成本压力和当地市场反应压力，就可以在本国开发产品，然后原封不动地转移到各国（各地区）市场以创造价值。20 世纪 60 年代的施乐和今天的宝洁都是实行这一战略。这种战略的实施需要企业具有技术或品牌优势。实施国际化战略的企业通常会把研发职能放在本国，而把制造和营销职能放到海外，但母公司仍然牢牢控制大部分职能。虽然有时也会针对各国各地区市场调整产品，但这种调整都是局部的并且幅度不大。

国际战略适合某些具有独特竞争力的企业，这些竞争力是海外市场所缺乏的，而企业又没有降低成本与响应当地市场的压力。在国际战略中，由于资源的重复投入，企业的成本通常比较高。

上述每一种战略都有各自的优劣，表 6-1 是四种国际化战略的比较。

表 6-1 **四种国际化战略的优劣**

| 战略 | 优点 | 缺点 |
|---|---|---|
| 全球标准化战略 | 充分发挥规模经济和区域经济效应，具有明显的成本优势 | 缺乏当地响应 |
| 多国战略 | 提供更好的满足当地市场需求的产品，开展有针对性的营销活动 | 无法实现规模经济和区域经济，也不能把独特的竞争力转移到海外市场 |
| 跨国战略 | 兼具规模经济和区域经济效应，根据当地市场情况提供产品和服务，具有全球学习的优势 | 组织管理难度极大，很难实现不同业务部门的整合 |
| 国际战略 | 把独特的竞争力转移到海外市场 | 缺乏对当地市场的反应，也无法实现规模经济和区域经济 |

① ROSS F. Think globally, script locally [J]. Fortune, 1999, 140 (9): 157-160.

**【战略聚焦 6-1】 用美国元素打造“超级”冰箱——海尔的本土战略**

在 2007 年的美国拉斯维加斯厨卫展（KBIS）上，美国南卡罗来纳州政府官员向海尔美国工厂发来贺电：“海尔冰箱是美国人自己的优秀品牌!”海尔冰箱能获得认可，更多地源自在当地的发展。

中国企业的海外发展一直是艰难前行，海尔冰箱依靠“三位一体”的本土化模式迅速成长为美国南卡罗来纳州的标杆企业。

海尔在国际化进程中坚信只有本土化才能实现目标。早在 20 世纪 90 年代末，海尔就以当地设计、当地制造、当地营销的“三位一体”本土化模式在全球范围内塑造海尔品牌。在这个过程中，海尔充分考虑了全球各个市场的不同特点，首先在美国建立了“三位一体”的本土化“试验田”。1998 年海尔在洛杉矶、硅谷设立了设计分部和信息中心，1 年后成立了美国海尔贸易有限公司，接着选定南卡罗来纳州建厂，完成了登陆美洲的“三位一体”战略布局。

海尔在本土化过程中也充分注意到了当地的生活和经济状况，坚持自己的“高端信仰”。在 KBIS 展览会上，海尔展出的代表全球最高水平的法式对开门冰箱、美式变温三门与四门冰箱，就是创立本土化品牌的“核弹头”，除了已经获取美国本土的大订单之外，法国、荷兰、比利时等国家的客户也下了订单。

从美国政府官员的推荐到全球客户的订单，海尔靠创新的高端产品在不同的市场中将自己打造成本土化的品牌。

对海尔冰箱来说，能在全球竞争最激烈的家电业、对开门冰箱技术最成熟的美国市场上凭借新产品引领美国市场发展，同时还被主流媒体誉为“走向变温时代”的产品，是海尔冰箱“三位一体”本土化模式成功的标志。

对中国家电制造企业来说，如果不走向国际，面临的将是更加残酷的市场竞争——以美国为代表的发达国家不断挑起反倾销调查，人民币大幅升值，劳动力和原材料成本持续上升，都给家电企业造成了很大的压力。海尔依靠“三位一体”的本土化模式成功化解了这些风险。当初海尔在国内的一片质疑声中走向美国，现在看来这恰恰反映了海尔创本土化品牌战略的前瞻性。

资料来源 佚名．海尔本土战略：用美国元素打造“超级”冰箱［EB/OL］．［2013-06-29］．http：//homea. people. com. cn/GB/5760040. html.

## 6.3 国际化战略决策

确定了国际化战略类型之后，企业面临的几项主要决策是：进入的国家或地区、进入的时机、进入的规模与进入的模式。

### 6.3.1 进入的国家或地区

国际化经营的首要决策是进入哪些国家，这涉及企业的竞争范围选择。企业采取逐步进入还是全面进入的策略主要是基于多国竞争还是全球竞争的考虑。多国竞争指企业一次进入一个或者少数国家市场，再逐步扩展至全球市场；全球竞争指企业同时大规模进入很多国家的市场，争夺全球市场的领导地位。

全球有200多个国家或地区，每一个国家的政治环境和经济与社会发展水平都不一样，投资价值存在很大的差异。选择进入哪些国家或地区是一个双向的过程，一方面要评估拟进入国家或地区市场的规模、购买力、竞争状况等以确定进入该市场的收益、成本和风险，另一方面必须明确企业能否在该市场上创造独特的价值，也就是企业的专长和特有能力是否与该市场的需要吻合，存在互补关系。通常互补程度越高，越适合进入。

近年来，金砖国家（中国、俄罗斯、印度、巴西和南非）由于经济快速发展成为外资进入的热门国家。

### 6.3.2 进入的时机

国际化战略决策的第二个问题是进入时机的选择。企业既可以在竞争对手之前进入选定的海外市场，也可以选择跟随进入。首先，抢先进入有先入为主的优势，有利于塑造品牌形象，培育忠诚的顾客群体，典型的如20世纪80年代率先进入中国的松下、日立等日系家电所具有的影响力。其次，随着当地市场的逐步扩大，销量快速上升，抢先进入还有利于规模经济的实现，最终获得成本优势，在后来者加入时可以采用低价策略打击竞争对手。最后，抢先进入还可以强化顾客的转换成本，以此绑定顾客，构成对潜在进入者的壁垒。

抢先进入也有缺点①，主要是代价高昂的市场开发成本，这是抢先进入者必须付出的代价，尤其是目标市场与企业的母国市场存在很大差异时，开发成本可能非常高。先进入的企业往往要投入大量的时间和精力了解、培育新市场，建立客户群体，建立营销渠道，开展促销活动，这些都需要巨额的资金投入。如果产品本身是全新的，开发成本就更高。而后进入者却可以“搭便车”，不但可以用较低的成本进入市场，还可以吸取先进入者的教训避免犯错误。

### 6.3.3 进入的规模

进入规模是另一个影响企业国际化经营投入的战略变量。通常进入的规模越大表明企业进入该市场的决心越大、意愿越强，同时资源投入也越多，而资源较少的企业就没有太多的选择，只能采取小规模局部进入的方式。但这并不意味着拥有资源优势的企业都会选择大规模进入的方式，有时它们也会先以小规模进入的方式熟悉当地市场，以规避贸然进入潜伏的巨大风险。

大规模进入对整个市场的竞争有很大的冲击，可能改变整个市场环境，但这种选择缺乏弹性，可能会因为巨额资源的投入无法收回而给企业带来很大的风险。反过来，小规模进入虽然有弹性，并且风险较低，却可能失去先机和大规模进入带来的市

① SHAVER J M, MITCHELL W, YEUNG B. The effect of own-firm and other-firm experience on foreign direct investment survival in the United States 1987-1992 [J]. Strategic Management Journal, 1997, 18: (10) 811-824.

场机会。

### 6.3.4 进入的模式

归结起来，企业开展国际化经营进入国外市场主要有五种模式：

**1. 出口模式**

商品或服务的出口是国际化经营的初级形式，出口又可以分为间接出口和直接出口。

（1）间接出口。企业将产品卖给国内的中间商或国外中间商委托的国内代理机构，由它们负责企业产品的出口，这是开拓海外市场、增加产品销售量最简单的一种方式。间接出口方式的优点是：风险最低，资金、人力等资源投入较少，但企业对海外市场控制程度低，不能直接掌握国际市场信息。通常中小型企业适合采用这种方式，有时大企业也采用这种方式进入某些次要市场。

（2）直接出口。企业将产品直接卖给国外的顾客（中间机构或最终用户），要独立完成出口业务，要进行海外市场调研、与国外顾客谈判、产品实体分销、出口产品定价及办理各种出口手续等。直接出口方式的好处是企业直接参与市场营销，能够按照自己的意图实施出口，有利于积累国际营销经验，培养国际营销人才。

出口模式是很多企业国际化经营的第一步，通过出口了解海外市场，建立客户关系，待成功后再转向其他模式。出口模式不必在其他国家设立工厂，投入资源最少，成本较低，风险也较小，集中生产也有利于实现规模经济。

出口模式也会带来一些问题。首先，如果母国并不具有资源优势，不是最佳生产地点，就无法发挥区域经济效应。所以，合适的方式是在全球找到一个合适的生产地点，把生产集中在这个地方，然后再把所生产的产品运送到目标市场所在的国家或地区，甚至返销到母国。其次，出口模式的运输成本很高，可能会抵消规模经济和区域经济带来的成本优势。解决的办法是对运费很高的产品直接在当地生产，但这又受制于当地的生产条件。

**2. 许可模式**

许可是具有技术或品牌优势的企业作为许可方把某项专利技术或商标在被许可方支付费用的前提下提供给对方使用。许可模式下许可方授权国外的被许可方（厂商）生产产品，被许可方必须自行筹措经营所需资金，并负责维持业务的运作。许可的好处是不必承担开发海外市场的成本和风险，对于缺乏资本和经验的企业来说或者海外市场的风险特别高时，许可是一个可行的选择。

许可也有很多不足。第一，企业无法控制被许可方的营销、制造和经营活动，被许可方可能会因为质量缺陷或其他行为损害许可方的声誉。第二，为了全球竞争的需要，有时必须以某些有竞争优势的市场获得的利润补贴竞争力较弱的市场，许可模式显然不可能实现这种战略上的协调一致，被许可方不可能允许跨国经营的企业拿走自己的利润去支持另一个国家里与自己毫无关系的业务。第三，许可模式的收益主要来自被许可方，如果被许可方经营无方，就会大大影响许可方的收益。第四，存在技术泄密的风险，也就是通过许可把技术诀窍转移到了国外企业，从而会危及企业的竞争优势。例如，美国的RCA公司曾经向许多日本企业许可彩色电视机技术，后来这些企业很快利用这一技术进入了美国市场，并最终超越了RCA公司在美国市场上的份额。

为了更好地合作和降低许可带来的风险，企业可以采取相互许可等措施。相互许可是企业把有价值的无形资产许可给某个国外厂商，同时要求该厂商提供相对的许可。美国的生物技术公司Amgen把自己的关键药物之一Nuprogene许可给日本制药企业麒麟公司，授予麒麟公司在日本销售Nuprogene的权利，作为回报，Amgen公司可以收取许可费，同时获得在美国销售某些麒麟公司产品的权利。这种互相抵押的许可方式不但建立了密切的合作关系，而且大大降低了许可风险。①

**3. 特许模式**

特许类似于许可，是一种特殊的许可形式。与许可相比，特许双方的合约更完整，合作期限更长。特许方把无形资产（通常是商标）出售给被许可方（如加盟店），还会帮助被许可方经营业务，但同时要求被许可方严格遵守特许方有关业务经营的规则。许可适用于制造业企业，特许主要适用于服务业企业。特许模式的成功范例是麦当劳的全球经营。麦当劳依靠特许模式成为世界上最著名的快餐连锁企业，它除了输出麦当劳品牌，还制定各个加盟店都必须严格遵守的《公司服务手册》，该手册长达300多页，就产品的规格、标准、工艺、原材料和设备的采购、店堂布置、内部管理、员工培训等做出了严格的规定。

特许模式的优点与许可模式相似，特许方不必承担市场开发费用和经营风险，企业可以较低的成本实现快速的扩张。特许的缺点不像许可那么明显，因为它主要用于服务业，不需要面对如何协调制造和生产以实现区域经济和规模经济的问题，但仍然存在如何实现全球统一战略的问题。特许模式比较明显的缺点是对质量的控制，即使是麦当劳以严格的制度约束加盟方，也很难保证全球各地的麦当劳店的品质都达到相同的水平。为了克服这一缺点，企业可以在每一个进入的国家建立一个分支机构，由它来管理该国（或地区）的被特许企业，以确保加盟方的经营质量符合要求。

**4. 合资模式**

合资是国际化经营的企业与东道国公司共同成立一家新公司进入东道国市场。其中的典型做法是双方各拥有一半股权（50%对50%）的合资模式，也就是双方分享公司的控制权，如果一方拥有超过50%的股份，它就可以主导合资企业，更好地保护自己的利益。

合资有很多优点。首先，本地的合作方对当地市场更加了解，有助于企业更便捷地进入；其次，合资模式还可以让双方共同分担市场开发的成本，降低国际化经营的风险；最后，合资还是避开很多国家政府对本国市场保护的唯一途径。施乐早期为了打破贸易壁垒，只有与富士公司合资才能在日本销售复印机。

尽管有这些优势，合资模式还是有两个很难克服的缺陷。首先，和许可模式一样，合资可能会造成技术流失，为了尽可能抑制这一风险，企业就必须掌握合资公司的控制权，占有尽可能多的股份，但这样一来就很难找到愿意接受合资条件的合作

① 希尔，琼斯，周长辉．战略管理（中国版）[M]．孙忠，译．北京：中国市场出版社，2007.

方。其次，因为控制权的问题，企业很难实现全球战略的协调一致，也难以获得区域经济和规模经济效应。

总的来看，合资模式可以让企业更快进入当地市场，但成本可能很高，企业会面临冗长和复杂的谈判，合资企业建立之后如何与当地的经营环境接轨也是一大难题。

**5. 独资经营模式**

独资经营是企业通过直接投资建立全资子公司或者拥有绝对控股权来开发当地市场。独资经营模式既可以采取设立一家全新公司的方式，又可以通过并购的方式来取得一家东道国公司，可以说并购是进入当地市场最快捷的途径。TCL 在 2002 年收购了德国老牌电视机制造商施耐德，其目的就是以此为跳板开拓欧洲市场。

独资经营作为介入程度最深、控制力最强的一种模式主要有以下优点：第一，完全没有技术流失的问题，这对于以技术为竞争优势的企业来说特别重要，所以很多高科技公司特别喜欢这种方式；第二，它能确保企业的全球战略协调一致；第三，有利于保证企业的产品或服务的质量，并具有较大的成本优势；第四，有利于贯彻母公司的企业文化。

在上述五种国际化经营模式中，独资经营是成本最高、风险最大、遇到阻力最强的选择，企业必须承担所有的成本，所以企业必须具有很强的经营管理能力，能够适应不同国家经营环境的差异。独资公司不仅会遭遇东道国政府的政策限制，也会由于缺少合作方而单独面对当地客户和本地员工的抵触。TCL 兵败施耐德既有不适应当地环境的原因，也有其自身实力不足以应对独资经营挑战的原因。

## 6.4 企业国际化经营的挑战

全球经济一体化和技术的迅猛发展以及政治环境的变迁，造就了当代企业的国际化经营所面临的独特环境，也让企业面临着巨大的压力和挑战。对于国际化经营的企业而言，无论是对当地市场的适应、对海外公司的管理，还是实现整个公司的协调一致，都有很多困难。作为一个跨国公司，ABB 公司在国际化经营中较好地处理了六个方面的复杂关系，有很多值得借鉴的地方。

**【战略聚焦 6-2】　　ABB 公司的跨国经营**

ABB 公司是 1988 年瑞士的布朗·伯沃里和瑞典的艾舍两大电气工程公司和装备公司合并后建立的，合并后的公司叫作艾舍·伯沃里公司（Asea Brown Boveri，简称“ABB 公司”）。该公司的主要产品包括发电机、变压器、配电装备、工业和建筑电气系统以及铁路运输电气系统。

合并后 ABB 公司的收入不断增长，从合并之初的 180 亿美元，增加到 1996 年的 360 亿美元，名列当年全球 500 强第 68 位。与此同时，公司的利润翻了两番，公司在瑞士的价值平均以每年 25% 的速度增长。

作为世界著名的跨国公司，在企业快速发展的同时，ABB 公司出现了三大管理矛盾：全球化与当地化的矛盾、分散化与集中监督控制的矛盾、大与小的矛盾。为此，ABB 公司采取了一系列措施来应对这些挑战。

- 全球化与本地化相结合

按组织功能，ABB 公司可划分为 1 000 多家子公司，这些公司分布在世界上 140 多个国家（或地区），并且通过矩阵体系进行管理，是一家名副其实的跨国公司。1995 年，ABB 公司海外资产达 272 亿美元，占总资产的 85%，名列按海外资产排名的世界最大跨国公司的第 12 位。其国际化指数（为海外资产占总资产的比重、海外销售额占总销售额的比重、海外雇员人数占总雇员人数的比重的平均值）为 88.6%，是当时国际化程度最高的 10 家跨国公司之一。

通常认为跨国公司是在追求全球一体化利益中形成自己的优势的，但跨国公司的子公司分布于不同的国家中，必然会有当地化的要求。如何处理好全球化与当地化的关系是现代跨国公司经营面临的主要问题之一。ABB 公司是一个不同国家文化的联合体，它不是瑞士的或瑞典的公司，在意大利就是意大利公司，在美国就是美国公司，在波兰就是波兰公司，在印度就是印度公司。ABB 公司的 1 000 多家法人实体都与其所在国家的消费者共同生活在一起。像所有其他的本地公司一样，这些实体由开发产品和从事进出口的本地人管理，它们共同属于一个全球性集团，但并没有改变其所在国家的特色。

为了处理好全球化与当地化这一矛盾关系，ABB 公司在尊重和促进国家文化发展的同时，也发展了一种全球性的 ABB 文化。这种文化鼓励跨境合作，使地处不同国家的子公司之间能够获得“共同管理”效应。公司形成了多国共同奋斗的团队，共同遵守预先达成的协议，相互提供帮助。集团公司自上而下步调一致，充分实现了跨国经营的利益。以变压设备的生产和销售为例，ABB 公司在全球有大约 60 家生产工厂，每一家工厂的生存都与其客户特别是当地客户联系在一起，像当地企业一样，是整个国家经济的组成部分。同时，这些变压设备生产企业又属于同一个全球化的组织，共享技术和经验技能。为达到经济规模，每个生产企业按专业化组织开发和生产专用变压设备，而且各有专属的出口市场，而在采购方面，却具有从少数几家供应商那里大批量采购的巨大优势。这样，每个工厂既是一家本地的公司，同时又是从同一个全球化组织中获取一体化利益的成员。

在建立全球化与本地化平衡优势的过程中，使经理人员树立起全球化意识是非常重要的。经理人员最初都有很强的本国意识，为此 ABB 公司摸索出了一些卓有成效的做法。ABB 公司把有培养前途的年轻经理派往其他国家交流，或者按照培训计划，把一部分见习训练的内容放到另一个国家进行。ABB 公司有许多来自新兴市场国家和东欧国家的人才在西方进行培训，同时许多西欧人和美国人被派往国外，最终培养了一个全球性经理群体。

- 大与小相结合

跨国公司往往规模巨大、层级多且分明、决策缓慢、官僚主义严重，导致低效率和浪费，然而公司组织中的人却在不同的小单位中工作。从管理角度来看，公司是巨大而复杂的，然而从基层角度来看，每一件工作都应该是清晰的、明确的。这一方面要求经理人员有明确的责任、清晰的义务；另一方面又要求他们知道怎样做才能对公司整体利益有利，甚至要牺牲自己的业绩来保证公司的整体利益，因而在很多情况下他们的责任和义务又是模糊不清的，只有上层管理人员才能把握好。

ABB公司融合大与小的优势做法主要有两个：

（1）化大为小，也就是在集团内部使各组织单位的规模控制在一定范围内，形成高度分散且在地理位置上广泛分布的组织机构，使企业具有一定反应能力。

（2）“大”中含“小”，即在企业集团内部建立公司中的“小公司”，以促进企业家精神和创新氛围的形成，从而使每个小公司充满活力。公司中的“小公司”一种是作为利润中心（ABB公司有1 000多个法人实体，还有5 000个利润中心）而存在，它具有较大的经营自主权，和其他小企业一样，面对市场的变动，自身具有较大的灵活性和适应性，从而使规模很大的集团公司同样充满活力；另一种是作为创新源泉而存在，主要从事风险型研究和开发，以及其他各种各样的创新活动。ABB公司每年在研究与开发方面的投入中有很大一部分用于风险型投资。

- 集权与分权相结合

跨国公司为了获得一体化利益而强调集中控制，以此来保证大公司的统一领导和指挥，但是这和跨国公司生产经营布局的分散化有矛盾，现代跨国公司在多样化的要求中面临的集权与分权的矛盾比任何时候都突出。为此，应当建立分散化与集中化有机结合的平衡优势，生产经营分散化是与集中监督紧密相连的。分散化绝对不能与放任自流混淆，集团高级经理层有权力进行干预、教导和改正，同时要制定正确的战略及组织机构来保证集权与分权相结合。

ABB公司建立了周密的财务报告制度和体系，来实施不同层次的监控。高层经理们每个月都要查看集团公司的总体经营状况。为了更好地了解集团的状况，他们每年都要会见大批各个层次的员工。每隔18到20个月，ABB公司就集中400到500名经理进行为期1周的交流，而大约100位重要的经理1年要集中两次。和单一的或者集中于一个国家的公司相比，ABB公司的交流成本要高得多，但这是必须付出的代价。通过这样一些方式，ABB公司建立起了分散化经营但能够进行监督与控制的体制。

- 内部化与外部化相结合

跨国公司一方面要充分利用内部市场进行资源转换和配置，以最大限度地获得内部一体化利益；另一方面，为了适应环境的变动，也要充分利用外部资源，积极参与其他公司的战略联盟与合作，形成虚拟化的网络生产经营体系。

- 多样化与专业化相结合

跨国公司一方面为了减少经营风险，充分利用企业资源以加快增长速度和增加利润，实现多样化经营；另一方面，由于多样化经营可能导致战线过长，在新行业中的经营因缺乏相应资源和管理经验等造成效果不佳，所以实际上只有在有限的几个行业中促进专业化发展、形成与众不同的差别化特色或低成本优势才能取得多样化的成功。多元化与专业化是辩证统一的。

- 合并与分解相结合

企业合并是跨国公司实现规模迅速扩大和市场扩张的一种主要手段，然而合并会带来管理整合问题，使公司管理成本上升、管理效率下降，因而具有内在限制性。许多跨国公司出于效率和竞争力的考虑，在并购大量企业的同时又在大量卖出一些业务。

正是因为很好地处理了上述六个方面的关系，ABB公司才成功地解决了企业国际化经营的主要矛盾，给了我们很多启示。

资料来源　刘冀生．企业战略管理［M］．2版．北京：清华大学出版社，2003.

总的来看，全球化的市场、多样化的文化和跨国公司庞大的规模，使企业的国际化经营面临着巨大的挑战。

近年来，中国政府把“走出去”作为一项基本政策，积极鼓励中国企业对外投资，进行国际化经营。中国企业的国际化经营已经从早期的代工、出口贸易为主逐步转变为对外投资为主，其中的主体是资源性企业和制造业。中海油收购加拿大尼克森公司、吉利收购沃尔沃、海尔在美国和德国投资建厂都是中国企业国际化经营的典型案例。

中国企业走向世界的道路并不平坦。成本优势的失去、完全不同的经营环境、金融危机和投资地政局动荡都给中国企业的国际化经营造成了很大的冲击，企业自身的不足也让众多企业在国际化经营中付出了高昂的代价，华为、TCL、上汽集团等企业都经历了异常艰难的国际化历程，利比亚变局给中资企业带来的巨大损失更让国内企业充分认识到了海外市场的凶险。

中国企业需要不断努力适应国际环境的变化，进一步积累资源、积蓄力量，才能最终实现全球化经营，成为世界性企业。只有一大批中国的跨国公司成长起来，才能说中国是一个经济强国。

**从华为和联想看国内IT企业的国际化之路**

# 第7章 合作战略

**开篇案例**

## 吉利收购沃尔沃

2010年3月28日，吉利控股集团宣布与福特汽车签署最终股权收购协议，以18亿美元的代价获得沃尔沃轿车公司100%的股权以及包括知识产权在内的相关资产。此项交易预计于2010年第三季度完成，当然还要符合通常的交易完成条件，包括获得相关监管部门的批复。此交易得到中国、瑞典两国的高度重视，中国工信部部长李毅中以及瑞典副总理兼企业与能源部部长Maud Olofsson出席了签字仪式。作为中国汽车业最大规模的海外收购，吉利上演了中国车企“蛇吞象”的完美大戏。

**收购历程**

2009年4月，福特汽车对中国企业发出出售沃尔沃的情况说明，北汽、奇瑞、东风、吉利均表示有意收购沃尔沃；

2009年10月，吉利和福特双方首次正式宣布，吉利成为沃尔沃的首选竞购方；

2009年12月，吉利引入两名拥有跨国公司管理经验的重量级高管，负责沃尔沃项目，包括原华泰汽车总裁童志远和原菲亚特动力科技中国区总裁沈晖；

2009年12月23日，吉利集团和福特集团就收购沃尔沃轿车公司的所有重要商业条款达成一致，并表示将在2010年第二季度完成交易；

2010年3月28日，吉利正式收购瑞典沃尔沃轿车100%的股权。

**收购价格**

1999年，福特以65亿美元的高价购得沃尔沃品牌，然而事与愿违，沃尔沃这个品牌在过去几年里让福特伤透了心，2008年沃尔沃税前亏损高达16.9亿美元。随着金融危机全面到来，在售出阿斯顿马丁、路虎、捷豹之后，沃尔沃又成为福特剥离的目标。

根据洛希尔综合采用现金流折现、可比交易倍数、可比公司倍值等估算方法对沃尔沃资产进行的评估，在金融危机最严重时对沃尔沃估值，合理价位在20亿~30亿美元之间，其中，合理收购资金15亿~20亿美元，运营资金5亿~10亿美元。正是根据洛希尔做出的这一估值，吉利提出的申报收购金额为15亿~20亿美元，最终成交价格确定为18亿美元。

吉利花费18亿美元的代价收购沃尔沃，不到当年福特收购价的1/3。这是全球金融危机导致世界汽车行业重新洗牌的意外收获。从沃尔沃的品牌、已有的供应商和经销商网络以及它的技术来看，这次收购还是物有所值的。被誉为“世界上最安全的汽车”的沃尔沃，其品牌价值和技术含量堪称世界一流。吉利收购沃尔沃抓住了历史性的机遇，是中国企业海外并购的成功范例。

**交易架构**

此次收购以在国内及海外设立特殊目的项目公司的形式进行。为便于收购，吉利成立了北京吉利万源国际投资有限公司（以下简称“吉利万源”）和北京吉利凯旋国际投资有限公司（以下简称“吉利凯旋”）来作为国内的收购主体。

吉利万源最初由北京吉利凯盛国际投资有限公司（以下简称“吉利凯盛”）出资2 000万元成立，2010 年 3 月 2 日，吉利万源注册资本剧增至 71 亿元人民币。其中吉利凯盛的投资由 2 000 万元增至 41 亿元，占注册资本总额的 57. 75%，大庆市国有资产经营有限公司增资 30 亿元，占注册资本总额的 42. 25%。

吉利凯旋与吉利万源几乎同时注册，目前股东只有李书福一人，注册资本仍为1 000万元。按照 18 亿美元的收购价格折算，李书福这次收购需要超过 120 亿元人民币。吉利万源的注资已经完成，那么下一步 50 多亿元的融资缺口，需要通过吉利凯旋来完成。

吉利万源和吉利凯旋通过在瑞典设立一家全资的特殊目的公司（SPV）来持有沃尔沃汽车股份。瑞典特殊目的公司虽不具备实际运营功能，但作为持有收购目标公司的法律实体，可以方便瑞典事务的推进。

**吉利为什么选择收购沃尔沃**

吉利之所以重金收购沃尔沃，看上的是沃尔沃的品牌价值和核心技术。在收购沃尔沃之前，吉利就已经开始实施从低端品牌向中高端品牌发展的战略转型。刚入市时，吉利以低价获得市场，为了尽快追赶世界先进水平，吉利又提出了“生产世界上最环保、最安全的车”的主张，正是基于这一战略思想，沃尔沃成为吉利的首要购买对象。

吉利收购沃尔沃，得到的是“Volvo”品牌。沃尔沃虽然没有奔驰、宝马知名度高，却也是全球知名豪华车品牌。沃尔沃这个品牌的核心价值是安全和环保，近年来致力于实施双零即“零伤亡，零污染”战略，正是其品牌价值的体现。美国公路损失资料研究所曾评比十种最安全的汽车，沃尔沃荣登榜首；沃尔沃的企业品牌在世界品牌实验室编制的 2006 年度《世界品牌 500 强》排行榜中名列第 232 位。沃尔沃品牌轿车的车身回收率可达 80%，这对一辆豪华车来说基本是不可能的。沃尔沃的环保更直接体现在它的油耗和尾气排放上。

沃尔沃在汽车安全和节能环保方面有许多独家研发的先进技术和专利。它拥有4 000名高素质研发人才组成的队伍与体系能力，有满足欧 6 和欧 7 排放法规的 10 款整车和 3 款发动机，年产汽车能力近 60 万辆。1999 年福特公司并购沃尔沃后，投资不下 100 亿美元研究低碳技术。除了沃尔沃在汽车安全技术方面的传统优势，吉利更看重沃尔沃的低碳技术，顺应了时代发展需要与潮流。知识产权问题一直是西方国家攻击中国企业海外并购的内容之一，吉利百分之百收购的做法，杜绝了这一后患。

如今，7 年过去了，沃尔沃的全球销量从 33.48 万辆增长到了 53.43 万辆，利润也大幅增长。与此同时，吉利汽车的销量也不断上涨。2016 年吉利汽车的全年总销量为 76.6 万辆，较 2015 年增长约 50%；2017 年上半年，吉利汽车的销量已经超过 53 万辆，完成了 53%的年度销量目标，由此吉利再次将 2017 年的销量目标提升至 110 万辆。事实证明，吉利是对的。吉利收购沃尔沃真正实现了二者之间 1+1>2 的联合效应，而且这种效应一直在扩大且正获得市场一致认可。

资料来源 根据新浪财经频道相关报道整理.

现代企业的发展，速度成为关键，即所谓“快鱼吃慢鱼”。一方面，依靠企业自己的力量内部创业的传统方式进入新市场后越来越不适应新的竞争环境；另一方面，依靠自我投入进行多元化经营或产业整合还会加大经营风险，使企业背上沉重的包袱。通过并购和战略联盟等方式实现快速扩张日益成为企业重要的发展途径。“海尔文化激活休克鱼”战略是海尔通过并购发展自己的成功范例。

并购和战略联盟都借助了其他企业的力量，所以统称为合作战略。

## 7.1 并购战略

### 7.1.1 并购战略概述

纵观美国著名大企业，几乎没有哪一家不是以某种方式、在某种程度上应用了兼并、收购而发展起来的。

——乔治·J. 斯蒂格勒（诺贝尔经济学奖获得者）

企业并购自 19 世纪末在西方兴起，一个多世纪以来世界范围内出现过多次并购浪潮。20 世纪末到 21 世纪初的并购浪潮让很多著名企业走到了一起，如波音与麦道、奔驰与克莱斯勒、惠普与康柏等。并购对优化资源配置、调整产业结构、充分利用规模经济和范围经济效应、实现企业的迅速扩张等都发挥着重要的作用，日益成为企业实现战略意图的一个重要手段，正如斯蒂格勒所说，很多企业正是依靠并购发展起来的。例如通用电气（GE）这个百年老店，在其发展历史上至少进行过 600 次以上的并购，帮助它进入了多个新的行业，从爱迪生时代的民用电器制造商成长为多元化经营的跨国巨头。2010 年 10 月，GE 斥资 30 亿美元成功收购一家油气生产引擎制造公司 Dresser。

20 世纪 90 年代以来，随着国有企业改革的深化、民营企业的发展以及资本市场的发展，我国企业的并购也日益活跃，并且呈现出全方位、国际化的特点。开篇案例介绍的吉利收购沃尔沃，2013 年 2 月中海油收购加拿大尼克森公司，2013 年 9 月我国最大的肉制品生产商双汇斥资 71 亿美元收购美国最大的猪肉制品供应商史密斯菲尔德，以及 2004 年联想收购 IBM 个人计算机（PC）业务都曾引起很大的反响。2012 年 3 月 12 日，优酷和土豆宣布将以 100% 换股的方式正式合并。作为我国两个最大的视频网站，优酷和土豆的合并将进一步巩固其本来已经十分强大的市场地位。这些例子充分说明，近年来并购已经成为我国企业普遍的战略行为。

“并购”的英文原意为 merger and acquisition（缩写为 M&A)，是合并与收购的通称。企业并购实际上是一种资本运作，通过产权交易，达到增强企业竞争优势、实现企业既定战略目标的目的。

我国《公司法》规定合并有两种形式，即吸收合并和新设合并。吸收合并是指一家公司吸收另一家公司，被吸收公司解散，并依法办理注销登记，丧失法人资格，被吸收公司的债权、债务由吸收公司继承。惠普与康柏的合并就属于吸收合并。

新设合并是指两家以上的公司合并设立一家新的公司，原合并各方公司解散，其债权、债务由合并后新设公司继承，合并各方依法办理公司注销登记，同时放弃法人资格，并依法办理新设公司的登记，成立一家新的公司。奔驰与克莱斯勒的合并就是新设合并，合并以后的公司名称改为奔驰-克莱斯勒公司。

收购是指一家公司通过购买另一家公司部分或全部股份，从而取得另一家公司部分或全部资产所有权的产权交易行为，被收购公司的法人地位并不消失。收购有两种形式：资产收购和股权收购。股权收购的主体是收购公司和目标公司的股东，客体是目标公司的股权。而资产收购的主体是收购公司和目标公司，客体是目标公司的资产。在股权收购方式下，收购方成为被收购公司的股东；在资产收购方式下，收购方不成为被收购公司的股东。

在股权收购的情况下，收购方所购得的股权数量决定了三种收购结果：参股、控股和全面收购，反映了收购方对被收购公司控制权的不同。

**1. 企业并购的动机**

企业并购的动机多种多样，从根本上说是为了借力发展自己。企业单纯依靠内部成长或内部创业进入新的业务领域或新的市场来扩张是一个缓慢的过程，不如并购效率高，还会遇到很大的障碍。此外，内部创业所带来的收益和现金流存在巨大的不确定性，尤其是如果要进入的行业存在很高的壁垒，就会让内部创业变得困难重重。而如果并购一家现有的企业则可以绕开壁垒，借助该企业已有的品牌和技术迅速进入新的市场。通常，进入壁垒越高，企业越可能选择并购战略。并购还具有消灭竞争对手、迅速提高市场份额和产业地位的作用。开篇案例中，吉利收购沃尔沃还有实现从低端廉价产品向高端产品战略转型的内在动机。当年联想并购 IBM 的 PC 业务的主要动机是既实现国际化经营，又增强自己在 PC 市场中的地位。此外，企业的并购还有一些特殊原因，如“借壳上市”甚至是获得一项关键技术等。

**2. 并购战略的分类**

我们可以从并购双方所处行业、并购动机、融资方式和支付方式几个方面对企业并购战略进行分类。

（1）并购双方所处行业

第 5 章中我们谈到并购是一体化、多元化战略的主要途径，相应地，从并购双方所处的行业情况或者在产业链中的位置可以把企业并购分为横向并购、纵向并购和混合并购三类。横向并购是同行企业之间的并购，并购双方处于同一行业，提供的产品或服务类似，并购的结果既提高了行业集中度，又有利于实现规模经济效应，增强企业的市场地位。纵向并购是同一产业链企业之间的并购，可以进一步划分为前向并购和后向并购两类。这种并购能够实现垂直整合，保证各环节的密切配合。混合并购是对在产品和市场上与本企业没有直接联系的企业的并购，借助混合并购企业能够实现多元化经营。

（2）并购动机

从并购动机的角度看，可以把并购分为善意并购与恶意并购。收购公司提出并购条件后，如果被并购公司（目标公司）接受并购条件，这种并购称为“善意并购”。在善意并购下，双方都有合作的愿望，可以在友好公开的气氛中商谈并购条件，这种并购的成功率较高。如果收购公司提出收购条件后被收购公司（目标公司）不接受，则收购公司只有在证券市场上强行收购，或者自行提出公开收购要约，实现目标公司控制权的转移，这种方式叫“恶意并购”。在恶意并购条件下，目标公司通常会采取各种措施进行反收购，此时证券市场也会做出反应，股价迅速升高。在恶意收购情况下，除非收购方有雄厚的实力，否则很难成功。

应对恶意并购有很多手段，其中“毒丸计划”最常见。“毒丸计划”由美国著名的并购律师马丁·利普顿（Martin Lipton）于1982年提出，正式名称为“股权摊薄反收购措施”，就是向普通股股东发行优先股，公司被收购时股东持有的优先股就可以转换为一定数额的收购方股票。一旦未经认可的一方收购了公司大笔股份，“毒丸计划”就会启动，导致新股充斥市场，其他所有的股东都有机会以低价买进新股，这样就大大地稀释了收购方的股权，使收购变得代价高昂，从而达到抵制收购的目的。这种做法当然也会损害（大）股东的利益，所以叫“毒丸计划”。

此外，国外常用的抵制恶意并购的手段还包括：

①修订公司章程，规定一年内不得改组董事会；

②设置黄金降落伞，也就是在公司被收购时给予高管大量现金补偿；

③提起诉讼，如反托拉斯、信息披露不充分等；

④改变资本结构，稀释所有权；

⑤签订中止协议，迫使收购方一定时间内不再收购更多目标公司股份，目标公司给予收购方一定的补偿等。

为了克服并购中的阻力，收购方往往会采取相应措施争取目标公司股东和高管的支持。双汇收购史密斯菲尔德的报价大大高于该公司的市值，以此保证了收购的顺利进行。

（3）融资方式

从融资方式角度可以把并购分为杠杆收购和管理层收购两种类型。

杠杆收购（leveraged buy out）也叫作“LBO”，指收购方以目标公司资产作抵押，通过大规模的融资借款对目标公司进行收购。这些负债大部分由收购方发行的高风险债券组成，由于这种债券使发行企业负债增加、信用降低、风险加大，故称为“垃圾债券”。收购成功后，收购者再用被收购公司的收益或依靠出售其资产来偿还债券本息。这种以目标公司资产和收益作为保证的融资，使得小企业也能借助杠杆的威力实现“蛇吞象”。

管理层收购（management buy out）也叫作“MBO”，指由管理层本身对自己的公司进行收购，通常必须采用杠杆收购方式才能成功。管理层收购经常被作为对抗恶意收购的一种手段。有时管理层也会采用该方式取得控制权，再选择时机将公司以更高价格卖出。

（4）支付方式

并购能否实现，支付方式也是一个重要的影响因素。双汇收购史密斯菲尔德就得到了中国银行的大力支持。按照支付方式的不同，可以把并购分为现金收购、股票收购和综合证券收购等类型。

现金收购是收购公司通过向目标公司的股东支付一定数量的现金获得目标公司的所有权。现金收购在西方国家存在资本所得税的问题，会增加收购成本。此外，现金收购会对收购公司的资产流动性、负债等产生很大的影响，需要综合权衡。

股票收购指收购公司通过增发股票的方式获得目标公司的所有权。采用这种方式，收购公司不需要付出现金，不至于对财务状况产生很大的影响，但是增发股票会影响公司的股权结构，原有股东的控制权会受到冲击。

综合证券收购指在收购过程中，收购公司不仅用现金、股票支付，还有认股权证、可转换证券等多种支付形式。综合证券收购兼具现金收购和股票收购的优点，收购公司既可以避免支付过多的现金，保持良好的财务状况，又可以防止控制权的转移。

**【战略聚焦 7-1】　　通用汽车的并购战略**

1982 年，美国通用汽车公司新任总裁罗杰·史密斯上任后明确提出了发展高科技产品的赶超战略。为实现这一战略，他首先对通用汽车公司进行了一系列的调整和重组，使通用汽车公司从一些领域退出，同时兼并、收购了一系列高科技企业，这些兼并、收购行动围绕着通用汽车公司的核心产品——汽车——的生产展开。通过并购，通用汽车公司全面应用计算机和机器人成功实现了生产自动化，同时也成为美国最大的电子器件和国防产品生产厂商，并在人工智能和机器人的研究和制造上处于世界领先地位，成为美国最重要的计算机软件设计和计算机服务企业。这些技术在通用汽车生产中的广泛应用，大大缩短了该公司同日本汽车厂商的差距，生产 1 辆小汽车的成本差距从近 200 美元下降到 140 美元，平均质量瑕疵点从 17 个下降到了7 ~8 个。

资料来源　作者根据相关文献整理。

### 7.1.2　并购战略的实施

尽管并购现象非常普遍，还是有很多研究表明并购并未给收购方带来期望的收益。美智管理顾问公司研究了 1990 年 1 月至 1995 年 7 月间 150 宗超过 5 亿美元的收购案，发现这 150 宗收购中有 50% 损害或严重损害了股东价值，其余 33% 的利润非常小，只有 17% 是成功的。① 类似地，毕马威公司对 1996—1998 年间的 700 宗大型

① WARNER J, TEMPLEMAN J, HORN R. The case against mergers［J］. Business Week, October 30, 1995: 122-134.

收购案进行了研究，发现其中有30%为企业创造了价值，31%损害了企业价值，其余的则毫无影响。① 很多研究表明许多并购未能达到预期的效果，被收购企业的盈利能力和市场份额往往在收购后出现下降，相当部分企业经历了严重的困难，收购方最后不得不再次出售被收购企业，如开篇案例中的福特被迫把沃尔沃卖给吉利。联想收购IBM的PC业务之后也曾经历了长期的亏损。

并购失败的具体原因很多，但归结起来不外是并购前高估了并购的价值导致收购价格过高或收购后收益菲薄，并购后未能实现双方有效的融合。并购战略在实施过程中应该主要关注并购之前对目标公司的评估和并购后的整合。

在并购之前必须对目标企业进行选择，对每一个备选对象进行全面分析。是否并购某企业，首先要根据并购是否符合企业战略的要求、是否有助于实现企业的战略目标而定。我国股市中的首例收购事件——深圳宝安公司收购上海延中实业——的起因就源自宝安公司进入和开发上海市场的计划。对目标公司的分析不仅要看其所处行业以及经营状况，还要进行法律和财务分析。在初步做出并购决策之后，就要估算目标公司的价值。尽管有成熟的价值评估方法，如净值法、市场比较法、净现值法等，并购的实际成交价格还是会受制于很多其他因素，如市场环境、所处行业、高层管理人员、是否上市公司等。在过热的行业中并购的价格常常也会失去理智，如在2000年前后的互联网泡沫时代，很多IT业并购案的溢价水平都很高，许多没有什么实物资产的小公司以过高的价格被收购。另外，很多企业的高管都会过高地估计自己的能力，对并购给企业带来的优势过于乐观，最终为目标企业支付高昂的价格。② 可口可乐曾经认为饮料都是一样的，它一度收购了3家中型葡萄酒公司，打算利用自己的营销能力占领美国葡萄酒市场，但7年的痛苦经历最终让可口可乐认识到了自己的失败。

并购对象可以分为一般企业和上市公司。通常收购上市公司会比较昂贵，原因是目标公司的管理层往往会抵制收购，公司的股东也会要求以显著高于股票市场的价格出售，那么收购方必须在收购后获得足够的收益才能弥补成本。此外，如果是两家或多家公司竞购同一个目标企业则无疑会抬高收购价格。2012年4月，雀巢在与达能、美赞臣等对手的竞争中以118.5亿美元的高价收购辉瑞旗下的惠氏奶粉。如果目标公司急于脱手则会大大压低收购价格，如开篇案例中出售沃尔沃的福特和当年出售PC业务的IBM。

并购往往意味着巨额的资金投入，如何筹集资金是并购实施中必须解决的重大问题。资金筹措有内部和外部两个渠道。内部筹资来源有企业自有资金、企业应付税费和利息、企业未使用或未分配的专项基金。因为内部渠道保密性好、资金成本低、风险小，通常企业都尽可能选择这种资金来源。外部筹资来源主要包括银行信贷、非金融机构融资、向其他企业借款、民间资金和外资等。外部筹资速度快、弹性大，也能在很短的时间内筹集到大量的资金，但保密性差，企业需要负担高额的成本，还要承

---

① ANON. Few takeovers pay off for big buyers [N]. Investor's Business Daily, May 25, 2001: 1.
② ROLL R. The hubris hypothesis of corporate takeovers [J]. Journal of Business, 1986, 59 (2): 197-216.

担很大的风险。

随着金融市场的发展完善，企业的筹资方式逐渐增多，在并购操作中可以根据自身的实际情况选择合理的方式。

通过谈判、融资、签约等一系列步骤取得目标企业的控制权，只是完成了并购目标的一半，在并购操作完成之后，必须要对目标企业进行整合，使其与企业整体战略协调一致，这是并购成功的关键。

并购后的整合首先是战略的整合，需要全面梳理双方的业务，规划目标企业的战略地位与作用，使其符合整个企业的发展战略，才能使收购方与被收购方互相配合，发挥双方的战略协同效应。战略整合最终要使整个企业中的各个业务单位形成一个相互关联、相互配合的战略体系。对目标公司的各项业务的取舍取决于其在整个战略体系中的作用以及与其他业务之间的关系。在整合中需要剥离目标公司与整体战略不符的业务，合并目标公司与企业原有业务重合的部分，加强目标公司中与公司整体战略一致的业务单位。对目标公司业务的重新配置有利于增强整个企业的竞争力。

并购后的整合还体现为组织人事的整合和企业文化的整合。并购之后，双方的摩擦还是在所难免，特别是在恶意并购的时候。如果处理不好，会导致目标公司员工普遍的抵触情绪甚至大量的流失。有研究表明，并购之后管理人员和技术专家的流失，企业内部持续的冲突对运营造成的损害，会严重影响企业的业绩[①]。

并购完成后，收购方应根据战略整合的要求改进、优化组织结构，根据对目标企业的战略定位设置相应的部门，安排适宜的人员，通过对组织机构的调整和对人员的培训等方式促进双方组织人事的融合。文化对并购双方的影响是潜移默化的，又是深远的。并购双方实现整合最终是建立共同的文化。在这个过程中，需要双方取长补短、共同努力，形成有利于战略实现的企业文化。

并购后的整合还需要促进双方管理制度的融合，建立共同的财务控制系统。只有这样，才能保证公司整体战略的实现。

并购后的整合对并购的成败具有决定性的意义，2001 年惠普与康柏的合并为我们提供了很好的借鉴。

**【战略聚焦 7-2】　　惠普与康柏的合并**

惠普在 2001 年 9 月以 250 亿美元的天价并购康柏，为了保证企业的平稳过渡，在合并前、合并中和合并后采取了一系列整合措施。

合并前提出的基本原则是不能停止对客户的服务，先整合后优化，也就是两家公司先合起来做事，其他工作下一步再进行。在部门设置上，把双方相同的业务部门放到一起，各方独有的业务都继续保留，一些对口的职能部门先合并起来；在人员任用上强调选择好经理层，主要任用原惠普高层，其余人员的选拔主要依靠经验和过去的业绩考核，同时强调敬业精神，稳定军心。

---

① CANNELLA A A, HAMBRICK D C. Effects of executive departure on the performance of acquired firms [J]. Strategic Management Journal, 1993, 14 (S1): 137-152.

在合并过程中，通过培训项目的实施发现和培养具备领导素质的人才，减少人才流失；及时与媒体沟通，消除不利传闻对惠普品牌和惠普员工心态的影响；努力实现平稳过渡，人员和战略尽可能不做剧烈调整；不断更新管理方式。

合并之后，惠普着手重塑品牌形象，在全球市场花费4亿美元宣传惠普又回来了，提出新的适应市场型战略；建立新的惠普之道，增加了热忱对待客户、注重速度和灵活性、专注有意义的创新等内容；实施有计划、量身打造的留住优秀人才方案；到2004年才开始实施组织结构优化。

资料来源 作者根据相关报道整理.

## 7.2 战略联盟

“同行是冤家”曾经是很多企业的信条，但在现代经营环境中同行企业不仅是竞争对手，还可能是合作伙伴，战略联盟就是企业间合作关系的集中体现。

20世纪80年代出现的战略联盟（strategic alliance）作为新兴的企业间组织形式在西方国家得到了迅速的发展，尤其是跨国公司之间在全球市场竞争中纷纷采取这种合作方式以谋求竞争优势。

### 7.2.1 战略联盟的本质

战略联盟企业之间是一种合作伙伴关系，它超越了一般市场交易关系，但并没有达到合并的程度，是介于市场交易和企业一体化之间的中间组织，双方在密切合作的同时仍保持各自独立性和平等地位。联盟伙伴之间通常只在某些领域进行合作，而在其他领域有可能又存在竞争。

战略联盟的边界是模糊的，作为中间组织，联盟内的交易不是一个企业内部的交易，因为这种交易的进行不完全依赖于某一个企业，但联盟内的交易也不同于市场上的交易，因为交易的进行并不完全依赖于市场的价格机制，因而战略联盟模糊了企业和市场的界限。联盟成员之间是平等的，彼此没有行政层级关系，而是遵循自愿、平等、互利、互惠原则建立合作伙伴关系，并且这种合作不是一次性的，而是相对稳定的长期合作。联盟伙伴之间在资源能力上存在互补，借助联盟关系把每个企业的优势结合起来，产生战略协同效应，让每个成员都能获得与其在联盟中的地位和贡献相对应的收益，这种收益是单个企业难以得到的。

战略联盟关系的建立和维持主要有两种方式：股权参与和契约联结。

股权参与就是通过相互持股或共同出资建立一家新企业（如合资）等方式，使联盟各方紧密结合在一起，是以权益为基础的战略联盟。由于存在公权力的支持和共同投资的承诺，股权式战略联盟比较稳固，有利于双方实现资源能力的互补。

契约联结主要靠签订各种协议来保护各成员企业间的利益或约束彼此的行为，主要有研发协议、代工协议、特许协议等，是非权益基础的战略联盟。由于各方缺少抵押性的承诺，契约式战略联盟不适用于需要转移内隐知识的合作关系。另外，联盟各方虽然没有签署正式协议，也可以在承诺和信任的基础上通过默契合约的方式保持各方的合作，这种联盟可以称为默契结盟。如双方就彼此的产量达成某种默契，以控制产量的方式把价格维持在较高的水平，最终都能获得较高的利润。这种联盟可能违反公平交易方面的法律，但如果双方是在研发活动中通过默契联盟进行合作研发则不会受到限制。

战略联盟从范围的角度可以分为产业内战略联盟和跨产业战略联盟两类。

产业内战略联盟之联盟伙伴处于同一个产业，彼此存在垂直和水平互补的关系，资源和能力的结合能够创造更大的价值。如果这种战略联盟是在价值链的不同阶段之间形成的，可以称之为垂直互补式战略联盟，而出现在同一价值链阶段中的战略联盟则称为水平互补式战略联盟。这两类产业内战略联盟伙伴彼此间的信任程度有所不同。水平互补式战略联盟伙伴彼此是竞争对手，呈现为既竞争又合作的关系，直接的利益冲突随时可能会导致联盟关系破裂，而垂直互补式战略联盟伙伴可以更加充分地发挥各自的优势，彼此之间的合作远大于竞争，如后面提到的利乐与客户之间的联盟。总的来看，水平互补式战略联盟伙伴之间的信任程度远低于垂直互补式战略联盟，水平互补式战略联盟的存续时间通常要短于垂直互补式战略联盟。

跨产业战略联盟主要体现为多元化战略联盟。企业不能以并购的方式进入新的产品或市场领域时就可能会采用多元化战略联盟，这样做的好处在于风险较低并且具有较大的弹性，一旦双方的合作没有达到预期的收益，就可以很快解散联盟，不必像并购或者自己投资建立公司一样必须履行一系列的法律手续才能撤资或清算。此外，某些并购行为可能会受到政府的干预，如我国商务部对可口可乐收购汇源果汁的干预，多元化战略联盟则可以规避这些问题。多元化战略联盟还能够促进双方进一步的合作，为将来可能的合并或收购打下良好的基础。

一个企业可以同时与若干个企业结成联盟，而其盟友又可以同其他若干企业结盟，因而战略联盟可以扩展为联盟网络。当企业构建的战略联盟有两个以上的成员时，就会形成联盟网络。联盟网络不仅加剧了联盟关系的复杂性，改变了产业竞争格局，还带来了联盟管理的困难。

所有的联盟网络都有战略中心厂商，由这个中心厂商管理整个网络①，它们通常具有某些独特的能力，可以把重要的活动转移到其他网络成员。联盟网络的价值创造主要基于成员之间的承诺和依赖，如果能增强网络成员之间的承诺和依赖关系，就会促进网络的价值创造。

此外，企业在过去的网络关系中积累的资源和能力会影响它进入新的网络联盟的可能性，也就是以往战略联盟的结果会影响企业后续的战略联盟行为。②

### 7.2.2 战略联盟的兴起

企业战略联盟的出现并不是偶然的，而是有着深刻的政治、经济背景。概括起

---

① STUART T E. Alliance networks：View from the hub，mastering strategy［J］. Financial Times，November 1999，15：4-6.

② GULATI R. Network location and learning：The influence of network resources and firm capabilities on alliance formation［J］. Strategic Management Journal，1999，20（5）：397-420.

来，战略联盟产生的原因有以下几个方面：

第一，世界经济一体化和区域经济一体化使国际分工和国际合作更加深化，从产品专业化到零部件专业化，再到工艺流程专业化，分工范围更加广泛和深入，同时加剧了企业之间的竞争，很多企业难以依靠一己之力应付复杂的竞争局面，企业彼此之间的依赖性大大增强。世界经济一体化还使得企业必须要借助联盟的力量进入海外市场。摩托罗拉在 20 世纪 80 年代中期试图进入日本无线电话市场时发现自己面对着很大的贸易壁垒，它不得不借助与东芝的战略联盟进入日本市场。1987 年摩托罗拉与东芝建立了制造微处理器的合资公司，作为回报，东芝提供几位最优秀的经理帮助摩托罗拉在日本开展营销活动，促使日本政府为摩托罗拉发放进入日本市场的许可，分配无线通信系统所需要的频率。正是在东芝的帮助下，摩托罗拉才绕过了贸易壁垒，最终打入日本市场。

第二，战略联盟可以分担开发新产品和新技术的成本和风险。科学技术的飞速发展和急剧变化的市场环境大大缩短了产品生命周期，使得很多新产品、新技术的开发面临着很大的不确定性。同时，新产品开发的巨额投入也不是单个企业所能承受的。摩托罗拉与东芝的联盟在很大程度上正是为了分担微处理器制造厂的高额固定成本支出。微处理器是资本密集型业务，两家公司为建设新工厂共花费了 10 亿美元。波音曾与多个日本公司合作开发波音 787 喷气式客机，它希望与合作伙伴共同分摊高达 80 亿美元的开发投资。

第三，战略联盟反映的是当代企业竞争格局的改变。传统的企业竞争着眼于消灭竞争对手，形成“你死我活”的对立关系，而在高风险、行业高集中度的情况下，任何一方的恶意竞争行为都会给各方造成很大的伤害，最终形成“零和博弈”。同行企业之间虽然存在对立和冲突，但同时也存在共同的利益基础，竞争对手之间在某一方面有共同的目标和需要时，就可能进行局部合作，将竞争关系转化为“竞争合作关系”，也就是从完全对立走向部分对立、部分合作。这时，企业与竞争对手之间就不仅是“分馅饼”的竞争，也不是“此消彼长”的关系，而是通过合作创造一个更大的馅饼，让双方都能获得更大的收益，最终实现双赢或多赢。另一方面，在产业面临产能过剩和激烈的成本竞争时，为了避免过度竞争造成灾难性的后果，同一个产业内的企业之间会以联盟的方式来弱化竞争。此外，联盟还可以用来应对产业外竞争者的强大压力。

第四，战略联盟有助于实现合作伙伴之间的资源互补，促进共同发展。即使是行业中的领先企业也有自己的不足，需要联盟伙伴的帮助。2003 年，微软和东芝建立联盟共同开发在汽车上实现多种娱乐功能的微处理器，其中微软发挥了它的软件工程技能，东芝的贡献则体现在微处理器开发技能上。

现实中，战略联盟常见于汽车业、航空业、电信业、计算机和电子产品等行业，这些行业的共同特点是进入壁垒高、全球化程度高、规模经济明显、技术发展快、风险高。这充分说明，企业之间之所以要建立战略联盟主要是为了降低不确定性。

下述案例中瑞典利乐公司的成功经验表明，战略联盟体现的合作共赢观有力地促进了企业的发展。

【战略聚焦 7-3】 **利乐的联盟思想**

我有利，客无利，则客不存；我利大，客利小，则客不久；客我利相当，则客可久存，我可久利。

瑞典利乐公司作为全球最大的软包装供应商，掌控着全球75%左右的软包装市场份额。自1985年进入中国以来，利乐已经成为中国最大的软包装供应商。作为产业链上游的供应商，利乐是如何在产业环境，特别是下游公司经营理念很差的环境下迅速发展业务的呢？利乐公司在中国奉行的经营理念是与客户共同成长。利乐深信，整个产业链上各个厂家共同发展，才能带来整个产业的繁荣。作为产业链条中上游的供应商，利乐认为只有下游发展了，自己才能获得更大的发展。

作为供应商，利乐并没有把自己的主要职责放在如何提高产品质量、提高产品竞争力、不断推出适应企业需要的产品、降低价格、完善对客户的售后服务等方面，而是面对产业链下游“软件”环境差的状况，决定帮助客户成长。作为落实这一理念的实际行动，利乐在营销上与下游厂商结成战略合作伙伴关系。利乐称这种伙伴关系为“关键客户管理系统”（KAM）模式。为此，利乐以客户为中心，改变内部的组织结构，设置关键客户经理，使其组织在业务功能上形成以客户为导向的作业流程。这样，利乐在输出产品的同时，还输出企业文化、管理模式、运营理念、营销思想、市场运作方法，为合作伙伴培养人才。同时，在对合作伙伴全面输入管理、研发、技术、加工、营销的过程中，利用优势资源全面整合客户，通过有效的关键客户管理，使客户实现业务利润的增长，达到客户满意的目标。与此同时，利乐也获得了客户的认可，有了更大的发展。

资料来源 张文松．战略管理［M］．北京：机械工业出版社，2010：7.

### 7.2.3 有效的战略联盟

战略联盟的失败率非常高，一项对49个联盟的研究发现，这些战略联盟在形成两年内就有2/3出现严重的管理或财务问题，尽管许多问题得到了解决，但还是有33%的联盟最后被合作各方认为是失败的。① 战略联盟成功与否不仅取决于对联盟伙伴的选择，还取决于对联盟的有效管理。

**1. 联盟伙伴选择**

伙伴选择是建立战略联盟的前提。一个企业一旦决定要建立战略联盟，那么它首先要做的事就是确定选择合作伙伴的标准，这些标准可以归纳为3C原则，即兼容性（compatibility）、能力（capability）、投入（commitment）。

（1）兼容性

兼容性是一个成功的联盟所必须具备的重要条件之一。两个企业的合作如果缺少兼容性，无论它们的业务关系在战略上多么重要，也不管它们彼此多么有能力，都很

---

① BLEEKE J, ERNST D. The way to win in cross-border alliances［J］. Harvard Business Review, 1991, 69(6): 127-135.

难经受时间的考验，也很难应付变化的市场和环境，因为它们首先要做的事情是能够在一起工作。许多企业在谈到战略联盟时，都用婚姻来形容它，这并不是说联盟是件浪漫的事，而是说明兼容性以及解决分歧与矛盾的能力是保持联盟双方良好关系的必要条件。

兼容性建立在合作伙伴彼此认可和了解的基础上，好的合作伙伴必须有共同的愿景，如果两家企业建立联盟的动机存在很大的差异，联盟关系注定不可能长久。

（2）能力

在建立联盟之前要对合作伙伴的能力进行深入的考察。好的合作伙伴要能帮助企业实现战略目标，如进入新市场、开发新产品等，也就是说合作伙伴必须具备一定的能力，这种能力是企业所需要的，或者说是有价值的。

（3）投入

好的合作伙伴不会在联盟中采取只对自己有利的机会主义态度，窃取合作伙伴的技术和其他资源，只想得到不愿付出。即使合作者很有能力并且与企业的兼容性很好，如果它不愿意向联盟投入资源，联盟就很难正常运转。通常，如果联盟的业务属于合作方的核心产品或核心业务、对方退出的难度比较大，其投入意识会比较强。

战略联盟是一个两难的选择，双方都想借对方的力，学习对方的长处，又担心自己的技术或专长外流。因而，双方必须建立信任才能使联盟伙伴关系稳定发展。信任意味着双方都相信对方会关心自己的利益，是对彼此互助互利的信任。信任需要时间的考验，也需要公平的利益分配。20世纪80年代，广州汽车集团和法国标致公司共同创办合资企业——广州标致，标致公司在向合资企业提供零部件时有两种选择：一是把转移价格定得很高，法方单独获利；二是把转移价格定得较低，同广州汽车集团在合资企业中共享利润。标致选择了前者，结果造成合作关系紧张，最终导致双方分手。

**2. 联盟的管理**

联盟伙伴的选择是建立战略联盟的前提，但要真正建立良好的合作关系，还需要对联盟进行有效的管理。即使双方存在信任关系，战略联盟也可能会因为联盟伙伴的机会主义行为造成己方有价值的资源流失。图7-1展示了防止联盟伙伴机会主义行为（“窃取”技术或市场）的四种方法。

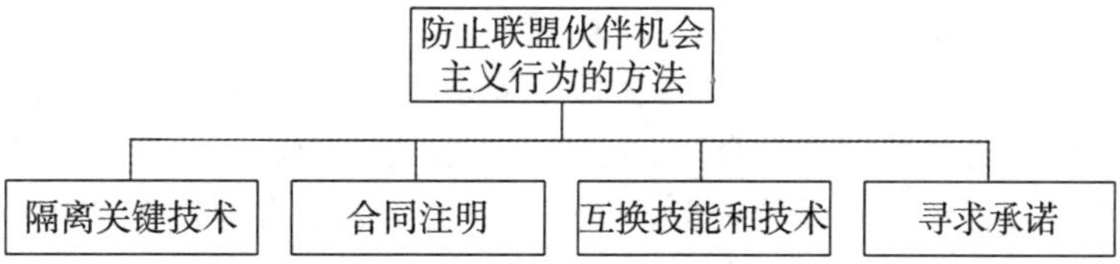


**图7-1　防止联盟伙伴机会主义行为的方法**

资料来源　希尔，琼斯，周长辉. 战略管理（中国版）[M]. 孙忠，译. 北京：中国市场出版社，2007.

第一，要防止不宜转让技术的泄漏，对敏感技术建立“防火墙”。在通用电气与Snecma公司建立的飞机引擎制造战略联盟中，通用电气特意隔离了某些制造流程以避免“过度转让”的风险，采用模块化的制造流程切断了关键技术泄漏的渠道，只是把总装部分留给 Snecma 公司。类似地，波音与日本公司合作开发波音 767 飞机时，也隔离了研究、设计和营销等影响竞争地位的关键职能，只让日本公司分享制造技术。同时，波音还在联盟中屏蔽了制造波音 767 飞机不需要使用的新技术。

第二，可以在协议中注明防止机会主义风险。天合公司（TRW）同大型的日本汽车配件供应商建立了三个战略联盟制造安全带、引擎阀门和驾驶盘，销售给设在美国的日本汽车制造厂。TRW 在每一份战略合同中写明禁止日本公司同 TRW 竞争，向美国汽车制造厂供应配件。这样，TRW 就保护了自己，以免日本企业把战略联盟当作进入美国本土市场与 TRW 正面竞争的跳板。

第三，联盟各方可以互换技术和技能，保证都有平等的机会获得收益。双向许可协议就是实现这一目的的重要手段。在摩托罗拉与东芝的联盟中，摩托罗拉把部分微处理器技术许可给东芝，反过来东芝又把部分记忆芯片技术许可给摩托罗拉。

第四，如果事先能从合作方处得到可信的承诺，也可以降低机会主义风险。施乐在与富士合作制造面向亚洲市场的复印机时不同意富士提出的非正式协议或许可，坚持要求富士投资开办各占 50% 股份的合资公司，这一合资公司包括人力、设备等各方面的投资。富士从一开始就做出了重大承诺，它必须全力以赴，施乐感到把复印机技术转让给富士是安全的。

**3. 联盟信任和联盟学习**

许多研究表明，信任是合作成功和稳定发展的关键因素。信任涉及可靠性，在联盟关系建立之前相信合作伙伴是诚实的、可靠的，是会遵守诺言的。

创造信任的五大要素是：

（1）交流。交流是培养信任的一个重要手段。

（2）减少交往对象的数量。许多公司为同合作伙伴成功建立信任关系，往往首先从减少或限制伙伴关系的数量开始（克莱斯勒汽车公司从 1989 年开始把供应商数目从 2 500 家减少到 1 140 家）。

（3）公平。在联盟运作过程中要注意分配公平，不仅合作结果要公平，还要注意程序公平，也就是管理合作关系的程序是公平的。

（4）保持长期关系。信任是逐渐形成的，通过长期的交往，伙伴之间彼此加深了解，有助于信任的建立和发展。

（5）灵活性与非正式性。信任能使合作关系充满灵活性和非正式性，信任的基础可以使联盟仅需要最低限度的合同，甚至完全没有合同。灵活性与非正式性在环境充满不确定性时具有特别重要的意义。管理方式的不同通常源自文化上的差异，求同存异、互相学习是处理差异的基本原则。福特与马自达在共同开发畅销产品福特探险者和马自达 Navajo 的过程中，建立了双方经理定期会面的制度，不仅讨论同联盟有关的事宜，还在工作之余建立了经理们的个人友谊，大大促进了双方的信任与和谐关系。这种非正式的个人关系还有助于解决联席会议等正式场合出现的问题。

在不确定的环境中，联盟双方的合同条款不可能制定得很严密，合同执行中需要有一定的灵活性，信任使双方都相信对方不会采取机会主义行为。在联盟绩效难以度量的情况下，信任关系尤为重要，因为在相互信任、利益一致的情况下，可以不要求对绩效进行直接的度量。

决定联盟收益的关键是企业的学习能力。企业必须善于学习合作伙伴的长处，并在员工中传播有益的知识和技能，最终将其运用到自己的经营管理中。当年在通用汽车公司与丰田汽车公司共同制造雪佛兰 Nova 的联盟中，丰田就实现了不对称学习。双方各出资 50% 在加利福尼亚成立新联合汽车制造厂。丰田通过联盟实现了自己的目标，学到了美国的供应与运输系统，也学会了如何管理美国工人。这些知识很快被丰田用于后来在肯塔基州开设的工厂。与此相反，尽管通用汽车借助联盟开发了新产品雪佛兰 Nova，却从未好好利用从合资公司获得的知识。在联盟中共同制造雪佛兰 Nova 的通用汽车的经理们后来被分散到不同的分公司和各个部门中，而没有组建成团队以更好地吸收利用丰田的知识和技能。①

最后，我们用我国最大的钢铁企业宝钢利用战略联盟实现产业整合的案例来对战略联盟做一个总结。

**【战略聚焦 7-4】　　宝钢巧用战略联盟整合产业价值链**

在我国的钢铁行业中，上海宝钢集团（以下简称宝钢）无疑是行业翘楚。作为我国最大的钢铁企业，宝钢拥有现代化的生产能力，一流的管理水平，展现出了强劲的竞争力。宝钢的成功原因有很多，借助战略联盟整合产业价值链是重要的法宝。自 2000 年起，宝钢通过与上下游企业密切合作，与钢铁同行合纵连横，走出了一条巧借战略联盟整合产业资源、促进企业发展的新路。

宝钢的策略是通过与主要供应商和用户建立高效稳定的供应链管理体系，提高战略资源的稳定供应能力，提高快速反应和增值服务能力，不断满足用户需求，提高顾客满意度，实现与供应商和用户的长期共赢。宝钢的战略联盟主要围绕两条主线展开：一条是与产业链上下游企业结成的纵向战略联盟；另一条是与钢铁冶金企业组建的横向战略联盟。通过纵横两条线的战略联盟，宝钢借用联盟伙伴的力量，整合了产业价值链的资源，很好地实现了自己的战略意图。

**宝钢纵向战略联盟的发展**

宝钢是特大型钢铁企业，而且地处铁矿资源贫乏的上海地区。同样是特大钢铁企业，如鞍钢集团则位于铁矿石储量丰沛的东北地区，已探明铁矿石储量约占全国储量的 1/4。鞍钢周围还蕴藏着丰富的菱镁石矿、石灰石矿、粘土矿和锰矿等，为黑色金属提供了难得的辅助原料。相对于这些具有先天优势的钢铁同行，如何使需求量巨大的铁矿得到充分的满足是摆在宝钢面前的一大挑战。宝钢使用的矿石主要依靠进口，国际铁矿石供应主要集中于三大巨头：巴西淡水河谷公司、澳大利亚必和必拓公司与力拓集团。这三家公司控制了全球铁矿石 2/3 的产量，掌握了全球铁矿石价格的话语权。宝钢要摆脱这种铁矿石供应上的被动局面，除了签订长期供货合同外，还要积极

① WYSOCKI B. Cross-border alliances become favorite way to crack new markets [J]. Wall Street Journal, March 4, 1990: A1.

向上游延伸，与铁矿石供应商建立更加紧密的合作关系。此外，宝钢对焦炭、炼焦用煤和喷吹煤也有巨大的需求。

从2001年起，宝钢先后与巴西淡水河谷公司、澳大利亚哈莫斯利矿业公司（力拓集团下属企业）组建合资企业，联合开采铁矿，所产铁矿石将优先供应宝钢。2003年和2004年，宝钢又与河南永煤集团和平煤集团签署战略合作意向书，结成战略合作关系，从而确保了优质炼焦用煤和喷吹煤的供应。

在宝钢重点发展的不锈钢产品中，为得到稳定的不锈钢和其他特殊钢材的原材料来源，宝钢又与金川集团携手。金川集团是我国最大的镍钴生产基地和铂族金属提炼中心，镍金属保有储量460万吨，铜金属保有储量300万吨。2003年宝钢与金川集团签署了战略合作框架协议。2005年宝钢受让甘肃省人民政府持有的金川集团国有股股权的10%，从而使双方的合作进入到股权式联盟的新阶段。

宝钢的原料输入和产品出口主要依赖航运，为了打通运输瓶颈，2004年3月，宝钢与我国最大的航运企业、世界最大的远洋船运公司之一——中国远洋运输（集团）公司（简称中远集团）——建立了面向未来的全面合作关系。中远集团在宝钢新一轮的发展战略实施过程中为宝钢提供优质的运输服务。宝钢把中远集团作为大宗原料运输业务的主要承运商，通过强强合作，使双方在各自行业中成为全球最具竞争力的企业。此外，宝钢还与日本商船三井公司等世界知名船东建立了稳定的合作关系。

为了应对不断高涨的油价，宝钢同样采用了战略联盟这一法宝。2006年8月16日，宝钢与中国石油天然气股份有限公司在北京就天然气供应、石油天然气用钢等方面正式签署战略合作框架协议。双方在天然气、成品油和钢材领域的相互需求方面有较大的合作空间，通过双方在天然气供应、优质石油天然气供应、优质用钢的基础服务以及石油产品的供应等诸多领域的合作，充分发挥各自特长，有助于改善双方的创新能力，降低运行成本，营造有利的市场环境，增强竞争优势和抵御市场风险的能力。

钢铁产业能否持续发展，与下游行业的拉动有直接关系。宝钢作为中国最大的钢铁企业，其主要产品有：冷轧产品，应用于汽车、家电和包装等行业；热轧产品，主要应用于石油化工、建筑、汽车、机械等行业。宝钢的发展与下游主要客户对其产品的需求休戚相关。

2003年，宝钢与一汽、上汽、东风国内三大汽车业巨头签署了战略合作协议，参与其新车型的用板设计，在汽车钢板生产过程中进行全面的跟踪服务，共同解决技术问题，改进产品质量。通过战略联盟的合作，宝钢的汽车用板质量有显著提升。在上海通用，宝钢汽车板的产品缺陷率仅为0.5%，远远低于汽车行业的平均缺陷率。

后来，宝钢又先后与全球三大轮胎制造商之一米其林集团、国内生产规模最大的空调生产企业格力电器股份有限公司签订了总体战略合作协议，巩固和发展长期稳定的供货关系，并在钢材技术联合开发、新产品技术合作、供应链增值等方面进一步开展合作。

**与钢铁企业缔结横向战略联盟**

钢铁是资金密集型产业，产业集中度很高，大企业的资本、技术和劳动力等生产要素优势明显，为了应对激烈的市场竞争，宝钢很早就开始利用战略联盟对钢铁产业进行整合。

在宝钢与首钢的合作中，宝钢帮助首钢建设冷轧厂，首钢则协助宝钢在电子产业上投资；宝钢与同为矿石进口大户的武汉钢铁公司联合进口铁矿石以提高与供应商的谈判地位，双方还合作开发新产品。宝钢还把与同行企业的合作扩展到国外，先后与新日本制铁公司合资生产汽车板，与阿赛洛公司、上海大众合作建设激光拼焊生产线，这两个项目大大提高了宝钢对汽车用钢板的整体供应能力和用户服务能力，巩固了宝钢在汽车用钢板市场的领导地位。

作为华东地区最大的两家钢铁企业，宝钢与马鞍山钢铁公司在2006年签署合作协议，这一被业界称为“宝马”联盟的合作的原则是“优势互补、合作共赢”“目标明确、务求实效”。合作协议强调双方要“加强在企业文化、管理经验等方面的交流”，共同推进“研究开发方面的合作，以增强技术创新能力”“在大宗原燃材料采购、市场营销领域开展合作以降低成本”“在企业战略和规划领域加强沟通和协调，促进企业健康发展”。此外，宝钢还与新疆八一钢铁集团有限公司建立了联盟关系，双方在员工培训、备件资材的采购、库存协作、钢铁原燃料等资源开发以及西部大开发重点项目等方面加强合作。

图7-2是宝钢在产业整合中建立的战略联盟。正是依靠与上下游以及同行企业的联盟关系，宝钢实现了借力发展，成为我国钢铁行业的龙头。

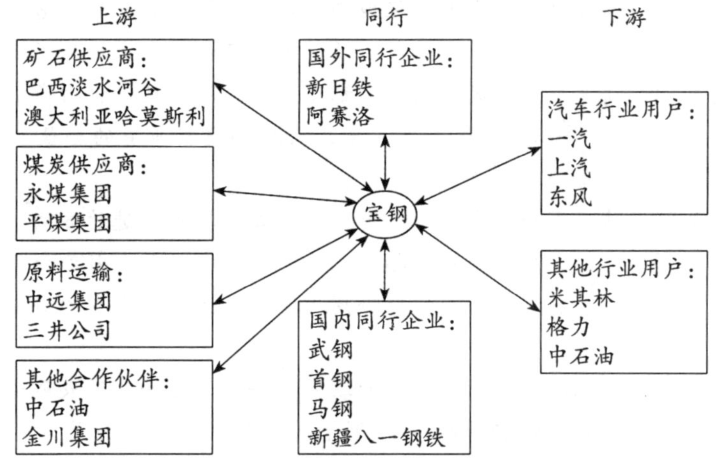


**图7-2　基于产业链整合的宝钢战略联盟**

资料来源　揭筱纹，杨斌，宋宝莉．战略管理——概论、案例与分析［M］．北京：清华大学出版社，2009：4.

**从边缘到中心：利丰贸易的成功**

# 第8章 战略实施与变革

开篇案例

## 沃尔玛的战略实施

作为全球最大的零售商，沃尔玛创始人山姆·沃尔顿提出了“我们的制胜策略就是永远为消费者提供物美价廉的商品”的竞争战略，从而在全球零售市场竞争中赢得主动。此外，沃尔顿还非常重视战略的实施。沃尔顿要求所有的经理都要亲力亲为，以极大的热情献身于沃尔玛的主要目标。他把这种战略称为全面顾客满意。为了激励员工，沃尔顿开发了一个复杂的控制系统和对员工反馈业绩的制度。

沃尔顿设计的财务控制系统每天向经理们反馈商场的经营业绩，通过覆盖整个公司的复杂的卫星系统，位于本顿维尔的公司总部可以评估每家商场和商场内每个部门的绩效。商场利润和商品周转率的信息每天都会发给商场经理，再由商场经理转发给作为合伙人的62.5万名员工。通过信息共享，沃尔玛鼓励所有的合伙人学习如何经营零售业务，进而改进每个人的工作。

如果商场业绩不佳，经理和合伙人就会进行检查，找到改进的方法。沃尔玛的高层定期走访有问题的商场，提供专业的指导意见。公司高层每个月都会飞到各地的商场，随时掌握公司的经营状况。公司高层每周末都会开会讨论本周的财务业绩及其对未来的影响。

沃尔顿坚持必须建立绩效和激励之间的联系，每个经理的业绩表现为能否完成经营目标，绩效决定了其薪酬和晋升机会（升迁到更大的商场或公司总部，沃尔玛的传统是内部提拔）。根据公司的绩效和股票价格，高级经理获得大额期权，普通合伙人也能得到公司的股票。由于股票多年升值，20世纪70年代与沃尔顿一起创业的合伙人可以积累价值数十万美元的股票。

沃尔玛还建立了一套复杂的控制系统来规范员工的行为，包括各项管理规定和预算制度。每家商场的业务活动都相同，所有员工都接受相同的培训，了解自己应该怎样对待顾客。由此，沃尔玛实现了运营的标准化，极大地节约了成本，也便于经理们实施整个商场的变革。

最后，为了更好地调动员工的工作积极性，沃尔顿在产出和行为控制以及薪酬激励之外还创建了强有力的企业文化，以共同的价值观和行为规范促使员工为顾客提供高质量的服务。员工作为合伙人必须遵循的规范包括：“十英尺态度”，这是沃尔顿在走访商场时提出来的，意思是“确保在距离顾客十英尺时注视顾客的眼睛，对他表示欢迎并且询问是否需要帮助”；“日落原则”，指员工应当在接受顾客请求的当天就给予满足；沃尔玛欢呼等。这些都适用于所有的沃尔玛商场。

沃尔玛强烈的顾客导向价值观通过商场中发生的故事传达给每位员工。一名叫希拉的员工不顾危险从车轮下救出了小男孩，菲利斯为在商场内心脏病发作的顾客实施心肺复苏术，安妮塔把留给自己孩子的“超级战队”玩具卖给了一位顾客以满足他为孩子过生日的愿望。强烈的沃尔玛文化在正式控制体系之外确保员工实现公司高水平的产出和业绩，是沃尔玛战略实施的又一法宝。

资料来源　希尔，琼斯，周长辉. 战略管理（中国版）[M]. 孙忠，译. 北京：中国市场出版社，2007.

受到多种因素的制约，企业战略的实施往往达不到预期的目标，其中的原因主要有：

（1）战略决策不当，目标设置过高，脱离实际，或者过于笼统，不能为战略的实施提供有效的指导；

（2）战略实施遇到了困难，可能的障碍有资源准备不足、各级管理者和员工缺乏激励、各部门之间不能协调一致等；

（3）环境发生了变化，需要对原有战略做出调整，这时战略变革（转型）就成为企业能否成功的关键。

因而，在做出正确的战略选择之后，战略实施就变得非常重要，有效的战略实施是战略目标顺利实现的保证。正如莱曼所说，“如果不能得到很好的实施，再好的战略也注定要失败”。

如图 8-1 所示，战略决策与战略实施是相辅相成的关系。良好的战略决策加上有效的战略实施是战略成功的必要条件。即使决策是好的，实施不力的战略也很难取得成功。而如果企业未能做出合适的战略选择，在战略实施中加以弥补，也有可能最终获得战略上的成功。当然，对一个不完善的战略选择来说，在实施中又不能将其扭转到正确的轨道上，其结局就只能是失败。

战略决策

| 战略实施 | 好 | 坏 |
| --- | --- | --- |
| 好 | 成功 | 摇摆 |
| 坏 | 艰难 | 失败 |

**图 8-1　战略决策与战略实施**

战略实施的基础是组织，战略实施中的资源配置、价值创造都是在组织中实现的。如果说战略决策主要由高层管理者承担的话，战略实施就要依托整个企业组织。企业作为一个经济组织本质上是一个分工协作体系，企业高层制定的战略决策和目标要由全体员工共同努力才能实现。作为战略实施基础的组织不仅体现为外在的组织结构，还需要有效的控制系统以及企业文化。在现代公司制企业中，作为高层组织结构的治理结构对企业战略制定和实施的影响更加深刻。另一方面，为了确保战略行为或战略活动能够按照预定的计划完成，就必须对战略实施进行有效的控制。

## 8.1 治理结构与战略实施

现代公司制企业的所有权与经营权分离所形成的委托-代理关系让经营者也就是经理们成为战略实施的承担者。企业的所有者——股东——把企业交给经营者代理经营，由于自利动机和信息不对称，作为代理人的经营者可能会谋求个人利益，一味追求短期效益，或者营造个人帝国，进行有利于个人的投资，却缺乏为了企业的长远发展努力工作的动力。为了解决代理问题，现代公司制企业需要建立相应的公司治理机制。尽管对什么是公司治理有不同的解释，但归根结底公司治理可以看作协调股东、董事会、经理层及其他利益相关者相互关系的机制。

虽然从形式上看，公司的治理结构包括股东会、董事会和经理层等几个层次，但实际上在战略管理过程中起决定性作用的主要是董事会和以 CEO 为代表的经营团队，企业战略的制定和实施就是这两大利益主体相互博弈的过程。不同的利益主体出于自身利益的考虑，必然会做出不同的选择，采取不同的行动。

在第 1 章我们曾经分析了董事会和高层管理者作为战略管理主体的作用。在公司制企业中，战略决策由董事会做出，经营层负责落实，也就是战略的实施主要由高层管理者负责。公司治理在企业战略制定中的作用体现为决策机制和权力制衡机制，在战略实施中的作用体现为监督机制和激励机制。

### 8.1.1 董事会的监督与指导

作为企业战略管理核心的董事会在做出战略决策之后主要工作是督促经营层（高层管理者）努力实施战略，并且协调所有者与经营者之间的关系，指导高层管理者的工作。

以 CEO 为代表的高层管理者负有全面实施董事会制定的战略的责任，同时还要及时向董事会报告战略实施情况；董事会负有监督、评价高层管理者的工作并给予指导的责任。一旦董事会的职能被削弱，董事会沦为橡皮图章或者处于无所作为的境地，企业战略的实施就无法正常进行。

### 8.1.2 高层管理者薪酬——战略执行者的激励机制

作为战略执行者的高层管理人员的行为直接关系到企业的绩效，他们接受董事会的监督和领导，是战略实施的实际承担者。在董事会做出战略决策之后，高层管理者负责组织落实。而他们作为代理人并不拥有企业的所有权，其个人利益与公司利益不完全相符，高层管理者非程序性的工作又使其行为很难直接被监控，只能采取相应的激励机制促使他们积极努力实施既定战略。激励机制主要体现为薪酬制度。

与一般员工的薪酬主要由工资和奖金组成不同，高层管理者的薪酬中占比重更大的是所有权报酬和延迟报酬。工资作为对经理人能力、经历、职位重要性的认可是在任职之初就固定下来的，奖金作为短期激励其基础主要是当期财务业绩，为了避免高层管理者们的短期行为，更重要的薪酬设计是体现为持股计划、股票期权计划的所有权报酬和退休金计划等延迟报酬。

高层管理者持股计划的目的是让经理人也成为企业的主人，把企业的利益与高层管理者个人的利益统一起来，能在一定程度上降低代理风险。但这个比例很难把握，持股太少不足以产生激励，如果高层管理者持有的股份太多就可能形成“内部人控制”，操纵公司，甚至把企业转变为经理个人的。国外有研究证实首席执行官（CEO）拥有股权的激励效果并不明显。

股票期权制度的设计也是为了把企业的长远利益与高层管理者的个人利益联系起来。在资本市场有效的情况下，如果 CEO 能保持企业的长期业绩，在若干年后行权时股票价格上升，就会为他带来巨额的收益。这样，就会促使高层管理者为了企业的长远利益努力工作。

延迟报酬指约定的高层管理者收益必须在一定的条件下到一定的期限才能兑现的制度。实际上，股票期权也属于这种激励机制，但延迟报酬通常指高层管理者离职或退休之后所获得的报酬，主要是退休金计划。与股票期权不同的是，延迟报酬支付的时间是确定的，支付的数额也可以预见，虽然这一制度没有把企业的长远发展与高层管理者的未来利益直接挂钩，但他们为了获得自己的那部分报酬，也会产生一定的激励作用。

总的来看，高层管理者作为战略执行者其薪酬具有长期性和不确定性等特征，这些制度设计的根本目的都是激励以 CEO 为代表的高层管理者为企业长期发展努力工作，这样就从制度上保证了企业战略的顺利执行。

## 8.2 组织结构与战略实施

战略实施需要把任务分派给各个部门，企业内部的分工协作是战略实施的前提。企业的组织结构是为了实现企业目标对各项活动进行分工协作的结构体系，反映不同层次、不同部门的职务范围、责任、权力，保障战略实施中各个部门的协调一致。

在大多数企业中往往难以形成一个有效支持公司战略的组织结构①，组织结构甚至会成为公司战略实施的掣肘。美国学者钱德勒通过研究指出“战略决定组织”，组织结构必须适应公司战略的需要。

① LEAVITT H J. Why hierarchies thrive [J]. Harvard Business Review, 2003, 81 (3): 96-102.

**【拓展阅读 8-1】** **组织与战略**

钱德勒研究了通用汽车（GM）、杜邦等 70 家大公司的发展历史，发现各个公司在处理战略与组织结构的关系上有一个共同的特点，就是企业在选择了一种新的战略之后，由于管理人员在现行结构中拥有既得利益，或者是因为不了解情况，或者是对改进组织结构的必要性缺乏认识，使得现行组织结构未能立即适应新的战略而发生变化，直到管理出现了问题，效益急剧下降，企业才把改变组织结构问题纳入议事日程。组织结构的调整保证了战略的实现，使企业的获利能力大幅度提高。由此钱德勒得出一个著名结论：企业组织结构要服从于战略，组织结构是为战略服务的，组织结构反过来会作用于战略。通用电气（GE）公司 20 世纪 60 年代的经历证明了钱德勒论断的正确性。当时，通用电气的销售额大幅度提高而行政管理工作跟不上，造成多元化经营失控，影响了利润的增长。后来，GE 重新设计了组织结构，完善了事业部结构，使行政管理滞后的问题得到解决，妥善协调多元化经营的各项业务，利润也相应得到了提高。GE 的教训充分说明企业组织结构一定要适应实施企业战略的需要，只有组织结构与企业战略相匹配，才能成功地实施战略。

## 8.2.1 企业组织结构形式和组织结构构成要素

**1. 企业的组织结构形式**

企业的组织结构形式主要有：简单结构、职能型结构、事业部结构三种主要形式以及更为复杂的母子公司（企业集团）。

（1）简单结构

企业在初创时期，不但经营业务单一，组织结构也很简单。这个时期的企业通常局限在一个区域市场为顾客提供单一的产品（服务），因为业务量小，涉及的内外部关系不多，组织的管理问题不是非常突出。这样的组织中所有者往往同时还是经营者，他直接做出主要的决定，并且监控企业的所有活动。企业往往还没有正式的稳定的组织结构，分工较粗，成员之间的意见交流非常频繁，一般采用口头交流等非正式的方式。

但随着企业规模的扩大，管理难度逐渐增加，经理们无法及时有效地处理各种问题，甚至有可能出现管理失控。这时，企业就要从简单结构转变为职能型结构[①]。

（2）职能型结构

职能型结构也叫直线职能制。这种组织结构既包括从上至下的层级式直线指挥系统，又有协助总经理（总裁）进行专业化管理的职能系统，包括生产、营销、研发、财务、人力资源等职能部门。直线系统保证了整个企业的命令指挥统一，专业化的职能管理部门有利于提高信息处理和资源配置的效率。

图 8-2 为一个制造企业的职能型结构图。在该企业中，直线系统包括总经理、

① O’NEILL H M, POUDER R W, BUCHHOLTZ A K. Patterns in the diffusion of strategies across organizations: Insight from the innovation diffusion literature [J]. Academy of Management Review, 1998, 23 (1): 98-114.

车间、班组等多个层次，车间接受总经理的指令，完成生产任务；相应的职能系统包括生产、研发、销售、财务、人事等部门。

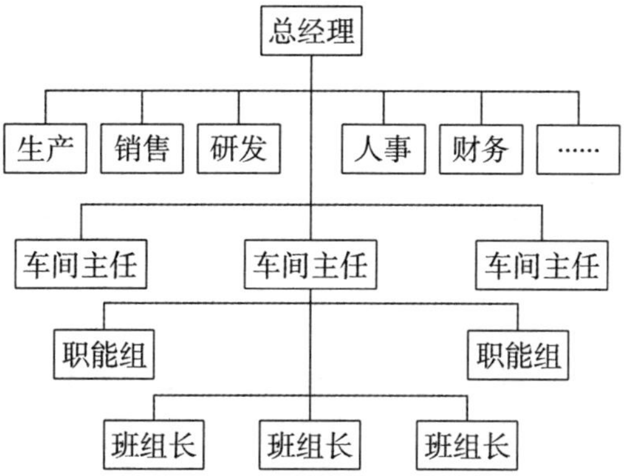


图 8-2 制造企业的职能型结构

（3）事业部结构

事业部制简称 M 型结构，也叫作联邦分权制。随着企业经营业务的进一步多元化，涉及的行业增多，经营的地域也大大增加，对不同市场提供不同的产品带来的管理多样化达到一定程度之后，企业就无法有效实施集中统一管理，集权的职能制结构就不适用了，于是 20 世纪 20 年代斯隆在通用汽车公司（GM）率先采用了事业部结构，有效地解决了企业规模扩大和经营多样化之后的组织管理问题。

如图 8-3 所示，一个制造企业从职能型结构转变为事业部结构之后，在保持公司总部统一领导的同时，各个事业部都建立了自己完备的经营管理部门，能够独立承担某一类产品的生产经营任务。事业部制的主导思想是以生产经营最终成果（销售收入及利润）的内在联系为依据，把相关的研发、生产、销售部门结合成一个相对独立的利润中心，实行分权管理。现实中，除了按照产品或服务来划分事业部外，按照地域和顾客设立事业部也很常见。

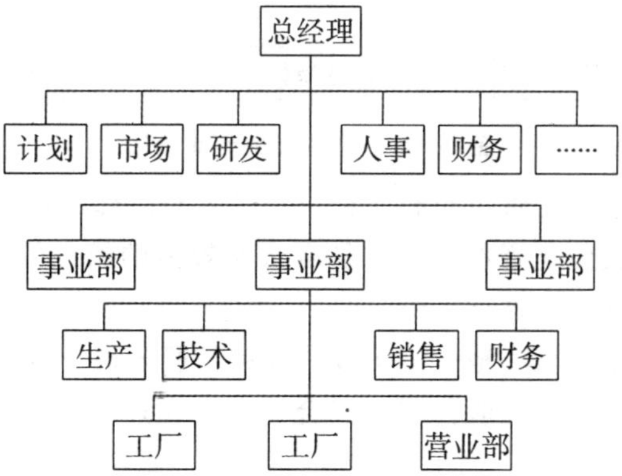


图 8-3 制造企业的事业部结构

事业部制是大公司主要的组织结构形式，一项调查显示，在 1950 年的时候只有不到 24% 的美国大公司采用事业部制，到了 1970 年，这一比例就激增到了 78%。事业部制的优点在于能够使企业最高管理部门摆脱日常行政事务，成为坚强有力的决策机构，并使各个事业部发挥经营管理的主动性，便于协调同一产品（地区）的不同生产经营环节，可以对环境变化做出快速反应，提高企业的适应性和竞争力。事业部制还有利于培养具有整体领导能力的经营人才，又扩大了管理幅度，促进了组织的扁平化。另外，事业部制的缺点也很明显，既容易滋长本位主义，也容易催生事业部的短期行为；各个事业部都有完备的职能部门，管理人员增多，管理成本较高。事业部制的关键是如何处理公司与事业部之间的集权与分权关系，如果处理不当，很容易发生管理失控。

（4）企业集团

企业集团也叫作母子公司制。股份制使组建企业集团成为可能。所谓企业集团是以一个或者少数几个大企业为核心，以一批具有共同利益、接受这个核心企业不同程度的控制或者影响的企业为外围，通过各种不同的联系方式而构成的经济联合体，也是一类特殊的多法人企业。企业集团作为一个联合性的经济组织，内部各个成员之间是平等的法人之间的关系，对外可以以集团的名义或者成员企业自己的名义开展各种活动。图 8-4 为企业集团的组织结构。

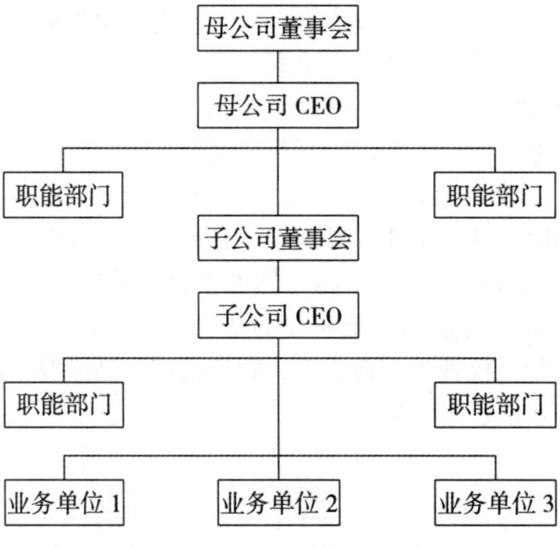


**图 8-4　企业集团的组织结构**

企业集团的内部联结纽带主要有三种：集团公司内部的行政管理；母公司和子公司、关联公司之间的股份化资本联结；具有法律效力的长期优惠性合同联结。就此，可以把企业集团的构成分为这样几个部分：

①核心层。处于集团核心地位的可以是纯粹控股公司，也可以是既有业务经营又有资本经营两种功能的混合控股公司，混合控股公司通常称作集团公司或者母公司。作为集团核心企业的母公司，除了内部设有不具备法人地位的直属事业部、分公司外，还要拥有一定数量的子公司。

②紧密层（控股层）。紧密层由集团公司的全资子公司和控股（绝对控股和相对控股）子公司组成。所谓子公司，是指被集团公司控制，但法律上独立的法人企业。

子公司也可以进一步控股一些企业，也就是集团公司的孙公司。

③半紧密层（参股层）。半紧密层由若干关联公司组成。所谓关联公司是集团公司持有股份但是未达到控股程度的公司，也就是还不能成为子公司的参股公司。

④协作层。协作层由协作企业所组成，指通过签订长期协议，与集团公司、子公司和关联公司配套协作的企业。

作为分权程度最高的组织结构形式，企业集团中的母公司不能直接干预子公司的生产经营决策，只能通过向子公司派出董事、规定战略方向、指导子公司的投资以及对子公司进行绩效评价等方式对子公司进行管理。

**2. 组织结构的构成要素**

组织结构设计主要有三项任务：设置职能部门、赋予不同管理层次和职能部门相应的职权、建立不同部门之间协调和整合的方式。

（1）职能部门

职能是某一类管理活动的总和，也就是企业组织内执行相同或类似任务、拥有相似职位人员的集合，如销售、人事、财务等职能。部门总是要承担一定的职能，职能分工是部门设计的基础。

职能部门设计的基本方法是先分解再综合，也就是把企业的基本职能分解为具体的管理业务工作，再把各项管理业务安排给相应的部门。主要业务部门按照业务流程或者所生产的产品（服务）划分，辅助业务部门根据管理活动的性质和相似性归类。

随着企业规模以及业务范围的扩大，各个部门之间的协作变得越来越困难，沟通、监控和部门之间合作的成本大幅度上升，为了降低组织内的管理成本，企业不得不设立新的产品（业务）部门。例如，随着海尔生产的家用电器种类日益增加，它设立了多个独立的产品部门以满足不同顾客的需求。

（2）职权范围

职能部门的规模和数量增加，让员工之间任务的交接和传递大大增加，企业必须形成从上到下的层级式命令指挥系统（管理层级）。这个指挥系统是清晰的，不会产生歧义，从最高层的 CEO 经过中层经理到基层管理人员和普通员工[①]，管理层级中的每个层次都享有相应的职权，有确定的职责范围，每一位经理都管理着若干个下属，向他报告工作的下属数量就是管理幅度。在这个命令指挥链中，经理们有明确的职责，组织内部的不协调和信息扭曲程度就会大幅度降低。

企业根据战略需要和职能任务选择必要的管理层级[②]，随着规模的扩大和管理业务的增加，管理层级通常也会增加，但随着管理层级越来越多，信息传递日益困难，企业组织对外部环境变化的反应逐渐迟缓。为了解决这一问题，很多大公司开始推行扁平化变革。对扁平化直观的理解就是削减管理层级，但扁平化的背后需要企业分权、运用现代信息技术、打造高素质的管理者和员工队伍，使组织变得更加灵活。

---

① BLAU P. A formal theory of differentiation in organization［J］. American Sociological Review, 1970, 35（2）: 684-695.

② JONES G R, Hill C W L. Transaction cost analysis of strategy-structure choice［J］. Strategic Management Journal, 1988, 9（2）: 159-172.

(3) 整合与协调方式

部门的增多和管理层次的增加使得企业的组织结构越来越复杂，不同部门和层次之间的协调越来越困难，需要运用多种方式来实现整合与协调。整合与协调主要依靠建立相应的制度和对组织结构的改进等方式实现。

现实中常用的有三种机制：建立直接联系、设立联络员和组建跨部门的团队。

不同部门管理者（经理们）的直接联系有利于他们共同协作解决问题，但如何处理他们之间的分歧是直接联系机制遇到的障碍。地位平等的经理如果不能达成协议，就只能把矛盾上交。处理经理们之间的冲突还需要更加复杂的整合机制。

设立联络员是改善部门协作的重要措施。联络员是传递信息的重要途径，他们的协调促进了部门之间的合作。联络员的选任是这一机制成败的关键。担任联络员不仅需要沟通能力，还需要一定的资历和威信。

当直接联系和联络员都不能让部门之间有效地协作时，就需要组建跨部门的团队来应对共同的问题，常见的如企业中的研发团队。

## 8.2.2 适应竞争战略和公司战略的组织结构

### 1. 不同竞争战略的组织特征

采用不同竞争战略的企业组织特征有很大的区别。在成本领先战略下，组织要降低生产成本，就会侧重于使用提高效率的方法进行组织设计，而差异化战略则要求企业采用更加灵活的组织结构。

与成本领先战略联系在一起的是高度的集权、严格的控制、标准化的作业程序，员工受到严格的监督和控制。成本领先战略的企业往往会设立“计划部”“预算部”等职能部门，这些部门享有很大的权力，负责制定工作程序和标准，对各个业务部门下达生产经营计划，编制预算，以便对它们实施控制。实施成本领先战略的企业的沟通方式是程式化的，主要是上下级之间的纵向沟通，部门之间的横向沟通较少。

而差异化战略因为要依靠不断的创新才能创造差异，就要求组织具有更大的柔性，进行更加密切的横向交流与协调，对下级员工给予充分的授权，组织更加看中的是创新和变革，而不是效率和标准化的作业程序。实施差异化战略的企业的组织结构注重研发与营销、制造部门的协调，以它们之间的协调带动整个企业的运转。

### 2. 适应单一业务、一体化和多元化战略的组织结构

企业在成长的过程中要经过数量的扩张，再是地域的扩张，然后是垂直和水平整合，最后是产品或业务的多元化，钱德勒认为企业的成长历程决定了其组织形式。[①]对应于不同的公司战略，组织结构也表现出相应的特征。总的来说，经营的业务领域从窄到宽，企业组织会从简单的职能制演化为复杂的母子公司体制。

(1) 单一业务

企业实行单一业务或者是因为规模小、实力弱，集中生产某种产品，有利于扩大

---

① 希特，爱尔兰，霍斯基森. 战略管理：竞争与全球化［M］. 吕巍，等，译. 北京：机械工业出版社，2009.

该种产品的生产规模，降低成本。此外，由于企业的生产技术和管理经验专用性强，很难跨行业应用。与这种战略相适应的组织结构通常是初级的简单结构或集权的职能型结构，这一方面是由于经营的产品品种单一，管理比较简单，另一方面，实行集权的职能制，比起事业部制等组织结构形式有利于减少管理人员，降低成本。

（2）相关多元化

这类企业的经营重心通常属于下游产业范围，如最终产品的加工装配、批发、零售等。实行这种战略的企业，适合采用分权的事业部制。当然，分权并不是彻底的，在公司一级仍然有相当庞大的行政队伍，许多像市场营销、原材料供应、研究开发等工作仍然由公司一级的职能部门来负责。

（3）不相关多元化

这类企业组织分权比较彻底，通常实行的是母子公司制，也就是建立企业集团，母公司持有下属子公司的股份，子公司具有独立的法人地位，母公司保持精干的管理机构，主要职能是指导子公司的发展，承担生产经营职能的部门都放在子公司，以保证子公司有足够的独立性，根据本行业的特点从事经营管理。

（4）纵向一体化

这类企业中各经营领域之间的联系比不相关多元化经营的企业紧密，但又不如相关多元化经营的企业紧密。因此，其组织结构特征是介于相关多元化经营和不相关多元化经营之间，往往采用混合型组织结构。这类企业的有些部门受到母公司较多制约，有些部门则比较独立，还有一些部门可能会合并在一起，设立联合管理机构。

综上所述，上述各类公司层战略与组织结构之间的对应关系可以归纳为表8-1。

表8-1 **单一业务、一体化战略和多元化战略与组织结构的对应关系**

| 公司战略 | 组织结构 |
| --- | --- |
| 单一业务 | 简单结构、职能制 |
| 相关多元化 | 事业部制 |
| 纵向一体化 | 混合结构 |
| 不相关多元化 | 母子公司制（企业集团） |

### 3. 国际化经营企业的组织结构

企业国际化经营的最终目的是通过市场开拓获得更大的收益，随着经营地域和业务的不断扩展，组织结构日益复杂。常见的国际化经营企业的组织结构有以下几种：

（1）国际分部

国际化经营常见的一种组织结构是国际分部，企业在保持国内企业组织结构不变的情况下设立国际分部管理海外业务。国际分部的主要职能是开拓当地市场，母公司仍然控制着大部分权力。这种结构适合第6章中提到的实行国际战略的企业。这种结构有利于企业把独特的竞争力转移到海外市场，但不足之处是缺乏适应本地市场的产品。对那些规模经济效应明显、产品密切关联的跨国公司来说，这是最适合的组织结构。

(2) 国际子公司

对实行本地化国际战略的企业来说国际子公司是更好的选择。面向各个国家市场的子公司实施各自的战略和运营策略以适应当地市场。这种结构的特点是建立区域性的国际子公司，业务分权管理，由各个子公司负责特定国家或地区的生产经营，公司总部主要控制财务资源。

(3) 全球产品公司

实行全球标准化战略的企业向各个国家市场提供标准化产品，由公司总部制定统一的竞争战略，其组织结构通常是产品分区性结构，也就是全球产品公司。这种结构中公司总部负责协调和整合各个分离的业务部门的决策和行动。公司所建立的不同的产品公司是国际性的，在全球范围内管理这个产品；公司总部运用多种协调机制包括经理之间的直接接触、任职交流、部门间联络、任务小组或者团队等方式促使各级经理认同并实施公司统一的战略；公司总部以合作的方式分配财务资源。

(4) 全球网络结构

实行跨国战略的企业管理难度最大，既追求本土化战略具有的当地优势，又注重全球协作带来的效率，其组织兼备集权与分权、整合与分化、灵活和统一等特征。美国学者斯塔福德和威尔士早在1972年就提出了适应跨国战略的全球网络结构，认为这种组织结构可以很好地把全球产品协调和区域一体化结合在一起，其结构内各部门的边界比较模糊，组织内部从以层级关系为主转变为契约关系为主的合作关系网络，它能在管理者之间创造一种具有共同价值观的合作氛围。在网络化结构中，每个国家的子公司独立经营，同时也是整个公司创新和能力的源泉。公司总部给每一个子公司确定任务，但主要是通过企业文化和价值系统维持整个网络的运行。

## 8.3 企业文化与战略实施

企业文化是组织设计的一个重要方面，反映企业组织共同的价值观、规范、信仰和态度，影响着员工之间互相交流以及企业与组织外利益相关者交流的方式。[①] 企业文化反映了企业组织的“做事方式”，表明了员工（组织成员）完成工作的方式。企业文化作为共同的价值观不仅规范着员工的行为，而且能够有力地促进战略的实施。

对文化有效性的研究认为文化、战略和结构、环境之间应当相互匹配。如图8-5所示，从两个方面即竞争性环境所需要的灵活性或稳定性程度、战略重点侧重于内部或是外部的程度，可以把企业文化划分为四种类型：适应性/企业家精神文化、使命型文化、小团体式文化和官僚制文化。[②] 每一种文化的适应性取决于外部环境和战略重点的需要。

---

① SMIRCICH L. Concepts of culture and organizational analysis [J]. Administrative Science Quarterly, 1983, 28 (3): 339-358.

② DENISON D R, MISHRA A K. Toward a theory of organizational culture and effectiveness [J]. Organization Science, 1995, 6 (2): 204-223. HOOIJBERG R, PETROCK F. On culture change: Using the competing values framework to help leaders execute a transformational strategy [J]. Human Resource Management, 1993, 32 (1): 29-50.

| 战略重点 \ 环境需要 | 灵活性 | 稳定性 |
|---|---|---|
| 外部 | 适应性/企业家精神文化 | 使命型文化 |
| 内部 | 小团体式文化 | 官僚制文化 |

**图 8-5　企业文化、战略与环境的关系**

### 8.3.1　适应性/企业家精神文化

适应性/企业家精神文化把战略重点集中在外部环境上，通过实施创新来适应顾客需求的变化。这种文化鼓励和支持探索，敢于承担风险，积极地创造变化，提高组织对环境变化的反应能力。适应性/企业家精神文化的典型是 3M 公司。3M 的价值观重视个人的首创精神和企业家精神。在 3M 公司，创新思路经过实验后，就成立一个由工程技术、生产制造、营销等专业人员组成的新事业开拓组，并赋予新事业开拓组高度的自主权，支持它坚持到底，完成创新。这种宽松、民主、和谐的创新精神，是 3M 公司开拓进取，在激烈的市场竞争中保持活力的根本。大多数互联网公司和化妆品等消费类产品的制造商也大多采用这种文化，因为它们都必须迅速完成创新以满足顾客的需要。比尔・盖茨非常注重企业家精神和主人翁精神，他努力把微软营造成适应能力很强的小公司的集合体而不是一家大的官僚机构。

### 8.3.2　使命型文化

对于那些关注于外部环境中的特定顾客，不需要迅速改变的企业组织，适合采用使命型文化。使命型文化的特征是注重对组织目标的清晰认知和任务的完成，如销售额增长、市场占有率提高、利润增长等。员工个人对特定的绩效负责，组织给予相应的回报。管理者通过建立愿景和表达对员工的期望来塑造员工的行为。因为环境相对稳定，管理者可以把愿景转化为具体的任务，对员工的业绩做出清晰的评价。使命型文化在一定程度上反映了高水平的竞争状态和利润导向的经营方针。

使命型文化的典型是百事公司。公司的前任 CEO 韦恩・卡洛威把百事可乐公司定义为世界上最优秀的消费品公司，百事可乐每年年底的绩效评价特别关注销售额、市场份额等绩效目标。业绩优秀的管理者会得到丰厚的嘉奖——豪华的航空旅游、股票期权、奖金和快速的升迁。①

### 8.3.3　小团体式文化

小团体式文化强调组织成员的参与、共享以适应外部环境的快速变化。相比其他

① ZINN L, BERRY J, BURNS G. Will the Pepsi brass be drinking hemlock? [J]. Business Week, 25 July, 1994: 31.

几类文化，小团体式文化更强调公司绩效对员工的依赖性。员工参与和共享带来的责任感和使命感产生了对组织更强的认同。小团体式文化注重员工的归属感，努力为员工创造良好的工作条件，让他们在精神上满意的同时实现高效率的工作。小团体式文化鼓励员工平衡工作和生活，不主张他们超时工作和彼此之间的竞争。总的来看，采用小团体式文化的企业通过关心员工，激发起创造性来应对快速变化的市场环境。在时装公司中，小团体式文化很常见。

### 8.3.4 官僚制文化

官僚制文化关注企业内部，加上稳定的外部环境让这类组织的文化具有程式化的特征。符号、榜样和仪式等都倡导的是相互合作、遵循传统和规则。在这种文化中，共性大于个性，不鼓励个人的参与，但组织内具备高水平的一致性、相似性和合作性，组织依赖高度整合和高效率获得成功。

我国很多企业推崇的执行力文化类似于这种文化，强调秩序、效率，注重员工对上级的服从和行为的整齐划一。

企业文化的形成既需要灌输，又需要相应的制度保障。官僚制文化下企业的价值观被普遍接受，形成了内聚力。[①] 官僚制文化注重对员工的选拔和社会化过程。美国西南航空公司的招聘中，所有候选人都要接受严格的面试，有时甚至由公司的老顾客进行面试，目的是确保雇用那些适应公司文化的人。官僚制文化的形成与仪式、表征、故事、榜样等文化传播形式的使用密切相关，这些做法增强了员工对期望价值观的认同。

企业长期培育形成的文化作为一种精神力量在战略实施中发挥着重要的作用。共同的价值观和信仰促进员工的合作，激励员工努力工作，勇于承担责任。共同的价值观形成的行为规范还是一种独特的控制方式。下述案例概述了雷·克罗克在麦当劳建立企业文化的过程。

**【战略聚焦 8-1】　　雷·克罗克如何建立麦当劳的文化**

在餐饮业，保持产品品质是最重要的，因为食品、服务以及餐厅环境的质量会随着厨师、服务员的变化而变化。如果一位顾客吃到了不好的饭菜，接受了恶劣的服务，或者使用了肮脏的餐具，餐厅不仅会丢掉这位顾客，还可能因为他的负面评价而失去其他潜在的顾客。在这种情况下，雷·克罗克这位麦当劳成长神话的开拓者面临着巨大的挑战。当时美国全境有数以千计的麦当劳加盟店开张，为了创建企业文化，克罗克建立了一个复杂的控制系统，规定每一家麦当劳餐厅营运和管理的每一个细节。

首先，克罗克制定了无所不包的规章制度和程序，每一家加盟店都必须遵守，包括做汉堡包和擦桌子最有效的方式，都在制度手册中有明确的规定，再通过严格的训

---

① AROGYASWAMY B, BYLES C M. Organizational culture: Internal and external fits [J]. Journal of Management, 1987, 13 (4): 647-659.

练向每一位经理和员工传授。未来的加盟店所有者都必须到芝加哥的企业训练中心去上“汉堡大学”，在那里接受一个月的强化训练，学习麦当劳运营的所有知识。他们回去之后再训练各自的员工，以确保员工充分了解运营程序。克罗克建立规章制度的目的是建立共同的文化，保证所有的顾客能够得到相同的食物和服务。如果客户始终能从餐厅得到他们期望的东西，餐厅就会具有卓越的客户响应。

随着企业的成长，克罗克还建立了麦当劳加盟店体系。他认为，一位经理如果同时又是加盟店的所有者（能够收获大部分盈利）比只是被雇用的职业经理更能接受企业文化。凭借这一制度，麦当劳在规模扩大之后仍然能牢牢地控制整个企业。不仅如此，麦当劳在吸收加盟店的时候还有苛刻的条件，经理必须具备必要的技能。

在每一家餐厅，加盟店的所有者都要培训他们的员工，向他们灌输麦当劳的效率、品质以及客户响应理念。共同的规范、价值观和企业文化促进了麦当劳员工行为的标准化，使顾客了解他们在麦当劳餐厅会得到怎样的服务。并且，麦当劳把顾客作为其文化的一部分：顾客自己端盘子。麦当劳还充分显示了对顾客的关注，为儿童建立游戏场、提供欢乐儿童餐、组织生日聚会等。麦当劳建立家庭导向文化是为了确保顾客的忠诚度，心满意足的孩子很可能成为忠诚的成年顾客。

资料来源　希尔，琼斯，周长辉．战略管理（中国版）[M]．孙忠，译．北京：中国市场出版社，2007.

## 8.4 战略实施中的控制

控制是一项重要的管理职能。管理中的控制通常指管理者按照一定的标准去衡量计划的完成情况，采取措施纠正实际结果与计划目标之间的偏差，以确保计划目标得以实现的过程和行为。薛云奎等人（2005）的研究发现，相对于战略共识，协同与控制对我国企业战略执行（实施）的作用更加明显。

战略控制的目的是保证企业战略能够按照计划完成。如前所述，没有哪个企业的战略是完美无缺的，也没有任何战略执行活动可以做到天衣无缝。实际情况往往与预想的存在偏差，各种突发状况会使战略执行的结果大打折扣。企业战略管理必须具备检查修正能力，这种能力主要体现为战略控制。战略控制帮助企业提早发现战略实施过程中存在的问题，及时采取必要的措施加以纠正，避免战略失控。

### 8.4.1 战略控制过程

战略控制活动包含四个基本要素：制定绩效标准、衡量实际绩效、评价实际绩效和采取纠正措施。这四个要素构成了战略控制过程的四个步骤，依次进行这些活动，就形成了战略控制过程，如图8-6所示。

**1. 制定绩效标准**

要进行战略控制，首先需要建立控制标准——绩效标准，缺少绩效标准，就无法评价企业战略实施状况，战略控制也就无从谈起。绩效标准通常是由一组指标以及企业在这些指标上希望达到的水平也就是期望值组成的，这些指标的期望值就是战略实

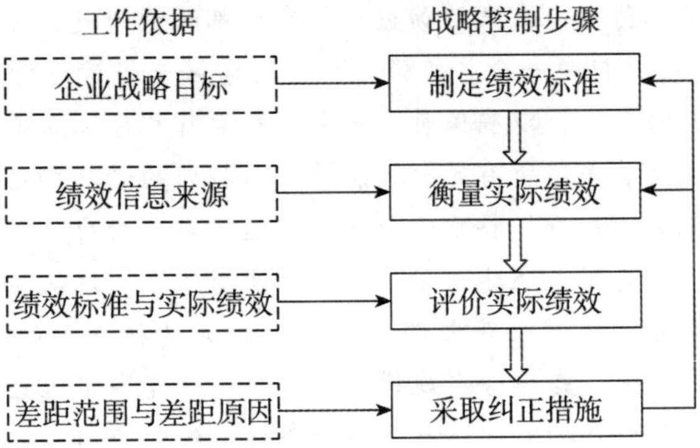


**图 8-6　战略控制过程**

施中对各个业务部门的要求，也就是它们的绩效标准。

作为绩效标准的指标可以是定量的，也可以是定性的。与作业层的绩效指标不同，战略控制层次高，着眼于企业的长期发展，定性指标更多，在确定指标时需要综合考虑企业所处的内外部环境。

战略控制中的绩效考核方法多种多样，不同行业的企业或同一个企业在不同的时期可能采用不同的考核指标。从考核的内容来看可以分为财务指标和非财务指标两大类；从时间角度来看可以划分为对过去及现在的经营业绩的考核指标和对企业潜在能力的评估指标；从考核涉及的对象来看可以划分为内部指标和外部指标；从指标的动态性来看可划分为对过程的考核指标和对结果的考核指标。

企业常用的定量指标有：销售额、利润总额、净利润、资产规模、销售成本、投资回报率、销售增长率、销售利润率、市场占有率、生产率以及每股平均收益等。

制定绩效标准需要合理确定绩效指标及其期望值。企业战略的目标集是完成这项工作的基础和依据。一般来说，绩效指标取自企业战略的目标集，确定这些指标比较容易。绩效指标的期望值则通过按时间阶段分解企业战略的目标集来获得，其设定需要处理好“度”的问题。期望值既不能太低，也不能太高，太低或太高都无法给企业带来应有的激励。为把握好这种“度”，企业可能还需要做纵向与横向的比较及分析。在这里，纵向比较是指与企业以往的情况相比较，横向比较则是与行业内的竞争对手或业绩优异者相比较。此外，还需注意，要求实际绩效与绩效标准完全相符，既无必要，也不实际，企业需要为绩效指标的期望值设置容许存在的差距。

**2. 衡量实际绩效**

在衡量企业战略的实际绩效之前，需要回答衡量什么、如何衡量、依据什么三个问题，也就是决定衡量的内容、方法和信息来源。衡量内容取决于企业所制定的绩效标准，衡量方法与信息来源之间相互关联，都取决于所需衡量的具体内容。就信息来源而言，其解决之道是通过有目的、有组织、有计划的信息收集与整理，满足企业的信息需求。为此，在确定了信息需求后，企业需要利用自身的信息渠道和信息系统，定期、定点地测量、记录和处理反映企业实际绩效的各项数据，为战略控制提供必要的数据资料和基本的信息依据。

企业绩效体现在市场地位、利润、社会责任等多个方面，因而企业战略实施中的绩效控制标准也往往是复合的，需要采用一些综合性的分析方法。企业经营诊断方法就是其中的一种，其基本思路是：首先，了解企业整体的基本情况，确定需要在哪些方面、以何种方式、以怎样的顺序进行研究；其次，就选定的问题领域进行深入分析；最后，在分析的基础上提出改进建议，并对所提建议加以验证。其具体步骤如下：

（1）初步评价。了解企业整体运行的概况，找出企业战略管理过程存在的明显问题，对这些问题按轻重缓急进行分类，根据时间与经费的许可情况，决定是否就其中的某些问题进行深入研究。

（2）深入调查。针对初步确定的、需要进行深入分析的问题，从企业的机构设置、资金运用、人员调配、加工制造、市场营销等方面出发，对这些问题进行全面、客观的调研，以深入了解与问题有关的各种信息。

（3）分析诊断。以所掌握的详细信息为基础，运用各种分析方法，系统分析企业战略管理中存在的问题，找出问题产生的根本原因，并提出解决这些问题的对策建议。

（4）建议实施。根据上面所提出的改进建议，采取校正措施解决存在的问题，并对解决问题中可能出现的困难进行追踪与评价，以防止在解决一个老问题的同时，又带来一个新问题，以此保证战略管理过程的顺利进行。①

**3. 评价实际绩效**

评价实际绩效，就是实际绩效与绩效标准相比较，确定两者之间的差距，并进一步分析绩效差距的成因。它力图回答战略管理中是否存在问题、存在何种问题以及为何存在这些问题。评价的结果不外乎两种情况：绩效差距在容许的范围之内或在容许的范围之外。在前一种情况下，可认为战略实施未出现异常，企业不必采取校正行动，战略控制活动也就暂告结束。在后一种情况下，企业需要进一步判定：这种偏差是不是随机因素作用的结果？战略实施的主要措施是否得当？实施过程对于达成绩效标准是否合适？企业内外部环境是否发生了重大变化？在回答以上问题的基础上，企业即可做出是否有必要采取校正行动的决定。

实践中，实际绩效的评价往往不是想象中的那样简单。对于定量的绩效指标来说，只要建立了绩效标准，要确定其中单个指标是否存在绩效偏差，通常比较容易。但是，要根据这些单个指标所反映的情况做出整体是否存在业绩偏差的综合性判断，往往会遇到一定困难。其原因在于，众多指标中，有的没有偏差，有的存在偏差，有的实际绩效高于绩效标准，有的实际绩效低于绩效标准，需要进行加权综合评判。这就涉及各指标权重的确定问题，不仅很难避免主观因素的影响，也会掺杂着企业内部政治的因素。对于企业商誉、公众形象等定性指标来说，通常采用定性描述与主观判断相结合的方法进行评价，这就使企业很难就这些指标是否存在绩效差距做出客观评价。战略管理者需要注意这些问题，避免对战略控制过程的有效性造成不利影响。

---

① 项保华．企业战略管理：概念、技能与案例［M］．北京：科学出版社，1999.

**4. 采取纠正措施**

采取纠正措施就是针对绩效差距的成因，采取相应的纠正或补救措施，以缩小绩效差距，并将其控制在容许的范围内。造成绩效差距的具体原因是多种多样的，既可能是单一性的因素，如关键零部件的采购成本过高，也可能是复合性的因素，如通货膨胀导致成本上升和销售不畅。通常可以按照产生问题的环节将成因归为几类，如战略绩效的控制标准不切实际，实际绩效的衡量方法存在问题，战略实施的具体措施不够有力，实施战略计划的条件不够完备，内外部环境发生了意想不到的变化等。企业需要有针对性地采取有效措施，消除问题产生的根源，发挥战略控制的作用。总的来看，企业采取的纠正措施有三种：（1）按照常规的方式解决所出现的绩效差距，称为常规模式。（2）就所出现的问题进行专题研究，视具体情况采取纠正措施，称为专题解决模式。（3）事先对可能出现的问题有所计划，并按计划处理实际出现的问题，称为预先计划模式。

## 8.4.2 战略控制类型

根据不同的标准，可以从多个角度对战略控制进行分类。通常战略控制的分类方式主要有：按控制时机分类、按控制对象分类和按控制阶段分类等。这些分类方式从不同的侧面刻画了战略控制及其特点。

**1. 按控制时机分类**

依据控制的时机，可将战略控制分为前馈控制、同步控制和反馈控制。①

（1）前馈控制

前馈控制也称预先控制，是在战略实施活动开始之前进行的控制。例如，在制定战略时预测可能造成偏差的因素并准备相应的应变措施，在战略实施前对进入实施过程的各种资源进行检查与落实等。前馈控制如同高射炮打敌机，需要预先设立一定的提前量，其指导思想是防患于未然，把可能引起战略目标偏离的因素消除在产生之前，或对某些预计到的偏离提前采取预防性的纠偏措施，使战略推进能始终沿着正确的轨道运行，从而保证企业战略目标的实现。

前馈控制具有明显的优点。首先，前馈控制具有预防作用，避免战略实施过程中由于目标偏离所造成的损失。其次，前馈控制是针对战略实施所依赖的条件实行控制，不针对具体的人，易于被接受并实施。此外，前馈控制预先设定了控制措施，由执行者根据情况对实施过程加以控制，有利于发挥员工的积极性和主动性，增强他们的工作能力。前馈控制的关键是要掌握比较完整准确的信息，并据此预测战略实施中可能发生的变化和遇到的干扰，制定各种应对措施。前馈控制对企业的要求较高，工作量很大，所需资源较多，实施也比较困难。

（2）同步控制

在战略实施过程中进行的控制称为同步控制，也叫作同期控制或事中控制。同步

---

① HARRISON J S, JOHN C H S. Foundations in strategic management [M]. 5th Edition. Mason, OH: South-Western Cengage Learning, 2010.

控制是战略管理者对战略实施活动进行实时监督和指导。监督是按照既定的标准，检查战略实施是否正常，防止与战略计划的要求相背离；指导是针对战略实施中出现的问题，指导下属改进工作，或与下级共同确定纠偏的措施。同步控制也可以是战略实施者的自我控制和相互监督。实施者理解和认可战略控制的标准后，就能够在实施活动中自觉运用标准，对照检查自己或他人的工作，并在发现问题后及时纠正。

同步控制有助于提高战略管理者的领导能力和管理水平，增强战略实施者的责任意识和自控能力。当然，同步控制也有弊端。战略管理者受时间、精力等方面的限制，只能在关键时刻对关键活动进行监督和指导，难免会挂一漏万，在员工自觉性不高、责任心不强的组织中更是如此。战略实践中，实现同步控制的具体方法主要有：战略管理者提供直接指挥使实施者的行为符合一定的标准，战略实施者按照既定标准对其行为进行自我调节，以及通过共同愿景实现部门之间、人员之间的相互协作等。

（3）反馈控制

反馈控制也叫作事后控制或结果控制，是在战略实施之后进行的控制。更确切地说，反馈控制是在战略实施取得一定的成果后，测定战略结果与控制标准之间的误差，再根据偏差的大小及成因对战略行动采取纠正措施，使最终结果尽可能符合既定的标准或目标。这种控制关注的中心问题是战略实施的实际结果，包括其最终结果和阶段性结果。为确保达成战略目标，战略实施中每一阶段的结果都应予以合理而有效的控制。反馈控制贯穿于战略实施的全过程，不完全是事后的控制。战略实施结束后的总结是最全面的反馈，但它只对战略管理的下一循环有作用。

反馈控制的特点是根据过去的局部和整体情况来调整未来的行为，是一个不断提高和改进的良性循环过程。在战略管理中，反馈控制的基础是过去战略实施活动的结果，着眼点则是今后战略计划与实施工作的改进。然而，反馈控制的弊端也很明显，采取纠偏措施前偏差业已产生，造成的损失往往无法挽回，纠偏通常只能是“亡羊补牢”。反馈控制的实现可采取两种具体形式：目标导向和联系行为。前者是让下级参与战略目标的制定和工作业绩的考评，激励下级为实现战略目标而努力；后者则是将下级的工作行为同战略实施对其的要求联系起来，使下级的行为导向朝着企业的战略导向靠拢。

前馈控制、同步控制和反馈控制既相互区别，又相互补充。一方面，没有反馈控制的信息提供和经验积累，前馈控制和同步控制就很难发挥作用。另一方面，前馈控制和同步控制又有助于克服反馈控制的弊端。前馈控制、同步控制和反馈控制相辅相成，共同构成了战略控制的循环，推动着战略控制的不断提升。图 8-7 给出了三者之间的区别与联系。

**2. 按控制对象分类**

根据控制的对象，可以把战略控制划分为人员控制、行为控制、产出控制和财务控制。①

---

① 林建煌. 战略管理［M］. 2 版. 北京：中国人民大学出版社，2010.

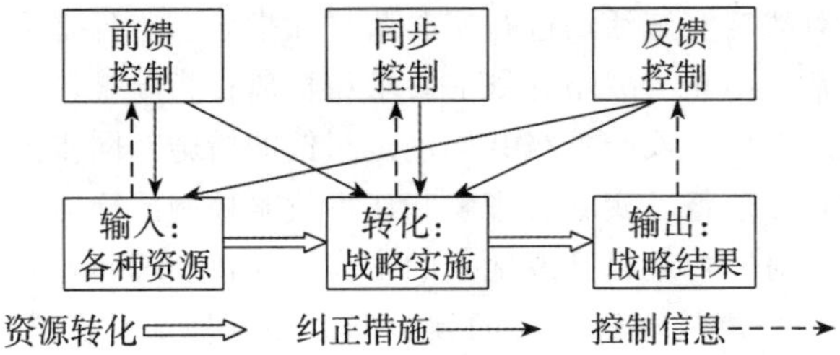


图 8-7 前馈控制、同步控制和反馈控制的比较

（1）人员控制

人员控制是指通过人与人之间的互动来塑造和影响组织中个人行为的控制形式。人是企业中最重要、最具有创造性的资源，战略管理者需要不断提高企业员工的内在素质，使其按照企业战略目标的要求努力工作，取得预期的工作成果，以达到组织控制的目的。直接监管是最为常见的一种人员控制措施，优点是能使管理者更好地了解下属所处的情境，减少隐藏信息、逃避责任、搭便车等不良行为，确保下属有效地完成其工作。以团队形式工作时，同事之间的相互监督是人员控制的另一种实现措施。人员控制还可在更高的层面上进行，即通过提升员工素质，来塑造自我激励和自我约束的员工。具体做法包括在职培训、岗位轮换、改进工作分配、加强内部沟通、建立密切协作的工作团队，以及加强企业文化建设，使员工了解其工作的意义等。在这里，人员控制的关键是如何通过企业的共享价值、信念体系和企业文化，来提升企业员工对组织的承诺，进而塑造自我激励、自我督促、自我控制的高素质员工。

（2）行为控制

行为控制是通过建立一套完整的规则和程序来引导各单位、各部门及其成员的行为，其用意不是阐明组织活动的目标，而是标准化达成目标的途径与方法。① 行为控制的基本逻辑是通过建立行为规范来标准化下属单位及其成员的行为，标准化的行为使其结果可以预见，进而达到控制的目的。行为控制有多种形式，主要有经营预算、标准化、行为规范和办事程序等。

经营预算，又称作业预算或运营预算，是指以数字形式来表现的企业各种日常经营活动的计划，包括销售预算、生产预算、制造费用预算、直接人工预算、直接材料采购预算、单位生产成本预算、推销及管理费用预算等。经营预算就是为有效实现组织的目标，管理者打算如何使用组织的资源，可用以检查组织的经营活动、规范组织的经营行为，是企业控制下属单位经营活动与行为的重要手段。

标准化是指一家企业在何种程度上阐明其决策是如何做出的，以便其雇员的行为变得可以预测。② 标准化的对象可以是输入、转换活动以及输出，技能标准化、过程标准化和成果标准化分别是它们典型的做法。技能标准化是将员工视为专业性工作的输入，对其完成工作必备的知识、技能、经验等做出标准化的规定，只有达到标准要

① BLAU P. A formal theory of differentiation in organization [J]. American Sociological Review, 1970, 35 (2): 684-695.

② JONES G R, HILL C W L. Transaction cost analysis of strategy-structure choice [J]. Strategic Management Journal, 1988, 9 (2): 159-172.

求的员工才能上岗。过程标准化是对规范化程度较高和可以预先编制程序的工作制定出标准化的操作规程与规章等，以保证这些工作以标准的形式进行。成果标准化是阐明最终产品或服务应具有的绩效特征，以确保工作成果的标准化。

（3）产出控制

产出控制也叫结果控制，其控制对象是行为的结果，主要通过检查行为的结果是否符合既定的绩效标准来实现。在战略管理中，为确保企业的经营成果符合战略目标的要求，战略管理者时常会运用产出控制，即为企业内部各单位、各部门及其员工设定适当的绩效目标，然后衡量它们的实际绩效，并将实际绩效与绩效目标进行比较。实现产出控制的主要方式是目标责任制。目标责任制把业务单位以及员工的工作成果与报酬联系起来，能够为各单位、各部门及其员工提供一定的激励。

在大型企业中，各事业部（业务单位）的目标一般是通过分解企业的总目标形成的。这些目标反映了企业对各事业部经营绩效的期望，常用的绩效度量包括效率、质量、创新和顾客反应等。通常情况下，公司层管理者会为各事业部设定较具挑战性的目标，以激发各事业部创造出更好的经营业绩。与之相仿，各事业部和各职能部门的管理者也会为其下辖单位或人员设定较高的产出目标。制定目标的管理者会考核下属实现目标的情况。这些目标的达成通常被视为企业战略满足企业发展要求的一种象征。

Hill 和 Gareth 指出，产出控制的不当使用可能会造成业务部门（事业部）之间的冲突。[①] 为事业部设置的如投资收益率等全面的产出目标，可能使各事业部一味追求资本收益率最大化，而不顾整个企业的利益。同时，为达成过高的产出目标，事业部可能会提供虚假财务数据来粉饰自己的经营业绩，给企业带来意想不到的后果。

（4）财务控制

企业财务资源的概念有广义和狭义之分。广义的财务资源是指企业所拥有的资本以及企业在筹集和使用资本的过程中所形成的财务专用性资产，包括企业独特的财务管理体制、健全的财务关系网络以及具有独特财务技能的财务人员等。狭义的财务资源则特指流入企业的资源（如销售收入、股东投资）、留在企业中的资源（如营运资金、保留盈余）和流出企业的资源（如费用支出、股息）。在战略管理中，财务控制通常是指针对狭义财务资源进行的控制。也就是说，财务控制是指对企业的资金投入与收益过程及其结果进行的衡量与校正，其目的在于确保企业的战略目标以及为达到此目标而制订的财务计划得以实现。

财务控制使用多种方法和技术来监控企业的财务资源，保障其合理分配与有效运用。在战略管理中，常用的财务控制手段主要有预算控制、财务报告、比率分析以及财务审计等。其中，财务预算为战略管理者提供了一个比较与衡量支出的定量标准，预算作为基准能够发现和纠正实际花费与控制标准之间的偏差。财务报告利用财务报表进行分析以反映企业的财务状况。财务比率分析可用以检查企业的盈利能力、营运

---

① HILL C W L, JONES G R. Strategic management theory: An integrated approach [M]. 7th Edition. Boston: Houghton Mifflin Company, 2007.

能力和资金使用效益，比较不同企业的投资报酬和投资风险。

**3. 按控制阶段分类**

按控制的阶段，可以将战略控制分为前提控制、执行控制、战略监控和应急控制。

（1）前提控制（promise control）

在制定企业战略之前，企业需要就内外部环境中的一系列因素进行预测，形成假设。例如，假设国民经济仍将持续快速发展，通货膨胀将维持在较高水平，同业竞争将会有所加剧，产业技术进步将不断加速等。这些假设构成了战略形成的前提。所谓前提控制就是系统持续地审视战略形成的各种前提，以便当内外部环境因素发生重大变化时，对原来前提下形成的战略做出相应的调整和修正。通常，前提主要涉及宏观环境和产业环境两个方面的因素。由于各种前提并不要求等量的控制，企业关注的是那些可能发生重大变化且其变化对企业战略影响较大的前提。

（2）执行控制

执行控制是战略控制的一种类型，它根据战略实施所引发的事件或所取得的成果，来决定整体战略是否需要改变。执行控制有两种基本形式：

一是监控战略任务。战略实施活动由许多规模较小的战略任务组成，这些战略任务能否有效完成，在很大程度上决定着战略实施的成效。对这些战略任务的执行结果进行监控，可使企业判断战略是否需要调整和修正。战略任务监控的关键是找出影响整个战略实施成效的关键任务，并对这些关键任务进行有效监控。

二是评审战略里程碑。战略里程碑是战略管理者在战略实施过程中设置的一些关键控制点，包括关键事件、重大投资决策以及某个固定的时点，例如战略计划期的中间点。评审战略里程碑就是在到达战略里程碑时，根据之前的战略执行情况，对现行企业战略进行再评价，对既定的发展方向进行再确认。

（3）战略监控

战略监控是对企业内外部环境所发生的状况进行的一般性监控。战略监控与环境扫描（environmental scanning）有某些相似之处。然而，两者的角色定位却根本不同。战略监视的目的是通过对内外部环境的监视，发现一些重要且不在意料之中的信息，确保已有战略的连续性。作为按时序展开的扫描—监测—预测—评估活动的一部分，环境扫描旨在为制订新的战略计划提供有用信息。与前提控制和执行控制相比，战略监控的内容更加广泛，重点也不明显，其监控对象涵盖了内外部环境中可能影响企业战略的所有因素。

（4）应急控制

应急控制也叫作特别事件控制，是指基于某个突发事件，对企业战略进行彻底而快速的复查。在长期发展的过程中，企业会不时遭遇各种影响重大的突发事件，如自然灾害、恐怖袭击、化学物质泄漏、产品缺陷、敌意接管等。应急控制通常由企业的危机处理团队负责。

前提控制、执行控制、战略监控和应急控制之间的关系如图 8-8 所示。

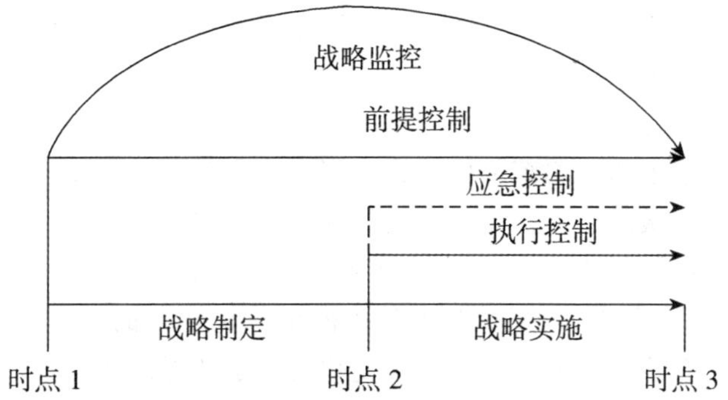


图 8-8　前提控制、执行控制、战略监控和应急控制

## 8.5　战略变革

对环境的错误判断或者环境发生了重大的变化使得原定战略方案或战略目标不再适用的时候就要进行战略变革。我国企业存在流星现象，很多企业迅速崛起又迅速衰败。造成流星现象的原因固然有很多，但追根溯源还是企业醉心于已有的成功，忽视了环境的变化，未能及时做出改变。

全球经济一体化和科学技术的飞速发展带来的经营环境的急剧变化使得现代企业战略管理必须具有更强的适应性。在复杂快变的环境中，“唯一不变的是变化”，这句话有着非常重要的意义。洛克希德-马丁公司前任董事长兼 CEO 诺曼·奥古斯汀指出：“世界上只有两类企业：一种在不断变化，另一种被淘汰出局。”现代企业的竞争日益表现为动态的竞争，战略变革是所有企业都必须面对的严峻挑战。

战略控制只能在一定范围内纠正战略实施中的偏差，如果这种偏差是因为原来判断失误或者环境发生了意想不到的变化，企业就必须对原定战略做出调整。战略变革的滞后可能给企业带来巨大的损失，甚至让企业陷入衰败。曾经辉煌一时的诺基亚在 20 世纪 90 年代因为看到了手机市场广阔的前景毅然从一个森工企业转变为世界上最大的手机制造商，2007 年之后又因为不能适应智能手机时代的到来，在很短的时间内被苹果全面超越。无独有偶，20 世纪 60 年代，吉列因为担心不锈钢刀片会影响它的主要利润来源——高级蓝色刀片——而拒绝做出改变，等到 6 个月后吉列被迫推出自己的不锈钢刀片时已经落后于竞争对手，要重新赢得客户就必须付出更大的努力。

近年来，我国企业也做出了很多努力进行战略变革，其中既有成功的经验，也有失败的教训。第 5 章中提到的五粮液多元化战略转型的失败案例充分说明了企业战略变革的意义与困难。

### 8.5.1　战略变革的内涵

战略变革是企业可持续发展的根本动力。战略变革包含的内容是全方位的，既涉及企业使命和目标的改变，也要调整企业的经营范围、竞争战略、核心资源，还会进行相应的组织变革。

20 世纪 80 年代以来，战略变革日益引起各方面的重视，但对如何定义战略变革到目前为止还没有一个被广泛认可的观点。Rajagopalan 和 Kelly（1997）指出战略变革是由外部环境的变化引起的，战略变革的内容是由企业的范围、资源配置、竞争优势和协调性的变化带来的。明茨伯格认为，当企业变革的内容涉及方向性的组织要素时，如抽象性思维层次的使命、定位和具体性行为层次的程序等，这时的变革就是战略变革。Hill 和 Jones（1998）提出战略变革是企业从目前状态到未来理想状态而增加其竞争优势的活动。① 尽管这些表述存在视角与认知上的差异，但有一点是共同的，即战略变革是企业在内外部环境发生变化时为了获得或保持竞争优势而对经营范围、经营模式、竞争策略、资源能力等进行的重新定位和设计，这种变革既可能体现为企业业务的变化，也可能体现为企业组织的变化，更可能是两者的共同变化。组织是企业战略管理的基础，战略变革与组织变革密切相关。战略变革不仅涉及整个企业，而且会对企业未来的发展产生深远的影响。

战略变革意味着企业要进入新的产业、新的市场，无论采取何种途径，朝向哪个方向，根本出发点都是市场（顾客）导向，要么是面向顾客尚未满足的需求，要么是开发顾客的潜在需求，或者在现有市场上战胜竞争对手。企业面临市场竞争的新挑战，变革能否成功一方面取决于企业对外部环境的把握，另一方面还要克服企业自身的惯性和阻力，也就是说战略变革同样是内外结合的产物。

企业进行战略变革的具体原因多种多样，但归结起来不外是外部环境和企业自身即内部因素造成的。

外部环境是一个不断变化的动态体系，其中的每个因素都会对企业产生直接或间接的影响，即为企业提供发展机会或者对企业构成威胁。企业只有适应环境的变化，顺势而动，才能在竞争中立于不败之地。瑞士钟表在 20 世纪 70 年代以前是绝对的霸主，但是到了 80 年代，电子技术的发展让手表概念发生了质的改变，日本电子表顺应了这一潮流，在新一轮手表市场竞争中取得了主动，使瑞士钟表业的市场占有率急剧下降。② 后来，瑞士钟表业进行了认真的反思，对产业进行了重新定位，更新了品牌概念，逐渐在竞争中站稳脚跟并重新收复失地。

企业战略变革既可能是企业主动求变的产物，也可能是企业被动应变的结果。被动应变的企业则常常是在经营状况恶化之后不得不启动变革。这种对外部环境的被动适应通常不能使企业在竞争中占得先机。主动求变的企业是预见到一定的变革机会后，主动地“制造”变革。主动求变是更高一个层次的战略变革，往往能够使企业引领变化的趋势，拥有更大的主动权。

从变革程度的角度看，渐进式变革以企业现有资源和能力为基础，更容易为企业中的各个方面所接受和认可，变革的阻力较小。转型式变革要求企业从根本上改变原有的经营方向，不易获得各方面的接受和认可，变革的风险和阻力也比较大。企业的战略变革通常是渐进式的，只是偶尔才会出现转型式的变革。无论什么样的战略变革

---

① HILL C W L, JONES G R. Strategic management theory: An integrated approach [M]. Boston: Houghton Mifflin Company, 1998.

② 吴思华．策略九说——策略思考的本质［M］．上海：复旦大学出版社，2002.

都面临着很大的风险，McKinsey 公司 2006 年度和 2008 年度的全球调查发现，70%的战略变革努力以失败告终。①

**【战略聚焦 8-2】** **柯达与富士**

2012 年 1 月，曾经的行业龙头柯达陷入困境，向法院申请破产保护。这一震惊世界的新闻促使人们不禁要问："柯达怎么了？"

1888 年，乔治·伊斯曼使照相机走入寻常百姓家，"柯达"也几乎成为摄影的代名词。此后的 100 年间，柯达公司曾占据过全球 2/3 的摄影产业市场份额，拥有超过 14.5 万名员工。然而数码时代的转型失败，使柯达的市值在 15 年间从 300 亿美元蒸发至 1.75 亿美元，沦落到了破产的边缘。

2012 年 8 月 3 日，柯达公布了当年第二季度的财务报告，其全球营业收入为 10.8 亿美元，比 2011 年同期下滑了 27%，净亏损扩大到 2.99 亿美元，比 2011 年同期增加了 67%，可以说毫无起色。几乎同一时间，它的老对手日本富士公司也发布了财务报告，该季度实现营业收入为 64.79 亿美元，利润是 2.61 亿美元。为什么同样面临行业衰退，难兄难弟的结果却完全不同？

日本富士公司过去 15 年的经历向我们展示的是一个衰退行业中的公司如何实现战略转型的故事。大约在 2000 年前后，富士作为行业中的世界第二，正享受着感光材料领域业绩高涨的美妙滋味，富士相机及其感光材料业务占其总销售额的 60%。然而，富士在此时感到大限将至，市场上数码相机越来越便宜，越来越多地替代着胶片相机。转型在即。

转型不仅需要勇气和决心，更需要确定方向。而确定方向又需要准确把握和理解自己的核心能力，做到这一点并不容易。一个公司在一个行业中经营的时间长了，常常会迷失方向。当市场复杂、产品多样、客户杂乱的时候，企业领导人就更容易分不清什么是自己的核心能力了。

富士的应对措施是新建了一个超过 1 000 人的研究所。在那里，聚集了大量来自医学、光学、化学等不同领域的研究者。富士已经不再把自己定义为一家胶片公司，甚至也不是一家影像公司，而是一家专注于光化学领域的企业。研究员们虽然还是在讨论胶片，但话题已经不再是与照相机相关的胶片，而是能够用在建筑行业阻隔热能的透明胶片，或者说是可以导电的透明胶片。这个研究所的工作打破了以往所谓"专业"的分工界限，使得分散的技术专利产生联系，把原来不曾考虑过的商业领域纳入了公司转型选择的视野。

基于对技术趋势的深入理解，富士开始了它的第二步，即进行一系列并购。富士曾经一口气并购了 40 家公司，以更加有效地获得技术和市场。比如，数字成像中很重要的 CCD 技术非常昂贵，富士公司是在收购医疗器械业务中获得的。再比如，富士以"市场换技术"的策略成功收购了施乐公司 75%的股权，组建了目前在日本复

① KINGEN R, WILKERSON P. The seven deadly sins of strategic change [J]. Global Business and Organizational Excellence, 2011, 30 (2): 44-52.

印机市场仍然蒸蒸日上的富士施乐合资公司。富士还收购了一些著名的制药公司和化学公司。富士的技术人员认为富士控制自由基造成照片和底片老化的技术，可以运用到药物和医疗领域。2000 年，当古森重荣上任社长的时候，富士公司基本是一家胶片生产企业，而今天占据富士销售额八成以上的是医疗器械、化妆品、液晶成像等领域的产品。

富士转型的第三个闪光点是本钱。长期以来，美国一直奉行股东至上主义，红利支付率一直保持在很高的水平，而各类投资者（特别是机构投资者）也根据公司短期回报的高低决定是否持有一家公司的股份，这也被研究者们批评为“短期主义”。大前研一认为：正是因为柯达没有足够的现金储备，只能选择降低生产成本这条路，而对于行业的根本变局，降低成本是毫无意义的。相比之下，日本企业的股息分配率长期处于较低的水平，这使得富士公司在行业崩溃之时，依然可以保留将近 2 兆日元的现金。因为有了这 2 兆日元的现金，富士公司在业务突围时选择的现金并购手段才能够实现。

资料来源　宁向东．富士为什么能［J］．中国企业家，2012（16）．

### 8.5.2　战略变革的障碍

企业战略的缺陷或者内外部环境的变化，催生了战略变革的必要性。这种需要能否最终促成企业的战略变革，在很大程度上取决于企业能否克服战略变革中的各种障碍。无意识的思维障碍和有意识的变革阻力等多方面的因素都可能阻碍企业的战略变革。归结起来，战略变革中企业面临的障碍主要有：

**1. 思维障碍**

Black 和 Gregersen 认为，战略变革中存在着三种形式的思维障碍，分别是视而不见、知而不行和行而不达。① 在企业需要进行战略变革时，视而不见的思维障碍让企业的董事、经理以及员工看不到变革的需求，不会产生变革的愿望与举动。而在他们认识到变革的需要之后，又可能会因变革目标不明确、没有足够的动力和缺乏成功的信心等原因，而不愿采取有效行动，这就是知而不行的思维障碍。在这些企业成员决定以实际行动推进战略变革之后，也可能由于缺乏必要的资源与技能、成功的希望渺茫等原因，而中途放弃变革的努力，这就是行而不达。这些思维障碍虽然是无意识的，却在无形之中阻碍着企业的战略变革。

**2. 资源障碍**

企业战略的制定与实施都建立在一定的资源基础之上，资源条件在很大程度上影响和制约着企业战略的变革。首先，战略变革需要企业重新配置各种资源，这会产生“战略变革物理成本”，包括有形资产减少损失和增加的投入（如设备投资），人员增减、调整时的费用（解雇费、招聘费、培训费）等。无疑，能够支付战略变革的物理成本是战略变革的前提条件。其次，一些战略变革对资源条件有特殊的要求，可能

① BLACK J S, GREGERSEN H B. Leading strategic change: Breaking through the brain barrier [M]. Upper Saddle River, New Jersey: Pearson Education, 2002.

会形成某种形式的资源障碍。例如，从成本领先战略转向产品差异化或最优低成本战略时，企业对人才资源就有着较高的要求，人才资源就可能成为企业战略变革的障碍。此外，如果企业不能根据战略变革的需要，重新调整各种资源间的联系协调机制，战略变革也会遭遇资源障碍。代工巨头富士康试图向上游关键部件和下游营销渠道扩张受挫就是这种资源障碍的表现。

**3. 利益障碍**

既得利益也会成为企业战略变革的重要障碍。有关抵制变革的研究显示，出于个人利益或集团利益的考虑，有些企业成员会对战略变革产生抵触心理，并为战略变革制造阻力。① 这些抵触或抵制变革的人，既可能是企业高管团队的成员，也可能是基层单位的员工。就利益担忧而言，高管人员担心的主要是地位的下降与权力的减弱，普通员工担心的则主要是工作岗位的丢失和变革带来的不便。出于对战略变革的不安与恐惧，企业中的一些人可能采取到处游说等方式试图阻止变革，另一些人则可能通过制造某种理由来推迟变革。在极端条件下，企业中也可能发生反对势力联合起来阻碍变革或攻击变革者以使变革无法顺利实施等情况。

**4. 文化障碍**

作为企业员工普遍认同的价值观念和接受的行为准则的总和，企业文化渗透在企业及其员工的日常活动及行为之中，在很大程度上影响着企业的战略选择与变革。另一方面，企业战略的实施也要求企业强化与这种战略相适应的文化，以取得预期的战略实施效果。在企业战略只是发生渐进式变革的阶段，保持企业战略和企业文化之间动态的一致性往往并不困难。当企业寻求转型式战略变革时，企业文化如不能顺利实现相应的变革，就很有可能成为现行战略变革的障碍。因而，以企业文化变革引导和带动企业战略变革往往会产生良好的效果。在郭士纳主政IBM时，为顺利实施以顾客为中心的新战略，他把改变“骄傲、只关注内部、抑制变革”的原有文化作为企业战略变革的关键事项，从而取得了其前任因忽视重构企业文化而无法成就的辉煌业绩。②

**5. 沟通障碍**

战略变革涉及企业新战略的制定与实施，需要企业中各层级、各部门之间良好的协作与配合，其成效在很大程度上取决于企业内部沟通的质量与效果。在这里，内部沟通指企业中的某一主体将思想、知识、工作标准等信息通过一定的渠道传达给其他客体，并获得这些客体对此信息的反馈的过程。受企业管理者、组织结构、组织氛围和沟通渠道等多方面因素的共同影响，内部沟通往往会遇到多种多样的障碍。当管理者过于主观武断、缺乏沟通技巧，甚至刻意隐瞒信息时，内部沟通就会出现因为管理者态度行为不当而造成的信息遗漏和失真；当企业存在组织层次过多、沟通渠道单一等问题时，内部沟通就会出现因组织制度安排不当而引起的信息遗漏和失真。这些障碍都会对企业中不同层级或部门的协作意愿和配合行动产生负面影响，是企业战略变

---

① 项保华．企业战略管理：概念、技能与案例［M］．北京：科学出版社，1999.
② 项国鹏．成功管理企业战略变革：结合国外知名企业的实践［J］．企业管理，2009（2）：91-92.

革中需要认真解决的障碍。

### 8.5.3 成功的战略变革

战略变革对企业的影响深远，必须采取多种措施才能促使变革成功。总的来说，成功的战略变革需要转变经营观念、组建变革领导团队、识别变革需求、协调变革中的利益冲突、固化变革成果和根植企业文化等。

**1. 转变经营观念**

在不同的时代企业面对的环境以及自身拥有的资源和能力都不相同，企业的经营观念必须与时俱进。过去，我国企业普遍追求“做大、做强”，一味追求规模，过度膨胀之后管理跟不上，无法应对环境的变化，反而造成企业的衰败。面对复杂快变的环境，企业必须具有紧迫感和危机意识，以经营观念的转变促进战略变革的实现。

**2. 组建变革领导团队**

战略变革作为企业重大的转折必须有组织保障，变革的成功需要一个强有力的领导团队专门负责①，这个团队由企业的高层管理者组成，他们具有强烈的危机意识和创新精神，能够清晰地认识变革的必要性，促成变革的发生，提出明确的愿景和目标，与员工充分沟通并激励和指导他们实现这一目标。格洛夫担任英特尔的 CEO 后，认为公司经营战略的转型必须由高层领导推动，战略的制定和诠释是决策者的工作，不仅仅是某个部门的转型。

变革领导团队的成立向全体员工传递了一个强烈的信号：变革已经正式开始。变革领导团队不仅要把握变革的方向，还要善于动员全体员工参与变革，协调解决变革中出现的问题。

**3. 识别变革需求**

变革说明了对现状的不满，变革是为了更好地发展，而不是为了变革而变革。只有员工明白了变革的意义和变革的成效以及变革所带来的好处，才会真正支持变革。这就需要企业主要领导人和变革领导团队充分沟通，传递变革的意图和目的，在全体员工中建立变革愿景。只有让大多数人认识到变革的必要性和前景，才能切实推动变革的实施。

美国 3M 公司通过大力推行创新的方式促进企业变革，规定公司 25% 的销售额来自上市不超过 4 年的产品，从而形成了半固定的战略趋向，给企业带来了持续的竞争优势。

**4. 协调变革中的利益冲突**

从长远来看，战略变革对企业是有益的，大多数人也会受惠。但变革必然要付出一定的代价，如裁员、精简机构等，这就会触动一些人的利益，引起他们对变革的抵触。变革必须妥善处理好各方面利益关系，在变革之前，要充分考虑变革中可能产生的问题以及可能的后果，提前采取预防措施，尤其是安置好受到冲击的人员。

---

① 科特，科恩．变革之心［M］．刘祥亚，译．北京：机械工业出版社，2003.

**5. 固化变革成果**

很多企业成功实施了变革，但不久之后又回到了原来的老样子，变革的努力付诸东流。其根源在于组织惯性，企业对变化有一个适应过程，会不自觉地回到原来的状态。在变革完成后，要对变革成果进行固化。企业要把变革中形成的政策、制度、规章、流程等以文件的形式予以明确，同时对员工持续进行培训，促使他们接受并采纳变革。

在变革的初期，往往会出现意想不到的混乱和偏差，如果这些问题是由于企业不适应变化带来的，企业的变革领导团队就要坚定信心领导企业度过“磨合期”。

**6. 根植企业文化**

变革更有力的支持来自文化。经历了共同愿景建立和价值观创新之后，就初步形成了支持战略变革的企业文化，此时员工对新价值观的认识还停留在初级阶段，还需要进一步的培养才能使战略变革根深蒂固，真正融入企业文化中。

价值观是无形的，也无法在短期内见效，要使每一个员工都相信变革的愿景并努力实践新的价值观，领导团队的示范非常重要。价值观的形成不应该只是说教，而是要体现在每一个行动上，领导团队的行动更为重要。

精神层面的价值观如果不能体现在物质层面中，就不可能让人信服。要使员工信奉共同价值观，就必须让他们相信这样的价值观能给他们带来回报，无论是薪酬还是个人发展空间，必须有一个体现的载体。因而，要让员工深刻认识战略变革的作用及其与价值观的联系。此外，标杆效应是让员工顺利接受变革的有效方法。奖励变革中的榜样，让不适应战略变革的人离开，形成价值观取向的标杆，是向全体员工宣示战略变革决心的最佳方式。

**好战略，执行起来为什么这样难**

# 综合案例：南方报业传媒集团的聚合战略模式

南方报业传媒集团作为一个年销售收入达49亿元，下辖8报、9刊、53家网站和“两微一端”，以及1家出版社，具有全媒体生产能力和全世界介质传播能力的大型媒体集团，其成长过程就是一个不断突破体制束缚、引领风气之先的过程。南方报业依靠“龙生龙、凤生凤”的品牌裂变战略确立了在报业的竞争地位，又以报系整合为切入点，从“核裂变”转为“核聚变”，以“聚合式”战略推动集团从品牌竞争走向全媒体融合，占领媒体产业竞争的制高点。南方报业的核变战略让我们看到，如果拥有战略远见，体制内的企业也能够突破体制束缚，实现自我跨越式发展。

在中国看新闻，读者无论身处南方还是北方，喜爱报纸还是杂志，要想避开南方报业都并不容易，从党报《南方日报》，到享誉一时、风格独特的《南方周末》，还有风行全国的《南方都市报》，经济新闻报纸中首屈一指的《21世纪经济报道》，以及《21世纪商业评论》《南方人物周刊》《mangazine丨名牌》《城市画报》等，都出自南方报业旗下。

办好一份报刊并不难，难的是几乎份份都能出彩，所谓龙生龙、凤生凤，很长一段时间以来，南方报业很有些“子又生孙，孙又生子，子又有子，子又有孙，子子孙孙无穷匮也”的态势，创造了中国报界的奇迹。

更严谨的总结，南方报业传媒集团的扩张其实采用的是“核变式”。这一战略开创了中国报业的先河。

**多品牌“裂变”**

和大多数企业一样，成功的战略往往是在不断变化的动态环境中一点一滴逐步形成的。南方报业从《南方日报》开始的战略延伸，正是经历了一个逐渐摸索的过程。延伸的第一个结果———《南方周末》，创刊于1984年。与其说这是大战略布局下的成就，不如说是应对市场竞争的被迫尝试。改革开放之后，晚报复兴，地市报纸形成“割据”态势。作为一份省委机关报，《南方日报》的市场受到不小的冲击，打造一支新生力量成为不错的选择。

正是基于这一点，《南方周末》一诞生，便携带着浓厚的市场意识和竞争意识，很快便形成了鲜明的品牌个性。几年时间，其发行量便已突破百万，营业额更是超过亿元，声名日盛。

11年后，南方报业再次出手，《南方都市报》面世。此时，机关报的困境加深，《南方都市报》的市场竞争意识也因此更为强烈，并由此迅速崛起。1999年，南方报业集团重组了具有40多年历史且当时每年亏损数十万元的原《广东画报》，将其更名为《城市画报》。次年，南方报业如法炮制，兼并了原广州市体委主办的体育报，易名为《南方体育》。只不过这一次，“新生子”被安排给《南方都市报》进行“孵化”和培育，成形后再分离出来，独立成长。

至此，南方报业的多品牌战略已经明确成形。不过，那时南方报业传媒集团充当的仍然是“父辈”，真正的“核变”，即“子生孙”式的战略在2000年之后才逐步成型。当然，早在将《南方体育》安排至《南方都市报》进行孵化之时，这一战略其实已经初露端倪。

2001年年初，南方报业旗下再添新丁，《21世纪经济报道》创刊。时至今日，南方报业当年的这一举动已经成为经典案例广为传颂。和之前创办的几个子报均有所不同，《21世纪经济报道》引进了外部资金以及发行资源，还组建了经营公司，成立了董事会，并开始试行管理层人员持股制度，要知道，他们可都是事业编制在编人员。这个新成立的一员开始尝试建立相对规范的公司治理结构，组建了一个由报业集团控股的经营公司，已经颇具传媒业中与众不同的新貌。

那时，正是都市类报纸的蓬勃期，经济类报纸尚属蓝海，南方报业最终充当了第一个吃螃蟹的人，在经营环节把外部战略投资者引进来。不过，其中更大的考虑是借机进行体制和机制的创新。

“双方合作的起点定得比较高，不只是停留在资金层面上的合作，也不仅仅是经营业务方面的合作，而是一开始就着手探索建立一个现代公司制的治理结构。从今天的角度看，这两项颇具前瞻性的决策，从根本上奠定了《21世纪经济报道》乃至以后的21世纪报系成功的基础。”时任南方报业传媒集团总编的范以锦在后来回忆时，如此评价。

《21世纪经济报道》随后创下了创办次年就实现盈利的奇迹。而就在它以全新的市场化品牌理念来尝试运营时，南方报业集团多品牌战略开始逐步深入。

真正的“核变”开始了。

在《21世纪经济报道》的品牌有了广泛的社会影响之后，2003年，21世纪报系成立。利用这个平台，延伸了《21世纪商业评论》《商务旅行》《理财周报》等报刊及其他子项目。“21世纪报系”“南方周末报系”“南方都市报报系”共同构成南方报业传媒集团下的三大报系。到了2004年年初，南方报业传媒集团进一步设立了集团战略运营部，集团社长亲自挂帅，兼任战略运营部主任。这对于整个集团整合资源、培育强势品牌大有裨益。

多品牌战略有效提升了南方报业的核心竞争力，使南方报业形成了合理的报业结构，集团呈现出全国扩张之势，被誉为“报业结构最合理、读者覆盖最全面、综合运营能力最强的报业集团”。多品牌战略的实行，也使经营风险大大分散。

**走向“聚变”**

其实早在“核变”的同时，“聚变”的种子就已经埋下。

2003年南方报业传媒集团进行报系整合时，新的“核变”发展战略就已经奠定了基础，即以“聚合式”战略推动集团从品牌竞争走向全媒体融合，占领媒体产业竞争的制高点。其基本含义为：通过集团旗下不同媒体形态、不同媒体品牌以及不同业务单元的聚合，将南方报业打造成数字化时代的跨媒体、跨行业、跨地域的传媒集团。

随着互联网的发展，外界对于传统媒体一片唱衰之声。但在南方报业传媒集团的领导看来，虽然新媒体给传统媒体带来了强劲挑战，但是传媒市场远远没有成熟，仍有巨大的“增量”空间，与挑战一样，机会也层出不穷。

也正因如此，战略管理对传统媒体的重要性愈发凸显。

这当然是南方报业的长项。在全国的传媒行业里，南方报业堪称最早引入战略管理并通过实施多品牌战略获得成功的媒体。

但是，尽管如此，仅仅停留于现状显然是不现实的。在资讯资源日益呈现出打破边界加快融合的今天，人们需要的是更为灵活、多元化的展现形式，以及多角度解读的信息。显然，尽管体态日趋庞大，但对于某些业务领域来说，南方报业依旧是陌生的，也因此，在整个报业集团的范围内，进行资源组织能力和业务经验的有效整合、扶植和共享，成为其最为明智的选择。2009 年，南方报业媒体聚合战略也正式出台。它为自己定下的目标是：在未来 5 ~ 8 年间成为国内领先、国际知名、资产和销售均超百亿的报业集团。

“有人在过冬，我们就要去进攻，向全媒体方向发展，但全媒体不等于网络媒体，而是各种媒体形式并存。我们要做的，不只是报纸产品的提供商，而是内容提供商和服务提供商，要打破媒体的界限，哪一种传播效果好就用哪一种。”南方报业传媒集团前任董事长杨兴锋援引南方报业内部观点说。

当然不可能一蹴而就，实际上，南方报业将这一聚合战略分为四步。

第一步是每家报纸都有自己的相关网站，实现报网互动，推出滚动新闻；第二步是整合网络平台；第三步是用公司制办法来运作新媒体；第四步是媒体融合，就是将新闻信息发到统一的编辑平台，加工以后，选择适合的、不同的平台发布和传播。

截至 2016 年，南方报业传媒集团营业收入达 49 亿元，拥有 8 报、9 刊、53 个网站和“两微一端”，以及 1 家出版社，形成了集报、刊、网、端、微、屏于一体的全媒体军团，覆盖 2 亿用户；旗下《南方日报》《南方都市报》《南方周末》入选 2016 中国最具价值品牌榜，总价值 633.99 亿元，居全国报业集团之首。未来 3 年内，南方报业将建成新闻资讯领先、传播手段先进、服务能力突出、产业形态丰富、拥有强大舆论引导力和市场竞争力的智慧型文化传媒集团。

它能如愿完成最新的转型吗？

**转型背景**

**与时俱进**

近年来，南方报业传媒集团的强势崛起及强大后劲，一直为人瞩目；其成长路径和运营思路，一直引人探究。而南方报业传媒集团的多品牌战略之所以取得成功，根本原因在于它是一个基于市场的战略选择。

让我们来看看影响南方报业发展的外部环境因素。第一，从宏观层面看，国家文化体制改革与文化产业政策调整给报业带来挑战与机遇。在不断推进的文化体制改革下，传媒企业由“事业单位、企业管理”的双轨制向更加市场化的企业整体转制方向改变，向建立现代企业管理制度与公司法人治理结构方向转变。作为国内领先的平面传媒集团，南方报业必须充分利用时代机遇，实现自身的跨越式发展。

第二，从技术因素看，媒介日趋融合，“大传媒时代”呼之欲出，传统媒体的内容制造需要与新技术、新渠道信息发布的速度和宽度优势相结合，实现多媒体融合发展，

第三，从市场因素看，应对传媒市场更加激烈的竞争，改变过于依赖广告市场盈利的模式。当前社会结构对以报业为代表的平面传媒转型提出了新的要求，而传媒经营主体的多样化、新媒体的替代性和混业竞争使传统的报业平面媒体面临进一步萎缩的趋势，只有寻找到合适的转型出路，才能摆脱颓势，涅槃重生。

第四，从传媒业商业模式的国际趋势看，现在的传媒产业越来越依靠企业的品牌增值服务、产业的运作，而不是过度依赖广告来获得盈利，而我国的报业传媒、电视传媒仍然停留在过度依赖广告实现盈利的商业模式中。要想成为传媒业的大集团，在国际化竞争中占有一席之地，就必须改变这种单一的盈利模式，通过品牌、资本、产业的发展，提升报业集团的国际竞争力。

我们再来看看影响南方报业传媒集团转型的内部因素。首先，南方报业传媒集团过去的“核变”转型为其发展创造了“核”优势，提升了集团的品牌运作和综合管理能力，但也使集团陷入了品牌无限发展延伸的“刚性”路径依赖中，不利于集团向全媒体融合的产业转型，必须探索新的“核变”转型战略超越品牌裂变，实现从平面媒体向全媒体的战略转型。

其次，技术的变革要求南方报业传媒集团必须用“核聚变”方式抓住新技术创造的机会，应对新媒体带来的挑战。网络、移动通信、户外电子媒体等新媒体技术的出现为报业集团的战略扩展创造了技术条件，并且为集团内部资源的战略整合提供了信息平台。同时，新技术创造了许多新的媒体形态和媒体载体，它们成为平面媒体新的“替代者”。

最后，市场消费环境的动态变化要求集团创造品牌传播、整合品牌传播、扩展产业价值链。当前报业竞争、跨媒体间的竞争更加动荡激烈，战略竞争的形态、竞争的手段和专业管理营销更加复杂多样，而客户和读者的需要更加个性化、“分众化”、碎片化。这要求传媒企业既要有多样化的核心品牌，又要不断聚合集团核心品牌的市场营销资源和采编资源，通过交叉整合满足市场和客户的要求。

**战略转型**

### 战略“核变”

从自身的核心能力出发，在传媒产业发展面临的动态复杂的政策与社会、市场与经济、科学与技术等战略环境中，南方报业富有远见地预判报业传媒发展趋势和未来竞争高地，采用“战略核变”的转型模式，深度系统地激发报业集团采编、品牌传播和商业运作的能量，先后完成了集团从“单核竞争”到“核裂变竞争”的战略成长与转型。当前，集团正在全力完成从“核裂变竞争”向“核聚变竞争”的战略转

型（见图1）。

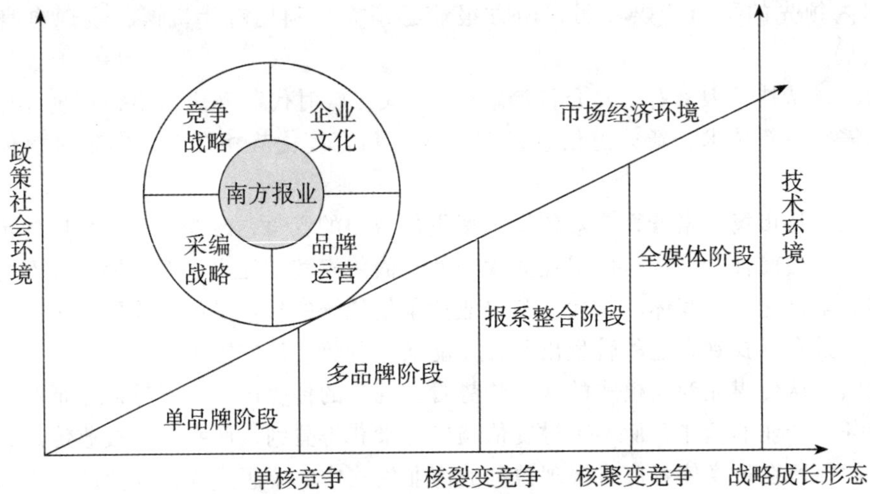


**图1　南方报业集团战略“核变”转型模式**

1. 单核竞争战略：单品牌阶段

改革开放初期，南方报业传媒集团在广东乃至全国的平面媒体竞争中主要依靠党报《南方日报》。在这个时期，《南方日报》已经敏锐地意识到政府和社会需要平面媒体进行政策普及、精神引导和市场启迪，《南方日报》也感受到南方商品经济日益活跃带来的报业机会和平面媒体竞争的暗流，由思考如何“办一张有特色的省报”开始，从新闻采编创新入手，在国内媒体中较早地引入“品牌”理念，探索并逐步确立单一品牌在传媒市场的“四轮驱动”战略。传统党报的运营模式以采编为主要驱动力带动广告和发行，这是典型的“三轮车模式”。现代报业由于竞争非常激烈，进入了品牌为王、整体运营竞争的新阶段，“采编+品牌”作为联合驱动力，帮助实现“发行+广告”两次销售的模式，也就是“四轮驱动模式”。贯彻这一战略的首要和根本环节在于充分利用党报的组织资源，做强、做足、做精、做活和做新报纸的“新闻产品”，树立品牌，打造一支高素质的“内容产品”运作团队，由此带动发行和广告市场。《南方日报》的深度报道、典型报道和批评报道成为报纸的名牌产品。由此确立了《南方日报》的主品牌优势：政治优势——主流新闻、权威报道、深度分析；权威优势——高层动向、舆论导向、舆论监督；南方优势——热辣新鲜、灵活开放、生活真实。集团做贴近读者的有高度的新闻，使《南方日报》赢得了影响力、竞争力，确立了其在报业的“核心”品牌地位，塑造了一支高水平的内容采编、市场运作的团队，为下一步的多品牌裂变式发展提供了“核基因”。

2. 核裂变竞争战略：“龙生龙、凤生凤”的多品牌阶段

早在20世纪80年代中期，南方报业传媒集团就已经认识到全国市场读者和商家对信息的需求、对新知识的渴望、对社会焦点问题的关注，需要贴近读者认知和阅读口味的报纸。而省级导报受地域、政治身份和行政关系等多重限制，在当时难以逾越这一障碍。于是南方报业开始试水以《南方周末》满足读者和商

家对报业产品的多样化需求，跨越地域区隔，走向全国，由此开始探索多品牌发展之路。经过多年探索，《南方周末》以其切中社会问题的报道、有力量有锐度的评论而“一纸风行”，缔造了《南方周末》的“精神缘”，并发展成为南方报业的又一“核心”。

在20世纪90年代初，随着社会主义市场经济体制的确立和国家在传媒业推行“自主经营、自负盈亏、自我约束、自我发展”的产业化政策，国内报业市场出现党报行政办报的市场尴尬，党报和晚报、都市报、周报、晨报齐上阵，办报高潮迭起，价格战、发行战和广告战此起彼伏，报业市场竞争趋于白热化。在这一竞争环境下，南方报业传媒集团没有迎合低层次的市场竞争，而是果断确定充分挖掘和利用南方报业办报的“核心能力”与“核心基因”，以“龙生龙、凤生凤”的“核裂变”竞争模式去“孵化”和打造多个报业“子品牌”，进而再以“子品牌”的“核心基因”进一步孵化“孙品牌”，以高端的多品牌竞争和差异化竞争确立集团在报业乃至传媒业的地位。通过裂变式发展，南方报业先后孵化出《南方都市报》《21世纪经济报道》《新京报》等多个在业界叫得响的子品牌，这些子品牌又进一步进行“裂变”，孵化了一大批正在产生影响力的“孙品牌”，如《南都周刊》《南方人物周刊》《21世纪商业评论》《mangazine丨名牌》等。多品牌让南方报业顺利度过了危机，赢得了先发优势，品牌一个一个推出，竞争力一浪高过一浪，构成了南方报业持续的竞争力。

3. 核聚变竞争战略：报系整合与全媒体阶段

随着新技术和新媒体的不断涌现，中国乃至世界的传媒业进入了一个网络媒体、移动媒体、平面媒体、分众媒体、广播电视媒体进行多元互动混业竞争的全媒体时代，同时随着中国加入WTO，国外媒体面对庞大的中国媒体消费市场也在试图跨越或者规避政策管制的藩篱，参与中国的媒体竞争；中国综合国力的增强也需要一大批有实力和影响力的媒体企业进入世界媒体竞争的舞台，传播中国的声音。更进一步，随着国家文化体制改革的深化和文化产业振兴政策的推出，传媒企业面临着整体转制、媒体政治导向、文化产业混业竞争、媒体市场不确定性等大量的机会和挑战。就南方报业传媒集团自身而言，过去推行的裂变式多品牌战略发展模式，虽然提高了集团整体竞争实力，但也引发了新的问题：这种模式主要依靠自身的积累滚动发展，存在盈利模式单一和盈利能力不强等问题，利用外部资源加快自身发展相对不足。要在数字化时代相对陌生的业务领域进行跨媒体、跨行业、跨地域拓展，南方报业旗下原有的单个媒体往往显得捉襟见肘，原有的裂变式发展模式不能保证南方报业在“大传媒时代”以比对手更快的速度实现跨越式发展。这种模式过于重视各个品牌自身的发展和竞争力，品牌之间缺乏有效的整合，重复建设和资源浪费比较严重，“十个指头都很有利，却难以形成一个拳头的力量”。此外，集团虽然在国内处于领先，但相比于知名的国际传媒集团，南方报业的力量还很弱小，难以承担“走出去”的国家责任。

基于对集团内外部环境的认识，从2003年起，南方报业传媒集团以报系整合为切入点，确定新的“核变”发展战略，从“核裂变”转为“核聚变”——以“聚合式”战略推动集团从品牌竞争走向全媒体融合，占领媒体产业竞争的制高点。集团媒体聚合战略的基本含义就是通过集团旗下不同媒体形态、不同媒体品牌以及不同业务单元的聚合，把南方报业打造成为数字化时代国内影响力最强、成长性最好、最具活力和国际竞争力的跨媒体、跨行业、跨地域的传媒集团。媒体聚合战略的核心点有三个：一是整合资源，二是创新机制，三是强力扩张。

传媒集团在未来的战略发展中，把自己定位为“全媒体信息服务商”，即不仅高度重视内容的采集和信息的加工，而且高度重视渠道的选择、建设以及高效的信息服务。具体来说，南方报业传媒集团全媒体转型战略的实现需要四个步骤：第一步是每一家报纸都有自己的相关网站，实现报网互动，推出滚动新闻等；第二步是整合网络平台；第三步是用公司制来运作新媒体；第四步是媒体融合，就是把新闻信息发送到统一的编辑平台加工之后，选择合适的、不同的平台发布和传播。

4. 转型后的战略管理模式

公司的发展战略与近期规划相结合，把战略规划分解为三到五年的滚动发展规划，再把这个规划进一步分解和转化为集团公司与各业务单位之间详细的经营计划以及财务预算计划。集团领导通过对各业务单位经营/预算计划的严格质询和考核，指导各业务单位的经营运作。公司战略决策和战略规划都十分重视吸收业务单位和基层员工的参与，发挥他们的战略决策智慧，同时，南方报业在制定公司战略时非常重视外脑，每年都会邀请外部专家和内部员工参与“小型论坛”或者征集“最佳方案”。集团层面每一年度至少召开三次大会来落实本年度的集团目标和战略决策，也就是战略质询会、经济工作会议、跨部门协调会（研讨会）。

5. 转型后的核心战略流程

南方报业传媒集团的“战略”核变模式的落地和“核变”动力的运行需要不少于12个流程节点的执行（见图2），其中最关键的几个流程环节包括：集团战略决策、优化治理/组织结构、战略授权、业务单位联动机制、职能服务支持、财务控制、业绩考核。中间双箭头表示整个流程的控制、反馈的核心通道。

**集团战略决策**：集团管委会是集团最高经营管理决策机构，它负责南方报业传媒集团的战略发展规划，分解集团战略目标，对业务单位的重大商业模式进行决策，协调（子报）采编业务单位与（子报）经营单位之间的关系，进行战略授权。

**分解经营目标和协作沟通**：集团每年都通过会议、管理制度和工作流程分解报业年度经营目标，协调各个部门和业务单位之间的职能服务和业务协作。

**协调配置资源**：为完成公司战略目标，集团必须重新整合配置各个业务单位管理的资源，最大限度发挥资源优势，节约成本，减少损耗。集团公司推行内部信息化平台建设，协调不同报系媒体之间联合采编，优化资源配置，推动公司聚合战略。

**优化治理/组织结构**：为落实集团战略和目标，需要在现有的“双轨制”体制下创新运行机制，对组织结构和制度安排进行创新优化，包括报办集团到集团办报的经

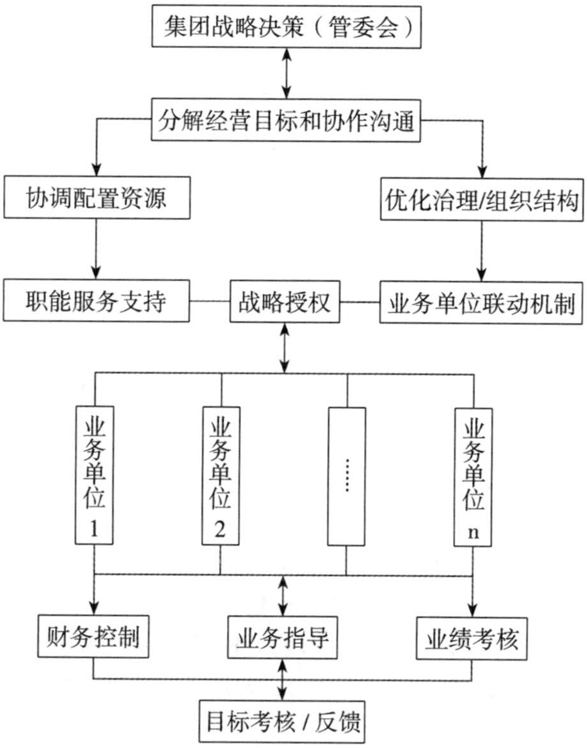


**图 2　南方报业传媒集团战略管理流程**

营体制创新，采编分离但分而不断的管理体制创新，引入战略投资者创新产权制度和战略合作制度，允许部分子报管理人员持股的激励制度等，从各个方面优化战略运行的治理结构和组织结构。

**职能服务支持**：集团各职能部门对战略业务单位提供服务和支持，尤其是人力资源部门的服务，通过建设人力资源开发与管理体系，为业务单位提供人才支持。

**战略授权**：集团非常重视发挥各个二级单位的积极性，对二级单位的业务经营管理、人力资源管理和资源的使用给予充分的战略授权，让各个业务单位有灵活自主的运作空间。

**运营转型**

## 全媒体运营

2009 年，南方报业超越传统媒体的思维定式，大力推进“全媒体战略”，成立了“新媒体工作委员会”，加快推进从报业集团到全媒体集团的转型。集团目标不光是要做报纸产品的提供商，还要发挥报业长期积累的在内容生产上的优势，做全媒体的内容提供商，做到包括报纸、广播、电视、网络、手机、户外视屏、电子纸、移动报等多种媒体形态的复合传播，实现传媒产业的全媒体化运营。

为此，南方报业传媒集团全力打造适应全媒体发展需要的全新体制机制，加大资本运营力度，继续整合印刷、发行、物流、出版等实业，大力拓展地产、信息、娱乐、旅游、体育等关联产业，致力于打造文化传播业的八大业务板块：平面媒体、网络媒体、移动媒体、文化出版、文化会展、文化实业、地产项目和传媒公益活动，全力推进从平面媒体集团向全媒体集团的转变，从平台建设、资源整合、项目选择、流程再造等多个方面，对传统平面媒体的运作模式进行一场革命、一次超越，实现全媒体的生产能力，形成全介质的复合传播能力，提高全方位的经营能力，并用5~8年的时间把自己打造成为“国内领先、国际知名”的总资产、总收入双双超过百亿元的世界一流华语传媒集团。

1. 转型后的运营管理模式

战略核子为南方报业的战略发展和战略管理提供了强大的“核子基因”，而要把战略核子与核能力转变为战略核优势，实现集团的“核变”战略，还需要一套相互耦合、有序运作的动力机制，也就是运营管理体系，使集团战略落地。概括起来，南方报业传媒集团的整个战略“核变”运营管理体系由十个要素耦合而成。

**内容采编为本**：在内容采编上坚持“铁肩担道义，专业铸报格”；在传播形态上以权威树公信，以革新促发展；在内容理念上以战略赢未来。

**品牌价值创新**：坚持以内容而不是以价格赢得客户，提出品牌塑造的“四轮驱动论”——高度与公信力决定影响力、内容产品的差异化竞争优势、渠道创新赢得发行、营销策划传播品牌价值。在主品牌获得成功的情况下实行“裂变式”多品牌战略。

**治理结构优化**：在既有的文化企业管理体制下，不断进行制度和机制创新，探索双轨制运行的产权治理结构的创新。解决报业集团的体制和授权经营问题，进一步确立报业经营单位的市场主体地位，改进报业集团内部以产权和业务流程为纽带的公司治理结构，进而按照法人治理的要求建立和完善管理制度和运行机制。

**政治政策判断**：传媒产业是一种特殊的产业形态，其产品具有浓厚的精神和政治意识形态特征，这也是报业获得公信力的主要来源。

**人力资源管理**：提出基于报人文化的用人理念体系和人力资源管理制度，追求人才的“泉涌效应”——塑造团队合力；培育年轻人才；创建“责、权、利”统一的用人机制；营造个人发展平台；鼓励人才的内部有序流动；构建人才进出的良性循环通道。

**管控结构到位**：合力的组织管理结构和制度是企业管理成败的关键之一。既要发挥各个部门尤其是业务部门的积极性、灵活性，又要保持总部和高层对其有序的监督、控制，这是组织管控设计的关键。

**联动协同机制**：主要体现在报系之间、采编和经营之间的联动协同，使资源平台的协力最大化。

**战略合作创新**：在现有的双轨制文化企业管理体制下，集团不断探索运行机制创新，引入战略合作者和外部资本，通过战略联盟实现跨地区、跨媒体办报，提高集团的综合实力和影响力。

**渠道发行创新**：“有效发行+自办发行”成为南方报业传媒集团发行市场开拓和

销售的基本模式。

**贴近客户营销**：在广告市场开发上，南方报业各个报系虽然在市场开发和营销手法上各有千秋，但其共同特征是贴近客户的品牌营销和差异化营销。

2. 转型后的运营组织体系

**总部职能管理部门的组织整合**：南方报业传媒集团在2008年下半年对职能部门进行了改革，设置了行政管理中心、党群监察中心、战略发展中心、资产管理中心和经营管理中心，把原先的职能部门分别置于这些中心之下，比如集团办公室、人力资源部、公共事务部以及法律事务部就隶属于集团行政管理中心。同时，根据各个中心的职责不同，分别安排由不同的集团领导负责。中心的设置，既使各自的分工更加明确，管理更加清晰，也使分管的领导责任更加明确，既有利于集团公司治理结构的改善，也有利于职能部门运作效率的改善。

除了设置中心以外，集团还根据业务的需要，新增设了市场拓展部、投融资部、监察审计部、公共事务部等部门。其中：市场拓展部的主要职责一是积极对外单位的投资项目自行或组织专家进行可行性论证，二是对外开展投资业务；监察审计部的主要职责一是纪律监察，二是对下属部门和子报子刊进行审计监督；公共事务部的职责主要是对外交流。这些部门的设置较好地解决了集团因改制而出现的一些经验问题，从而有利于集团真正的市场化运作。

**业务单位管理体制**：按照“一媒体一公司”的原则设立若干经营公司，分属传媒集团公司管理。拟上市公司的组织结构按照《公司法》《证券法》等相关法律法规的规定设置。集团赋予大部分媒体公司较大的经营决策权、人事管理权、业务管理权，并主要通过财务管理和负责人绩效考核来掌控公司的发展。

3. 转型后的核心流程体系

南方报业传媒集团转型后的核心运营流程有如下方面：

**业务单位联动机制**：在集团各个报系确立品牌优势，大大扩张和延伸各自的品牌经营领域和资源，为落实聚合战略建立了各业务单位、采编和经营部门之间的协调联动机制，打破了部门界限，减少了管理成本，节约和优化了资源，形成了品牌聚合力。

**业务单位经营**：各业务单位根据集团分配的业务指标，按照采编理念原则和经营规律进行品牌生产和经营，以“卓越”业绩回报公司的战略安排。

**财务控制**：集团对各个业务单位的生产和经营进行资本预算、营业收入和利润结算，监督业务单位的经营成本和财务行为等。

**业绩考核**：集团高层、相关职能部门（主要是人力资源和财务部门）对业务单位的经营情况、业务单位负责人的履职进行年度和责任周期的考核。

**实施业务指导**：集团管理委员会和高层对业务单位的重大新闻和重大经营活动提供业务咨询和指导，进行正常把关，提供政治资源的支持和保障。

**品牌塑造**：报刊要赢得读者和广告市场、打造品牌都必须遵守报业市场运营规律，遵循从市场到产品再到市场的基本模式。从目标读者人群的特征、阅读偏好和需求出发，兼顾广告客户的广告需求，确定报纸的目标定位和新闻价值理念，追求媒体产品差异化设计及制作，然后选择快速、有效、准确覆盖的发行渠道，并通过适当的促销和服务，刺激读者的阅读兴趣，形成媒体影响力和媒体形象，获得广告投放，逐步塑造媒体品牌。

**文化转型**

**“报业”文化的成功运作**

媒体企业文化源于对民族文化的传承与发展，是媒体在进行新闻报道与经营管理的实践中逐步形成的为全体员工所认同并实践的、带有媒体特点的宗旨、使命、愿景、精神、价值观和经营理念，以及这些理念在传播与生产经营实践、管理制度、员工道德行为方式与企业形象等方面的综合体现。

南方报业传媒集团坚持“新闻理想和产业抱负比翼齐飞”，用有高度、有深度、有品质、有创新、有速度、有情趣的“精神产品”塑造品牌，用品牌优势去占领读者市场、广告市场，提供增值服务，创造品牌价值。

例如，南方报业传媒集团把正确舆论导向作为报纸的生命线，坚持做主流舆论的一面旗帜，坚持做政策宣传的一面旗帜，坚持做典型报道的一面旗帜，坚持做批评报道的一面旗帜，坚持做民生新闻的一面旗帜，坚持做洞察经营的一面旗帜。

从经营层面来说，《南方日报》的总体市场策略可归结为两点：定位于社会核心消费人群的差异化战略；梯级配置的产品结构策略。这两个策略决定了《南方日报》在全媒体竞争的态势下具有非常独特的市场定位和竞争力。

在我国市场经济体制、文化体制改革日益深化以及全球化的背景下，南方报业在厉行改革、传承创新中形成了独特的“南方报业文化”，可以把它概括为四个主题词：担当、创新、包容、卓越。

担当是基本的社会责任。一个媒体要成为优秀的媒体，成为精神世界里真正的中流砥柱，就必须胸怀伟大的历史使命感和强烈的社会责任感。媒体向社会大众提供的不是物质产品，而是新闻、信息及其他精神产品，肩负着舆论导向的重任，影响着社会生活的各个角落。

从根本上说，南方报业不断取得的进步就在于学习和创新。勤奋学习才有思路，勇于创新才有出路。

包容是底蕴，是以海纳百川的态势，容纳来自五湖四海的意见，推动南方报业蓬勃发展。

卓越是境界，也是一种永远保持积极向上的姿态。可以说，南方报业的目标就是不断地追求卓越，永攀高峰。

这些文化构成了南方报业传媒集团战略发展并引领中国报业的精神基因，集团及其报系历次改革转型的成功与这些文化的娴熟运用密切相关。

**企业家转型**

**创新领导体制**

为适应国家关于传媒产业文化体制的要求，执行公司“核聚变”发展战略，南方报业传媒集团在集团组织架构、领导体制方面进行了组织结构与制度的创新。

**集团组织架构**：按照“采编和经营两分开”的原则，南方报业传媒集团转制后的组织架构为：南方报业传媒集团下设南方日报社（事业法人）、南方报业传媒集团公司（企业法人）、若干精干高效的职能部门、南方网与《南方杂志》两个成员单位。

**领导体制**：为实现“采编和经营两分开”，集团必须在领导机构方面进行创新，明确管理机构的职能和管理者的职责，用制度管人和管事。集团根据文化体制改革的需要，在领导体制改革中，组建了南方报业传媒集团管委会、党委会、编委会和南方报业传媒集团公司董事会、南方报业集团经营委员会。为更好地研发和执行集团的聚合发展的全媒体战略，集团成立了新媒体工作委员会。

**关键人才的管理体系**：关键人才是人力资源管理的重点，集团针对关键性战略人才，重点完善了“选用育留”机制建设，加强对关键人才的人力资源管理，为集团创造了更大的价值。通过建立向关键人才倾斜的管理体系，不断培养关键人才，吸引关键人才，激发关键人才的潜能（见图3）。

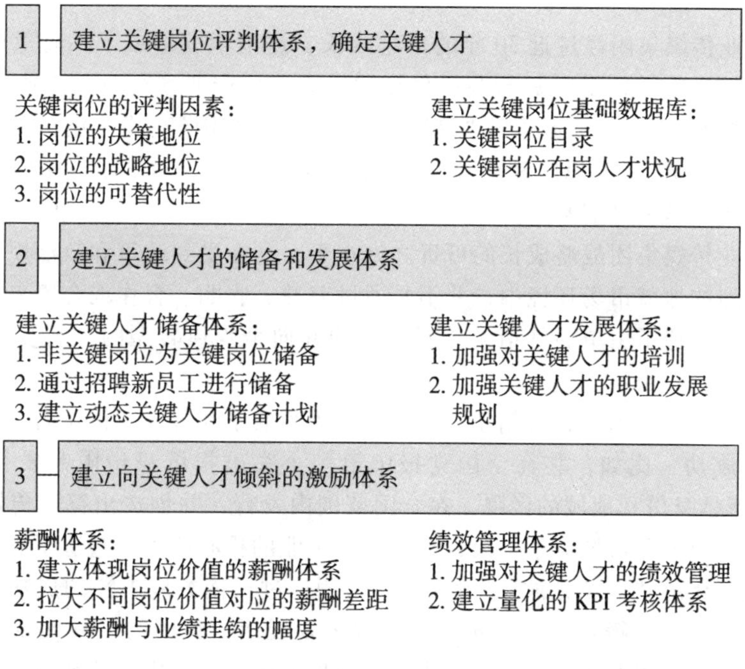


**图 3　南方报业传媒集团关键人才管理体系**

**测量指标**：现代企业为了确保公司战略目标的实现，一般都在企业中使用目标管理体系，建立目标管理导向的绩效管理机构，利用这一机制控制各个部门和员工的工作进展，激发他们的工作潜能，评价其工作成效。其年度考核评分按照如下公式计算：

年度考核得分=盈利指标得分+财务指标得分+业务指标得分+人力资源管理指标得分+附加指标得分

任期考核得分=任期业绩考核指标得分+年度经营业绩考核指标得分+综合评议指标得分

**转型价值分析**

## 发挥聚合效应

通过数次成功的战略转型，南方报业在营业收入、资产总值、品牌价值和影响力等方面产生了质的飞跃。根据可获得的数据，在集团实行报系运营（2003 年）前后，集团盈利水平连年有大幅度增长，比如，2002 年集团纳税 9 600 万元，创利 6 000 多万元；2003 年集团营业收入 23 亿元（广告营业额 17 亿元），纳税 1.39 亿元，创利 1.49 亿元。报业集团中子报广告收入过亿元的超过 3 个，近 5 年广告收入保持 10% 以上，净资产回报率保持在 19% 以上。至 2016 年，《南方日报》发行量已连续 32 年保持全国省级党报排名第一，其广告收入较排名第二的省级党报广告额高出 1 倍；《南方都市报》在全国都市类报纸中综合影响力排名第一。根据第三方数据，《南方都市报》广告版面收入已排名全国平面媒体第一位。《南方周末》为全国影响力最大的新闻周报，《南方农村报》为全国最具影响力的三农媒体，《21 世纪经济报道》在全国财经媒体中综合影响力排名第一，南方+、并读客户端下载量稳居 App 第一方阵。

南方报业传媒集团经过近 30 年的卓越成长，逐渐积淀形成了一套适合集团战略转型与发展的战略"核变"思想与操作模式。它抓住产业、行业和企业竞争的"核心"，通过"核复制""核创作""核辐射"，形成"范围经济"，建立了南方报业传媒集团的"核优势"。其思想和经验具有一定的创新价值，对处于战略转型中的企业尤其是传媒企业具有可借鉴性。

南方报业传媒集团战略成长的可贵之处在于，它在受到政策和政治规制的产业环境和竞争激烈的地域市场环境中，并不是通过兼并、收购、合作或合资来打造多个知名品牌，而是创造了由单品牌衍生创新多品牌并向全媒体转型的"核变"商业和运营模式。

南方报业传媒集团的管理创新，首先在于集团敢于和善于在报业商业模式上进行创新并获得成功。比如，它在全国党报中第一个突破报纸身份限制发行《南方周末》，实现跨越身份和地域的区隔，在全国范围内发行，并创造出符合传媒市场的产品、传媒运营模式和市场竞争手段，形成报业企业的核心能力，塑造了品牌，率先在报业实行市场化的"改革开放"。紧接着，集团通过《南方周末》的成功发行，探索并创立了报业品牌"孵化"成长模式，并逐渐发展形成集团的"核聚变"战略成长和转型模式，使集团在 20 世界 90 年代激烈的报业市场竞争中成功突围。后来，集团和光明日报社合作创办《新京报》以及和上海复兴集团合作创办《21 世界经济报道》，成功开创了基于报业战略联盟和报业产权制度创新的新的报业传媒商业模式。

好的战略转型决策和商业模式还需要具有创新的、可执行的战略运营来实现其目标。南方报业传媒集团不仅敢于在推动公司战略转型或成长上做富有远见的创新，而且不断在践行战略的"核变动力箱"的关键要素或流程关键点上实现创新。集团除了运用通用的流程管理杠杆（比如目标管理、KPI、财务监管、资源计划等）外，还有很多"核变管理"的创新。比如，集团建立采编部门与经营部门之间"分而不断、联而不乱"的机制与制度，坚持新闻的独立性，但又充分考虑市场的可接受性、竞争力和影响力，对报业实现“新闻理想与产业抱负”比翼齐飞的愿景起到了关键性的作用。再如，集团具有包容性的人力资源管理制度创新，坚持“谁出主意谁来干”的项目负责制和给年轻人机会的人才梯队建设机制，使报业的运营始终保持一种创新的“泉涌”状态。

南方报业传媒集团的战略“核变”转型模式和“核变”管理模式诠释了一种创造卓越的战略轨迹，即企业如何抓住战略的核心价值，做出富有远见的转型，通过核动力结构管理，实现“原子核变”式的成长。其思想和经验值得同行报业、传媒产业和相关企业借鉴。借鉴和复制其经验的企业必须从理解和运营南方报业集团战略“核变”的整体管理思想入手，才不至于坠入“邯郸学步”的陷阱。南方报业战略“核变”的基本思想可以概括为：坚守“新闻理想与产业抱负”的核心价值观，富有企业家精神的核心决策层抓住传媒产业和报纸行业的产业链发展的核心主线；在产业链动态变化的“范围经济”、企业核心资源动态成长的“规模经济”和企业生存环境复杂变化中，敢于和善于做出富有战略远见的战略转型与成长的决策；交替使用核变的两种形态（核裂变、核聚变），通过报系品牌打造、报系品牌延伸与创新、报系跨媒体联动、资源外取等商业模式建立并不断创新“核变”管理模式，持续性塑造和提升集团的核心能力，使集团在竞争市场中始终保持先动、进攻、领先的“核反应”，保持和扩大“核优势”，从而确立集团在中国传媒业的核心地位，并力争成为国家化和国际性的知名传媒集团。

其次，在公司经营管理策略上，南方报业传媒集团创立或者打造的许多优秀的运营模式或管理操作模式值得推广和复制。比如，成功及卓越运营的品牌“孵化”成长模式，提出企业从做产品到做品牌，从做品牌到做价值的基本过程和关键点；“分而不乱、联而不乱”的组织制度与联动机制，为企业各个部门和事业部之间如何做到坚持业务独立性、坚守行为的伦理价值、增强资源的聚合效应、增加企业的“宽度”和“深度”、促进不同主体之间的协同性，提供了值得参照的做法；追求卓越“包容”落地的用人文化，为企业知识员工的成长、管理和职业发展的设计与开发，实现企业战略人力资源管理目标，提供了借鉴——“谁出主意谁来干”“用人用在风华正茂时”“人才流动的泉涌效应”等。

但是，在看到优势的同时，我们还应该看到南方报业的全媒体建设在集团层面仍缺乏系统、完善的机制保障，相关的内容、资金、技术和人才等资源未能得以最充分有效的利用，不同程度存在分散运营、低水平重复建设等现象，这些都客观影响了集团全媒体战略的推进实施，也将是南方报业未来必须面对的挑战。

## 南方报业档案

### 企业简介

南方报业传媒集团由 1949 年创刊的《南方日报》及其创办的系列报刊发展而来，其前身为南方日报报业集团，于 1998 年 5 月 18 日正式挂牌运作。2005 年 7 月 18 日，南方日报报业集团更名为南方报业传媒集团。南方报业传媒集团在这些年的发展中，始终致力于高效整合配置资源，实现集团整体效益最大化。

集团现拥有8报、9刊、53个网站和“两微一端”，以及1家出版社，形成了集报、刊、网、端、微、屏于一体的全媒体军团，覆盖2亿用户。

南方报业传媒集团正在加快实施“走出去”战略。2009年，《南方日报》与广东省人民政府外事办公室合作推出“外眼探粤”栏目，受到外交部的好评；南方网英文频道的日均独立主机来访量高达100万台次以上，其中27%来自海外；21世纪经济报系在纽约、华盛顿、日内瓦、伦敦、新加坡等地都派有记者，在香港设立了新闻中心。2010年4月1日，南方报业传媒集团精心打造的《今日广东》新闻版扬帆出海，在美国《侨报》、加拿大《现代日报》、法国《欧洲时报》、巴西《南美侨报》等海外华文报纸同步刊出，覆盖北美、南美和欧洲三大洲。在传媒业界，南方报业传媒集团被誉为“定位最清晰，结构最合理，综合运营能力最强，在国内最具影响力”的报业传媒集团和报业人才的“黄埔军校”，2009年第三次当选“中国最受尊敬企业”；在世界品牌实验室公布的2011年“中国500最具价值品牌”排行榜上，在未计“南方报业”主品牌的情况下，集团旗下仅《南方日报》《南方周末》《南方都市报》《21世纪经济报道》等四份报纸品牌价值合计270.91亿元，蝉联“中国500最具价值品牌”排行榜平面媒体集团之首。《南方日报》《南方都市报》《南方周末》入选2016年中国最具价值品牌榜，总价值633.99亿元，居全国报业集团之首。

南方报业传媒集团作为目前国内领先的传媒集团，在新一轮发展中将进一步解放思想，谋求科学发展，制定发展战略，实施媒体聚合战略，推进体制创新，优化集团组织架构和战略管理体制，实现“控之有序，分之有度”的集团化管理目标，将把南方报业打造成为数字化时代国内实力最强、成长性最好、最具影响力和国际竞争力的跨媒体、跨行业、跨地域的传媒集团。

**组织结构**

2005年南方日报报业集团更名为南方报业传媒集团后，按照“采编经营两分开”“一媒体一公司”“分而不断、联而不乱”的原则，重新设计了集团的组织架构，形成了以传媒集团管委会为最高权力机构的“直线职能+事业部制”的组织架构。目前在集团总部设置13个职能部门，协助管委会参谋协调集团的各项业务和管理工作。集团管委会直管南方日报社委会和南方报业传媒集团公司（母公司），还包括南方杂志社和南方网，掌控采编和经营的最终决策权。南方日报社委会下辖4报（系）和1个出版社等5个采编业务单位；南方报业传媒集团公司则按照事业部形式设置8个经营公司（见图4）。

在采编经营两分开后，为协调统一二者的关系，防止报业产品和产业经营链条被割裂，按照“分而不断、联而不乱”的原则建立起采编经营协调机制，特设计采编经营协调负责人制度。在具体的操作中，由采编经营协调负责人负责采编业务和经营业务的协调，以保证正确的舆论导向和采编与经营业务的协调发展。为了更好地体现党管干部的原则和保证领导体制的权威性和统一性，传媒集团管委会主任、党委书记、南方日报社社长、传媒集团有限公司董事长、未来拟上市公司董事长、主要经营公司的董事长由一人担任。

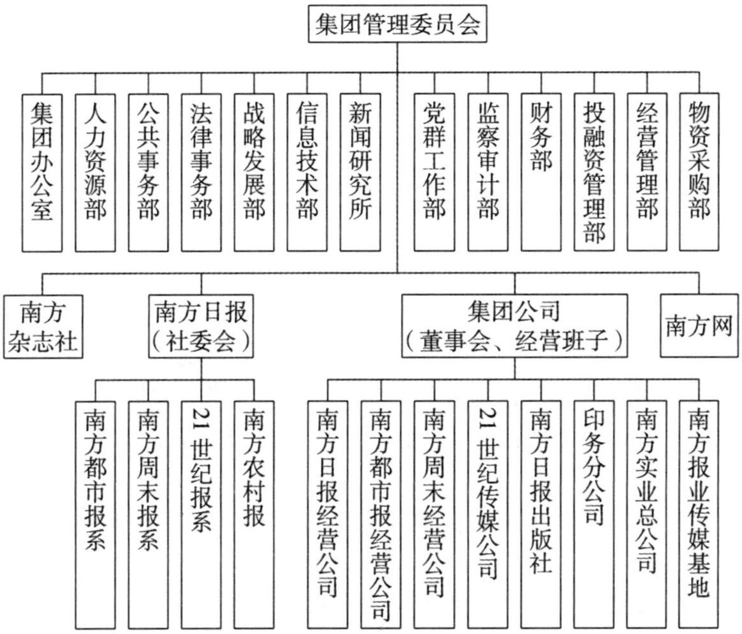


**图 4　南方报业传媒集团组织架构**

资料来源　中国管理模式杰出奖理事会. 中国企业转型之道——解码中国管理模式（4）［M］. 北京：机械工业出版社，2012.

# 主要参考文献

**中文文献**


[1] 朱伟民，刘建华．苹果与三星——平台模式与垂直整合模式的竞争［J］．江苏商论，2015（8）：21-24.

[2] 林建煌．战略管理［M］．2版．北京：中国人民大学出版社，2010.

[3] 王昶．战略管理：理论与方法［M］．北京：清华大学出版社，2010.

[4] 张文松．战略管理：获取竞争优势之道［M］．北京：机械工业出版社，2010.

[5] 张永安，张献锋．中国企业多元化经营进入时机的选择研究［J］．商业时代，2010（15）．

[6] 孙俊华，陈传明．企业家社会资本与多元化战略：一个多视角的分析［J］．科学学与科学技术管理，2009（8）．

[7] 李玉刚．战略管理［M］．北京：科学出版社，2009.

[8] 揭筱纹，杨斌，宋宝莉．战略管理——概论、案例与分析［M］．北京：清华大学出版社，2009.

[9] 卡彭特，桑德斯．战略管理：动态观点［M］．王迎军，等，译．北京：机械工业出版社，2009.

[10] 希特，爱尔兰，霍斯基森．战略管理：竞争与全球化［M］．吕巍，等，译．北京：机械工业出版社，2009.

[11] 项国鹏．成功管理企业战略变革：结合国外知名企业的实践［J］．企业管理，2009（2）．

[12] 赵春明．战略管理：理论与实践［M］．2版．北京：人民出版社，2009.

[13] 龚荒．企业战略管理：概念、方法和案例［M］．北京：清华大学出版社，2008.

[14] 希尔，琼斯，周长辉．战略管理（中国版）［M］．孙忠，译．北京：中国市场出版社，2007.

[15] 黄旭．战略管理——思维与要径［M］．北京：机械工业出版社，2007.

[16] 佚名．海尔本土战略：用美国元素打造“超级”冰箱［EB/OL］．［2013-06-29］．http：//homea. people. com. cn/GB/5760040. html.

[17] 李维安．企业战略管理［M］．杭州：浙江人民出版社，2005.

[18] 薛云奎，齐大庆，韦华宁．中国企业战略执行现状及执行力决定因素分析［J］．管理世界，2005（9）．

[19] 黄凯．战略管理：竞争与创新［M］．北京：石油工业出版社，2004.

[20] 姚俊，吕源，蓝海林．我国上市公司多元化与经济绩效关系的实证研究

[J]．管理世界，2004（11）．

[21] 徐盛华，陈子慧．现代企业管理学［M］．北京：清华大学出版社，2004.

[22] 科特，科恩．变革之心［M］．刘祥亚，译．北京：机械工业出版社，2003.

[23] 刘冀生．企业战略管理［M］．2版．北京：清华大学出版社，2003.

[24] 戴伊．动态竞争战略［M］．孟立慧，顾勇，龙炼，译．上海：上海交通大学出版社，2003.

[25] 钱德勒．战略与结构［M］．孟昕，译．昆明：云南人民出版社，2002.

[26] 谭力文，吴先明．战略管理［M］．武汉：武汉大学出版社，2006.

[27] 王方华，陈继霞．战略管理［M］．上海：上海交通大学出版社，2003.

[28] 吴思华．策略九说——策略思考的本质［M］．上海：复旦大学出版社，2002.

[29] 项保华．企业战略管理：概念、技能与案例［M］．北京：科学出版社，1999.

[30] 杨锡怀．企业战略管理：理论与案例［M］．北京：高等教育出版社，1999.

[31] 朱江．我国上市公司的多元化战略和经营业绩［J］．经济研究，1999（11）．

**英文文献**

[32] ALSTYNE M V, PARKER G. Pipelines, platforms, and the new rules of strategy [J]. Harvard Business Review, 2016, 94 (4): 54-62.

[33] KINGEN R, WILKERSON P. The seven deadly sins of strategic change [J]. Global Business and Organizational Excellence, 2011, 30 (2): 44-52.

[34] HARRISON J S, JOHN C H S. Foundations in strategic management [M]. 5th Edition. Mason, OH: South-Western Cengage Learning, 2010.

[35] SRINIVASAN R. Strategic management: The indian context [M]. 3rd Edition. New Delhi: Prentice-Hall of India Private Limited, 2008.

[36] SUAREZ F F, LANZOLLA G. The role of environmental dynamics in building a first mover advantage theory [J]. Academy of Management Review, 2007, 32 (2): 377-392.

[37] HILL C W L, JONES G R. Strategic management theory: An integrated approach [M]. 7th Edition. Boston: Houghton Mifflin Company, 2007.

[38] HARDY C, LAWRENCE T B, GRANT D. Discourse and collaboration: The role of conversations and collective identity [J]. Academy of Management Review, 2006, 30 (1): 58-77.

[39] PEARCE J A, ROBINSON R. Strategic management [M]. New York: The McGraw-Hill Companies, 2004.

[40] COTTRELL T, NAULT B R. Product variety and firm survival in the microcomputer software industry [J] . Strategy Management Journal, 2004, 25 (10): 1005-1025.

[41] WTO. World Trade for 2003: Prospects for 2004 [EB/OL] . [2004-04-04] . http: //www. wto. org.

[42] World Trade Organization. International trade trends and statistics, 2003 [R] . Geneva: WTO, 2003.

[43] DOBREV S D, CARROLL G R. Size (and competition) among organizations: Modeling scale-based selection among automobile producers in four major countries, 1885-1981 [J] . Strategic Management Journal, 2003, 24 (6): 541-558.

[44] TUSCHKE A, SANDERS W G. Antecedents and consequences of corporate reform: The case of Germany [J] . Strategic Management Journal, 2003, 24 (7): 631-649.

[45] CROSBY L B, DEVITO R, PEARSON J M. Manage your customers' perception of quality [J] . Review of Business, 2003, 24 (1): 18-24.

[46] EVANS G. Why some stores strike me as special [J] . Furniture Today, 2003, 27 (24): 91.

[47] LEAVITT H J. Why hierarchies thrive [J] . Harvard Business Review, 2003, 81 (3): 96-102.

[48] HOPKINS H D. The response strategies of dominant US firms to Japaness challengers [J] . Journal of Management, 2003, 29 (1): 5-25.

[49] BLACK J S, GREGERSEN H B. Leading strategic change: Breaking through the brain barrier [M] . Upper Saddle River, New Jersey: Pearson Education, 2002.

[50] HYLAND D C, DILTZ J D. Why companies diversify: An empirical examination [J] . Financial Management, 2002, 31 (1): 51-81.

[51] ANON. Few takeovers pay off for big buyers [N] . Investor's Business Daily, May 25, 2001: 1.

[52] HILLMAN A J, KEIM G D. Shareholder value, stakeholder management and social issues: What's the bottom line? [J] . Strategic Management Journal, 2001, 22 (2): 125-139.

[53] GULATI R. Network location and learning: The influence of network resources and firm capabilities on alliance formation [J] . Strategic Management Journal, 1999, 20 (5): 397-420.

[54] GIMENO J. Reciprocal threats in multimarket rivalry: Staking out "spheres of influence" in the U. S. airline industry [J] . Strategic Management Journal, 1999, 20 (2): 101-128.

[55] ROSS F. Think globally, script locally [J] . Fortune, 1999, 140 (9): 157 -160.

[56] STUART T E. Alliance networks: View from the hub, mastering strategy [J] . Financial Times, November 1999, 15: 4-6.

[57] TAGGART J, HOOD N. Determinants of autonomy in multinational corporation subsidiaries [J] . European Management Journal, 1999, 17 (2): 226-236.

[58] FERRIER W J, SMITH K G, GRIMM C M. The role of competitive actions in market share erosion and industry dethronement: A study of industry leaders and challenges [J] . Academy of Management Journal, 1999, 42 (2): 372-388.